重庆文化研究 己亥秋

Chongqing Cultural Research 蔡武 题

《重庆文化研究》出版工作小组

主　任	刘　旗
副主任	朱　茂
主　编	刘建国　谭光龙　王发荣　刘德奉 谭小兵　刘春泉
执行主编	刘德奉
编　委	黄剑武　王美木　周津菁　侯　路 陶晓春　邹俊星

■ 重庆市文化研究院　编

西南师范大学出版社
国家一级出版社　全国百佳图书出版单位

图书在版编目(CIP)数据

重庆文化研究. 己亥秋 / 重庆市文化研究院编. 一
重庆 : 西南师范大学出版社, 2019.11
ISBN 978-7-5621-9982-3

Ⅰ.①重… Ⅱ.①重… Ⅲ.①地方文化 – 研究 – 重庆
– 2019 Ⅳ.①K297.19

中国版本图书馆CIP数据核字(2019)第234808号

重庆文化研究·己亥秋

CHONGQING WENHUA YANJIU JI-HAI QIU

重庆市文化研究院　编

责任编辑:杜珍辉　秦　俭
责任校对:畅　洁
书籍设计:杨　涵
排　　版:重庆大雅数码印刷有限公司·夏　洁
出版发行:西南师范大学出版社
　　　　　地址:重庆市北碚区天生路2号
　　　　　邮编:400715
　　　　　市场营销部电话:023-68868624
经　　销:新华书店
印　　刷:重庆紫石东南印务有限公司
幅面尺寸:210mm×285mm
印　　张:9
插　　页:8
字　　数:280千字
版　　次:2019年11月　第1版
印　　次:2019年11月　第1次印刷
书　　号:ISBN 978-7-5621-9982-3
定　　价:35.00元

文化与高品质生活

2018年3月10日,习近平总书记在参加十三届全国人大一次会议重庆代表团审议时强调,要努力推动高质量发展、创造高品质生活。

这一要求,既是对重庆的,也是对全国的。一年多来,重庆人民按照这一方向,勤奋工作,不懈努力,大踏步走在高质量发展、高品质生活道路上。

讨论"文化与高品质生活",既是对这一问题的深入交流,也是为了更好地寻找重庆文化发展的新办法,以期加快提升人民高品质生活的步伐。

严格来讲,物质生活和精神生活对人的作用将会产生不同的效果。在缺少物质生活的时代,很难有丰富的精神生活,当然更谈不上高品质的精神生活。但是,一旦社会发展到一个高级阶段,即进入已经具备了丰富物质生活的时代,建立高品质精神生活便有了充分的条件。我们现在已经进入了这样一个时代,已经具备了为人民提供高品质精神生活的物质条件。

所以,高品质生活是丰富的物质生活与丰富的精神生活的综合体现。近年来,重庆人民的物质生活从总体上讲已经达到了相当高的水平,住得比较好、穿得比较靓、吃得比较丰富、手里的钱比较宽裕,老有所养、病有所医、学有所教,交通方便、信息畅达,市场物资充裕、公共保障和服务优良,一个充满生机活力、和谐幸福的现代社会让人们享受到社会主义制度所带来的丰富的物质文化。

与此同时,丰富的精神生活也充实着人们的生活空间。良好的社会环境、优良的社会服务、丰富的文化和旅游产品给人民提供了精神享受。特别是从旅游文化的角度来讲,发达的旅游文化产业所带来的丰富多元的旅游文化产品,如主题多样的旅游景区、游乐项目、休闲平台等,让人们能够释放各种精神压力。人们在学习和休闲娱乐中享受着旅游文化行业所提供的丰富产品。这是文化对高品质生活的贡献,也是提升高品质生活质量的重要保障。

是的,文化是精神生活的重要组成部分,自人类产生以来,文化就随着人类精神生活的发展而发展,所以,文化对人的精神作用是不可替代的。文化对人类的精神作用越大,人类精神生活的品质就会越高。探索文化如何适应现代社会的发展,为人民提供更多更好的文化产品,是我们的时代责任和使命。笔者认为可以从这样几种途径进行思考。一是文化产品必须着力于提升精神生活品质。一般来讲,文化产品都具有双重性,即积极性和消极性。我们所需要的文化产品当然必须是具有积极性的,而且是"思想精深、艺术精湛、制作精良"的。而现在最重要的任务就是要抛弃世俗的眼光,抛弃个人的利益,站在提升人民精神生活品质的高度,努力去攀登高峰,提供优秀的文化产品。二是必须着力于推动人类社会发展。文化是世界的,是人类所共有的,是长远的,我们所提供的文化产品,不能就事论事,不能只参照当下的中国,而要站在世界的高度、推动人类社会发展的高度,利用一切已有的、未知的文化资源,调动一切艺术家、科学家、企业家等的积极性,创作或生产出具有深刻思想性、丰富艺术表达力,促进人民健康生活的文化产品。三是必须着力于促进多层面群体接受。文化产品本来就是多层面、多元化的,在生产各种文化产品的过程中,在引导文化消费的措施中,在服务人民群众的态度中,一定要尊重文化规律,一定要尊重人民权利,一定要着眼于文化效应,做到不强迫、不武断、不粗暴。四是必须着力于文化产品的丰富多元性。我们要放宽眼界、聚焦未来,着眼人民对文化的需求,充分利用现代科学技术、充分发挥人民的聪明才智,创造更加丰富的文化产品,让每一个中国人都能融入先进文化之中。五是必须立足当前。任何人都有自己的根,任何文化都有自己的源头。提升中国人民的高品质精神生活,首先是要认识中华民族的伟大,要扎根于优秀的中华文化之中,这个原则一点也不能含糊,一点也不能偏移。所以,我们必须进一步挖掘中华优秀传统文化,并将其推广开来,让当今的中国人民得到中华优秀传统文化的滋养,在增强中华民族文化自信的过程中,提升我们的精神生活水平。作为重庆地区的文化艺术工作者,在着眼大局的情况下,更有责任和义务把我们自己的地方文化整理出来,传播开来,教育和影响重庆人民。

编 者

2019 年 9 月 23 日

目 录

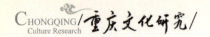

人物风采

文化记忆

艺文空间

艺术活动于普通人的精神功能

沈华清

（浙江大学，浙江杭州市，310013）

随着互联网和信息技术的迅速发展，人们身处信息的包围之中，随时随地都在接收各种各样的数字信息。信息化社会的海量碎片化信息，使人们的阅读成为一种浏览式的浅阅读，人们对其阅读的内容，常常缺乏深入的思考。因此，面对五花八门的网络世界，面对虚拟空间的丰富性与个体生活的平淡性之间的差距，人们往往容易对现实生活的平淡产生不满甚至焦虑的情绪，而沉迷于网络之中，在虚拟世界寻求心灵寄托，释放精神压力。其实，除了网络世界，人的情绪还可以有多个出口。投身艺术活动，就是一种有效的途径。在艺术的实践过程中，人们将自己的想象、情感转化为艺术行动，通过艺术行动表达内心世界，从而使情绪得到释放。

艺术家或许把艺术作为毕生的理想和事业追求，但对于大多数普通人来说，艺术活动却只是其职业之外的一种业余爱好，不带有任何功利性质。而正是这种不带任何功利目的的艺术活动，往往真正体现了艺术的精神价值，而不是艺术的物化价值。对于普通人而言，艺术的非物质性价值，反而使艺术可以产生个体的精神性疗愈功能。作为精神工具的艺术行为具有心理治疗作用，现在在全世界的心理治疗中越来越得到艺术家和心理学家的认可，并得到广泛的推广应用。

人的心灵需要一个自由的空间。艺术给人以想象力，更会给创作者带来心灵上的获得感，让平时羁绊于繁杂事务中的心灵挣脱出来。艺术行动带给人自由的感觉后，便在人的生活中产生了满足其精神需要的功能。这种心灵的自由，让人回归本质，体会到人的尊严，获得挣脱现实生活束缚的快乐。

艺术其实并不是如人们所言那样感性、随性，艺术训练的过程就是手、眼、心协调合作的艺术行为过程。人通过观察、思考、判断之后，再动手进行实际创作，思想始终关注着自己的行动和作品的呈现之间的交互过程。从发现的达·芬奇的大量手稿中，我们可以看到，他一方面有惊人的想象力，一方面也有执着的探索精神。他的手稿内容庞杂，包括解剖、机械等多方面的主题。这些内容既表现了与主题领域相关的物体，也呈现了一种精确的美，这绝不是仅靠感性的能力所能达到的。

艺术的行为不仅包括对自身的训练，还包括对他人作品的接受和学习，这有助于理解艺术所表达的主题和表现方式。对他人作品的学习、观看，可使艺术学习者慢慢理解存在的艺术的多样性和人的精神世界的多样性，从而从内心接纳自己。艺术的这种影响对个体的人而言，无疑是积极的。当下互联网为艺术爱好者提供了展示自己艺术才华的便利渠道和机会，为艺术爱好者的作品传播和出售提供了超时空的可能，也为艺术爱好者的相互联系提供了平台，大大促进了艺术爱好者艺术实践的积极性和创作动力。对那些艺术实践上的彷徨者来说，这也是极大的鼓励。

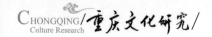

中国传统艺术一直存在社交功能,王羲之的兰亭雅集就是书法艺术史上的一段佳话,也是《兰亭序》创作的活动背景。因此,一直以来,艺术交往或雅集在中国传统艺术中构成了丰富的艺术社会活动史,这也是中国艺术被推广的主要形式,完全不同于西方以展览为主、以商业目标为基础的艺术推广史。我们可以看到,即使在现在,如摄影等艺术群体,也有很多社交活动。很多退休老人或相约去外地拍摄采风,或相约去学习摄影艺术,与其说摄影是纯粹追求艺术的创作活动,还不如说,是人们在享受艺术活动过程中人与人交流的过程。这也是艺术化生活的目标追求,艺术交流和艺术进步是目标,但艺术活动的过程才是精神愉悦的主体感受中心。因此,在艺术与普通人的关系中,艺术起着改变人的生活的作用,但艺术不是主体,人才是主体,人的精神愉悦是生活的本质所在。

个体的人不一定能改变世界,也不一定能改变环境,但是,艺术可以帮助你改变内心的精神环境。心远地自偏。当你沉浸在艺术学习或艺术创作的过程中,你的心灵世界会回归到纯粹的状态,在心识、手识、眼识等意识下趋向愉悦状态。给人带来愉悦、自信、满足,是艺术带给普罗大众的精神滋养,这也是艺术"无用之用"的功能所在,而已故哲学家丹尼斯·达顿认为,艺术是人类的本能,艺术是对美的本能表达,同时艺术提高了社会凝聚力。如今,当人们的物质生活需求逐步得到满足之后,人对精神生活的需求自然会增加,因此有必要增加生活中的艺术活动,使艺术走进大众。

文化是高品质生活的不懈追求

刘丰果

（四川大学，四川成都市，610065）

近年来，经济高速发展所带来的物质生活的极大富裕和人们生活水平的逐步提高，为人们对高品质生活的追求提供了可能，因此如何追求高品质生活也成为时下人们广泛讨论的问题。对高品质生活的追求是人的需求层次发展到一定程度的必然产物，美国心理学家亚伯拉罕·哈罗德·马斯洛（Abraham Harold Maslow）提出了人类的需求层次理论，他将人类需求从低到高分为五个层次，即生理需求、安全需求、情感和归属需求、尊重需求和自我实现需求。依据马斯洛的需求理论，对个体而言，随着物质条件的不断改善，人类对生活品质的追求也越来越高；对于国家而言，随着经济、技术、文化的发展，也会出现更高层次和更高级别的发展要求，那就是从对物质发展的需求转向对文化发展的需求。

高品质生活是指物质文明发展到一定阶段，在社会生产、生活条件较为富足的前提下，人们对健康、精致、休闲的生活以及情感生活等文化生活状态的追求。高品质生活是在满足人们基本物质生活需求后，对个人生活状态、人生价值、精神诉求等高于物质层面的需求的全新要求。高品质生活更加注重文化和精神层面的需求与满足，应该由生活文化上升为有文化的生活。从生活文化转变成有文化的生活是由文化在生活中的意义决定的，生活文化是指由生产、生活方式决定的承载着特色地域属性的文化，生活在其中的人可以感触颇深，也可以没有察觉或视而不见。有文化的生活是较高层次的生活状态，至少包含文化自觉和文化自信两个方面，文化自觉使生活在其中的人能够感知和体悟到生活中的文化；文化自信可使生活在其中的人接受、认同生活中的文化，并且主动探寻或积极传播生活中的文化。

基于人类生存的视角，吃、穿、住、用、行这五个问题共同构成了人们生活文化的底色。生活文化是一个地区的居民在长期的生活中形成的生产和生活要素的统称，也是某一国家或某一地区的特色地域文化的重要组成部分。有文化的生活是指在具有文化自觉和文化自信的基础上，持续追求并相对恒定地拥有高度认同的生活方式和生活文化。无数的事实证明，人的欲望永远不会得到满足，只有坚持正确的理想和信念，拥有足够的文化自觉和文化自信，人们才能持续追求并拥有高度认同的生活方式和生活文化。

文化自觉是高品质生活得以实现的前提。正如著名社会学家费孝通所言："生活在一定文化中的人对其文化有'自知之明'，明白它的来历、形成过程、所具有的特色和它发展的趋向……自知之明是为了加强对文化转型的自主能力，取得决定适应新环境、新时代时文化选择的自主地位。"没有文化自觉，不能感知与识别生活中的文化属性和文化内涵，有文化的生活就无从谈起。文化是人的社会性和思想性的体现，没有文化自觉的人只会寻求满足生物的本能需求的生存之道，无生活质量可言，高品质生活更是无从谈起。

文化自信是高品质生活得以实现的基础。文化自信是一个民族或一个地区甚至一个国家对自身文化价值的充分肯定和积极践行，以及对其文化的生命力所持有的坚定信念。日常生活中的文化自信体现在对中华优秀传统文化、中国特色社会主义文化这一有机整体的自信。文化自信归根结底是价值观的认同，如果没有坚定的价值观，文化只能是肤浅的物的文化，生活也只能是简单的物的生活。只有当人们具有文化自信，才会在日常生活中大胆追求精致与典雅的高质量生活，赋予生活以文化特质，在文化之境中树立坚定的生活理想，只有这样，日常生活中的文化便拥有了独特的审美意义和思想价值。所以，文化自信是更广泛、更深厚的自信，是更深沉、更持久的社会发展力量。

文化是高品质生活的不懈追求。人是自然存在物、社会存在物、精神存在物的统一体，人的需求是多方面多层次的。其中，物质需求是基本需求，是第一位的，是有限的需求；精神文化需求是高级需求，是第二位的，也是无限的需求。高品质的生活是在追求物质生活的满足之外，精神饱满、心灵充实地追求文化生活的满足，从而达到物质追求与精神追求和谐统一的最佳生活状态。文以载道，文以传情，文以植德，文化是民族的血脉，是人民的精神家园。随着社会、经济的飞速发展，物质丰裕的时代已经到来，高质量的物质需求相对容易满足，在满足物质需求的前提下，文化就成为高品质生活的不懈追求。

改革开放40多年来，我国人民既创造了物质文明发展的世界奇迹，也收获了精神文明发展的丰硕成果。我国文化产业发展迅速，文化消费上升势头强劲。数据显示，2013年至2017年，我国文化消费综合指数持续增长，由2013年的73.7增至2017年的81.6。近年来，我国文化产业保持平稳较快增长，发展势头强劲。不难看出，我国精神文化产品的需求与生产供给能力都有大幅提升，精神文化财富大大增加。当前，我国文化供给的主要矛盾不是缺不缺、够不够的问题，而是好不好、精不精的问题。伴随着人民群众眼界的拓宽、品位的提升，他们对思想深刻、内涵深厚的文化消费也提出了更高要求。为了更好地满足人民对精神文化生活的新期待，就要推动文化事业的全面繁荣和文化产业的快速发展。新时代人们为了追求高品质的生活，对文化需求提出了更高的要求，也呈现出了新的需求特点，其主要表现在个性化、多样化、层次化和品质化四个方面。

个性化：文化需求的个性化是社会思想观念开放包容、新技术普遍应用、新媒介广泛传播、精神文化产品生产方式日趋优化，从而使个性需求得以彰显的结果。个性化的文化需求有助于提高人们对风格迥异、特色鲜明的文化产品的接受度，提升人们对不同文化类型、新生文化业态的认可度，人们可以借此在精神文化生活中张扬个性、表现自我、实现价值。

多样化：人的社会属性的复杂性决定了其文化需求的多样性。文化需求主要包括求知需要、娱乐需要、审美需要、道德需要和信仰需要等。人们既追求思想高度、理论深度、视野广度，也追求心灵静谧、灵魂安顿、精神升华；人们既享受内在修为、自我提高，也享受集体性的文化活动、风采展示。

层次化：人的精神文化需求具有典型的层次性特征，不同的社会群体，其文化需求不一样，这种主体多元化造成了人们对精神文化需求的分层化、精细化。

品质化：人们对文化产品内在和外在品质需求的提高也是人自我完善、自我调整、自我提高的过程。在此过程中人们会更加关注文艺作品的思想内涵和内在品质，更加注重性情陶冶、精神升华，从而也实现了人们对精神文化的需求由量的满足转变为质的满足。

十九大报告中明确指出："文化是一个国家、一个民族的灵魂。"没有高度的文化自觉和文化自信，多么丰富多彩、富足奢华的生活都是为了满足生活本能的基本需求，不能称其为高品质生活。唯有人们拥有充分的文化自觉和文化自信才能实现从生活的文化到文化的生活的转变，从而实现人们对高品质生活的不懈追求。

提升文化生活品质，满足人民美好生活需求

侯路

（重庆市文化研究院，重庆渝中区，400013）

　　党的十九大报告提出："中国特色社会主义进入新时代，我国社会主要矛盾已经转化为人民日益增长的美好生活需要和不平衡不充分的发展之间的矛盾。""满足人民过上美好生活的新期待，必须提供丰富的精神食粮。"为了更好地满足人民日益增长的精神文化需要，就需要为其提供更加丰富、更加有效的文化供给，从而提升人民享受生活的文化品质。而高品质的文化生活，又主要体现在良好的文化氛围、高质量的文化含量和高度的文明素养等三个方面。因此，从文化的角度来提高人民的生活品质，以满足人民美好生活的需求，就需要从营造良好的文化氛围、提升生活的文化含量和提高人民的文明素养三个方面着手。

一、营造良好的文化氛围

　　文化氛围是高品质的文化生活中首要的基本条件，文化氛围的浓淡，直接体现出一个地区或一个区域文化生活品质的高低。广义的文化，生活中无处不在。只有将文化通过各种形式呈现出来，形成良好的文化氛围，才能让人民感受到文化的魅力。

（一）呈现良好、优质的文化载体

　　文化的载体多种多样，最为直观和直接的体现就是文化的基础设施。文化基础设施是否健全，从直观上体现了文化氛围的浓厚程度。一是为了更好地提高文化氛围浓厚度，需要对文化基础设施进行完善和均等化覆盖，加大对城市或社区公共文化服务设施的配备力度，进一步配齐群众文化馆、图书馆、博物馆、美术馆、大剧院、社区文化服务中心、文化室、文化公园、电影院等基本的公共文化服务设施；乡镇和乡村除了完善必要的基本公共文化服务设施之外，还要充分利用乡村振兴战略的契机，对乡村文化进行进一步规范，统一规划，依托乡镇文化服务中心、文化室、乡村文化乐园、庄园、作坊等，构建各具特色的文化广场、乡村文化陈列室、文化小镇、文化庄园、文化体验式作坊等文化场所，以丰富乡村文化载体的多样性。二是顺应时代潮流，进一步提升"互联网+文化"的线上服务水平，提升数字文化馆、数字图书馆、数字博物馆、VR（虚拟现实）文化体验中心、AR（增强现实）文化体验中心、公共文化物联网、乡村文化电商网等文化服务和运行水平。三是对现有的文化基础设施进行提档升级。为增加文化的时代性，对文化基础设施设备进行提档设计，加入文化智能化服务设备，以增强文化服务的时代性和时尚性。

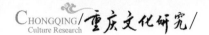

(二)开展丰富多彩的文化活动

文化活动具有普遍性,广大人民群众都可以参与,是人民享受文化最直接的方式之一。因此,开展丰富多彩的文化活动就显得尤为重要。一是依托文化基础设施,如图书馆、文化馆、文化广场等场地,为群众提供图书借阅、艺术培训、创作排练、体育健身等基本服务和针对青少年、老年人、残疾人等群体的特色服务。二是深入开展全民艺术普及活动、乡村文艺汇演活动、各类音乐艺术大赛活动、文化技能大赛活动等。各地需要深入挖掘、整合本地文化资源,打造符合当地群众口味、贴近群众生活、主题健康向上、弘扬正能量的群众文化活动。三是依托我国传统节日开展各类主题性文化活动,如在春节、元宵节、端午节等节日开展民俗文化活动;根据各地各民族文化多样性的特点,开展少数民族文化传统节日活动;依托各地农耕文化的差异性,开展二十四节气等习俗活动。

(三)开展实时有效的文化宣传

文化宣传是提升人民群众对文化的认识,不断提升人民享受文化品质的基础。新时代是一个高科技时代,文化宣传也就需要更加多种多样的宣传方式。如今,除了宣传栏、电视、报纸等传统宣传媒体,微信公众号、抖音、快播等基于互联网和现代信息技术的新型宣传媒体正在发挥作用。因此,文化宣传应该与时俱进,把目光放在当下关注度较高的宣传媒体上,对文化进行广泛而快速的传播,以增加文化宣传的时效性。

二、提高生活的文化含量

文化的产生与人类的生产、生活息息相关,因此,文化无时无刻不体现在人的衣、食、住、行、娱等各个方面,为人类精神生活需求提供食粮。想要提高人们精神享受的质量,就需要提高人们享受生活的文化含量。

(一)丰富公共文化服务和产品

公共文化服务是人民群众的基本文化权益。当下,为了满足人民群众日益增长的多层次、多样化精神文化诉求,需要提供更加丰富多样、更加有效的公共文化服务和产品。一是为了更好地提供基本公共文化服务,需要摸清楚广大人民群众随着时代变迁对文化的需求所发生的变化,根据变化的规律,及时优化现有公共文化服务产品和类型,真正做到及时满足人民的需求。二是根据各地域文化的区别,开展更多、更丰富的文化惠民活动,加大全民阅读活动的开展力度,提供具有针对性的基本公共文化服务产品。三是开展具有亲民性的文化活动。在开展丰富多彩的文化活动的同时,注重供需平衡,要大力提高人民群众开展文化活动的积极性,增加人民群众享受基本文化服务的权益。

(二)加大文艺作品的创作力度

文艺作品是丰富人民群众精神食粮的重要内容,从文化市场供给方的角度来说,有更好、更优质的文艺作品,无疑为文化需求方提供了更多的文化享受的选择。一是要加大力度鼓励文艺作品的创作者,围绕人民的需要,结合地方文化的特色,创作更加丰富的文艺作品,并尽快进入市场,为人民享受精神文化提供服务。二是要创新方式,增强公共服务供需对接。打造公共文化服务精品力作。推出一批思想性、艺术性、观赏性俱佳的精品力作,为群众提供更丰富的精神食粮。三是广泛吸引社会力量参与公共文化服务体系的建设。顺应时代的变迁,探索公共文化服务的现代化服务理念,广泛吸引社会力量参与,大力开发和创造互联网+、AR 互动体验、VR 互动体验、智能化文化服务等新型文化服务产品,从而有效解决公共文化产品供给与群众需求脱节的问题。

（三）优化文化产品的实用性

文化要见人、见物、见生活。换句话说,文化产品在满足人民群众生活需要的同时,还要经过产品的创意设计、艺术化处理等方式,来增强和提高人民群众享受文化生活的品质。一是要加大文化创意设计,对日常生活用品进行艺术化加工。将文化元素充分地融入生活中去,让人们在生活的每个角落都可以享受文化。要实现这一目标,一是要增强人民群众日常生活用品的文化艺术感,二是要将文化创意设计充分融入与生活有关的各种行业。支持文化资源的开发和利用,充分利用各种文化资源,丰富业态,活化功能,将其融入与生活相关的各个行业中。充分发挥文化展示和文化传承价值,通过传统手工业、特色产品、文化衍生产品的开发和生产经营,激活文化的经济属性,从而增加人民群众的经济收入,带动地区经济发展。

三、提高人民的文明素养

文明素养是高质量文化生活的重要体现。文明素养包含了人民的公共意识、公共道德水准等内容,这些内容根源于人民在享受生活的过程中受到的人文精神的滋养。因此,提升文化生活品质,需要从根源上提高人民的文明素养。

（一）提炼人文精神

人文精神是人类生产劳动过程中所体现的高质量的精神引领,它是人类走向文明的重要引导元素。在研究中华优秀传统文化的基础上,要积极地提炼出引导人类进步和走向文明的精神元素、价值理念、道德情操和精神品格。要坚持以社会主义核心价值观为引领,传承好中华优秀传统文化的人文精神,提高人民的思想觉悟,使人民在理想信念、价值理念、道德观念上紧紧团结在一起,做到"爱国、敬业、诚信、友善",自觉做社会主义核心价值观的倡导者和践行者。通过人文精神的提炼、宣传和传承,结合教育活动等方式丰富人民的精神世界和增强人民的精神力量,从而达到引导人民树立正确的人生观和价值观的目的。

（二）抓好人民的素质教育工作

加强素质教育工作,是提高文明水平的一个重要的系统工程,需要全社会的共同努力。一是要从娃娃抓起,尤其重视中小学教育,在各中小学校加设文明素养课程,加强对学生的文明素质教育,着力提升学生的文明素养。二是各社区,各乡镇、村要加强对人民的素质教育培训,不断丰富人民的文化、文明知识,提高人民的科学文化水平,形成学科学、用科学、爱科学的良好风气。

（三）广泛宣传,营造一个良好的文明氛围

加强对文明素养案例宣传,积极引导,使人人都能融入良好的文明氛围中。一是要大力弘扬正气,通过各种宣传途径,对文明素养案例进行宣传,如宣传发生在我们身边的好人好事等,通过树先进典型,引导人们找准差距,奋起直追,让大家学有榜样,赶有目标。二是要对歪风邪气大力批评、无情揭露,引导整个社会风气向好的方向发展。三是文明素质和文明行为的养成,靠教育、靠规范引导。提高市民素质,必须有章可依。因此要确定文明素养制度,让人民熟知不文明行为,规范文明行为,并让人民参与其中,以提高人民的文明素养和文明觉悟。

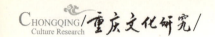

"高质量发展、高品质生活"背景下的城市人文品质研究文献综述

陶宇

(重庆市文化研究院,重庆渝中区,400013)

习近平总书记在参加十三届全国人大一次会议重庆代表团审议时发表重要讲话,希望重庆广大干部群众团结一致、沉心静气,加快建设内陆开放高地、山清水秀美丽之地,努力推动高质量发展、创造高品质生活,让重庆各项工作迈上新台阶。市长唐良智在谈到总书记的重要指示时表明,这一重要指示涵盖了经济与社会、城市与乡村、自然与人文等各个方面,为重庆的未来发展指明了方向。唐良智还提到,重庆将重点通过实施城市提升行动计划,不断提升城市经济品质、人文品质、生态品质、生活品质,让重庆成为宜居宜业宜游的美好城市。如今,重庆正围绕"创新驱动发展""基础设施建设提升""生态优先的绿色发展"等八项行动计划,坚决打好"防范化解重大风险""精准脱贫""污染防治"三大攻坚战,以发展创造美好生活,用好生态保障高品质生活。

瑞士心理学家荣格通过其所创造的社会文化观来阐述社会文化现象,他认为一切文化最终都沉淀为人格,文化的最终成果是人格。余秋雨则在此基础上提出不同的文化群落将创造出不同的人格范型的观点,认为当代中国人要回到传统文化中去找到我们集体人格的根源,并从一些"当代君子"身上去习得一种古老文化的"现代形态"和"国际接受"。从这个意义上看,人文品质是指特定的群体经由特定的文化熏陶而发散出的文化人格特质,但如果将人文品质放到"提升城市生活品质""创造高品质生活"的语境中,它便被赋予了更具有当下性、全局性的功能,所有可被用于提升城市人文品质的手段和路径,如提供更加丰富的文化服务、文化消费产品,提高人们文化、精神享受的质量等,皆是满足人民日益增长的美好生活需要的方法和措施。

因此,对于提升城市人文品质的研究,从搜集的文章来看,以解决城市发展过程中客观存在的问题为目的的实证研究居多,如落脚于优化城市整体建设水平的《浅析城市街道空间的人文品质——以长沙市城市现状为例》,关注社区、区域人居环境改善的《城市人居环境建设的人文思考——以重庆市沙坪坝区为例》《居住社区环境人文品质的研究》等。这些研究都是从所在区域对历史延续和文化继承的需求出发,探讨环境的人文特征与外在表现、实质内容的统一问题。除开此类文章,研究成果也较多地集中于教育学领域,段红在《试论文化品质的塑造与提升》中提到,教育是文化传播的最基本和最主要的途径;高元龙在《试论文化品质低下的原因及优化对策》中认为,教育的实质是延续和再造优秀的社会文化,因而教育对于人的文化品质的提升就显得至关重要。研究者针对不同的教育阶段、教学活动中的不同主体,乃至具体到某一学科,都提出了相应的提升受教育者人文品质的研究建议或对策。上述两类研究都注意到了城市人文品质的个体性,尤其注重对地域特征的把握,但却忽略了城市人文品质所具有的时代性。一座城市的人文品质会受到时代发展的制约,时代背景变化也会对人文品质的发展方向提出新的要求。

近年来,学者对城市人文品质提升的讨论逐渐丰富,主要集中在对"城市文化品质""城市文化生活品质"的研究方面。从最初的脱离了实际区域和具体的文化文本的对提升文化品质的措施讨论,如提高市民整体文化素养的《试论文化品质的塑造与提升》、重视教育事业的《试论文化品质低下的原因及优化对策》、强化城市规划管理工作以保证城市外部形象与内在素质(文化品质)的统一性的《论现代城市的文化品质》,到研究者逐渐开始从研究对象的个性特征出发,提出顺应区域文化发展现状的文化品质提升策略,如《城市文化品质与城市可持续发展》,通过分析城市文化品质的表现形式,即城市文化要素的三种主要存在形式,从而强调通过要素与要素之间的协调作用来实现城市文化品质的全面提高;《城市文化多元背景与文化生活品质的提升》一文提出构建杭州市的文化多元化格局,使之适应杭州市民文化生活品质提升的发展方向;《论旅游城市文化品质的提升》,则讨论了以旅游为支柱产业的城市提升文化品质的必要性、可行性及具体措施。

对于重庆市城市人文品质提升的研究,过去较多集中于对重庆人文精神的讨论,主要从重庆文化的根脉——巴渝文化和地域特征入手,追本溯源;或从重庆市重大历史事件和关键发展节点出发,探讨重庆人文精神的形成过程和历史原因。随着重庆文化与旅游业的进一步融合发展,重庆城市形象与重庆文化在全国乃至世界范围内得到进一步传播,进而涌现出一大批围绕重庆文化发展、提升重庆城市文化品质的研究。主要有:保障文化发展的制度性研究,如加强市民文化权益保障、提升公共文化服务质量的研究,文化产业扶持政策研究等;全市历史文脉、人文资源的保护利用研究,如通过挖掘梳理具有重庆地域代表性的文化资源"两江四岸",提出相应的保护措施,通过文旅融合提升人文影响力的研究;促进文化和旅游深度跨界融合的研究。还有一些研究也别具新意,如《文化消费时代背景下城市文化空间结构优化研究——以重庆市主城区为例》等文章,讨论城市人文品质的微观组成要素——城市文化空间的结构优化。张勇则在《让文化获得感成为高品质生活标配》一文中指出,提高民众文化获得感,是提升城市人文品质,创造高品质生活的应有之义,是现代生活的标准配置。可见,在"努力推动高质量发展、创造高品质生活"这一未来重庆发展方向愈发明晰的影响下,当下提升重庆城市人文品质的意识正在逐渐增强。关于如何最终回到"人"本身,将文化发展成果惠及人民群众的讨论也正逐渐趋于丰富。

参考文献:

[1] 余秋雨. 君子之道[M]. 北京:北京联合出版公司, 2014.

[2] 刘晓红. 浅析城市街道空间的人文品质——以长沙市城市现状为例[J]. 中外建筑, 2008(8):90-93.

[3] 刘晨阳,傅鸿源,杨培峰. 城市人居环境建设的人文思考——以重庆市沙坪坝区为例[J]. 山东建筑工程学院学报, 2005(2):49-52.

[4] 李英慧. 居住社区环境人文品质的研究[D]. 长沙:湖南大学, 2007.

[5] 段红. 试论文化品质的塑造与提升[J]. 牡丹江教育学院学报, 2016(4):129-130.

[6] 高元龙. 试论文化品质低下的原因及优化对策[J]. 西安建筑科技大学学报(社会科学版), 2013(5):74-77.

[7] 汤国平. 中小学生人文品质养成教育的设计[J]. 上海师范大学学报(基础教育版), 2008(3):31-36.

[8] 冯德伟. 利用语文影响 培养人文品质[J]. 中学语文教学参考, 2017(15):17-18.

[9] 周复多. 论现代城市的文化品质[J]. 城市文化, 1998(1):46-49.

[10] 周复多. 城市文化品质与城市可持续发展[J]. 杭州大学学报(哲学社会科学版), 1997(4):50-57.

[11] 陈宁. 城市文化多元背景与文化生活品质的提升[J]. 中共杭州市委党校学报, 2007(3):7-9.

[12] 许金如. 论旅游城市文化品质的提升[J]. 开发研究, 2013(6):107-109.

[13] 唐世刚,杜斗恒. 论重庆人文精神的定位与构建[J]. 科学·经济·社会, 2011(2):124-127.

[14] 雷飞志. 地域性格与人文精神——"重庆人文精神大讨论"思辨[J]. 重庆与世界, 2012(9):1-3.

[15] 杨孝蓉. 开埠对重庆近现代人文精神的影响[J]. 重庆社会科学, 2009(6):89-93.

[16] 彭星霖, 潘洵. 简论抗日战争对重庆人文精神的影响[J]. 长江师范学院学报, 2007(5):159-164.

[17] 马晓磊. 重庆市公共数字文化服务平台建设问题及对策研究[D]. 重庆:西南大学, 2018.

[18] 李重华, 王资博. 重庆文化资源整合与文化产业发展的路径创新研究[J]. 新西部, 2018(19):44-48.

[19] 张燕. 坚持生态和文化并重 提升城市品质[N]. 重庆日报, 2019-01-15.

[20] 王琛芳. 文化消费时代背景下城市文化空间结构优化研究——以重庆市主城区为例[D]. 重庆:重庆大学,2017.

[21] 张勇. 让文化获得感成为高品质生活标配[N]. 重庆日报, 2018-04-13.

重庆文旅融合发展全球金点子大赛
部分优秀作品选编

编者按：

作为第六届西旅会的主要活动之一，重庆文旅融合发展全球金点子大赛（以下简称"金点子大赛"）由重庆市文化和旅游发展委员会、新华社民族品牌工程办公室联合主办，新华社新闻信息中心、新华网股份有限公司承办，百度重庆协办，旨在全球范围内收集一批对重庆文化和旅游产业发展的高质量建议，并对重庆城市形象和文化旅游资源进行推广，以吸引更多游客及市场主体关注重庆文化和旅游产业发展。

大赛自2019年1月16日启动以来，组委会通过官网在线投稿、邮件、书面等形式，累计收集有效稿件693份。在投稿作者中，既有来自五湖四海的普通市民、游客，其中不乏来自美国、澳大利亚、新加坡、波兰等国家和中国台湾等地区的参赛者，还活跃着专家、学者的身影，更吸引了国内外文旅策划机构、市场主体建言献策。在作品形式上，有设计精美、长达百页的PPT（一种演示文稿软件），也有字数多达5万字的论文和项目策划书，还有音频和视频投稿。在作品内容上，主要围绕重庆如何推动文化和旅游融合发展，如何打好"三峡""山城""人文""温泉""乡村"五张牌，如何让重庆文化资源"活"起来，如何让重庆文化旅游的营销宣传"走出去"等议题展开。

本次金点子大赛历时5个多月，经过作品征集、初审、终审、公示环节之后，最终有37个"金点子"斩获大奖。其中，一等奖2名、二等奖2名、三等奖3名、纪念奖30名。在获奖者中，有高校的文旅研究院、文旅策划机构、业内资深专家和文旅达人，也有来自澳大利亚等国家和中国台湾等地区的文旅专家。为了展示本次大赛取得的成果，现将部分优秀作品节录下来，供读者参阅。

一、重庆文化产业（西南大学）研究院周永康教授团队：《行百里轻轨 览广大重庆——重庆轨道交通文旅综合体项目创意策划方案》

重庆是一座建立在"山上"的城市，复杂的地形地貌让这座山水之城充满了魔幻与神奇，盘旋的高架、跨江的大桥、穿山越岭的轨道交通，造就了"8D魔幻"的独特魅力，也彰显了重庆人民勇于拼搏的精神。重庆轻轨是重庆性格与城市精神的最佳体现，通过轻轨这一具有特色且能体现城市精神的载体打造重庆文旅新名片，能为重庆文旅带来新生机与新活力。

《行百里轻轨 览广大重庆——重庆轨道交通文旅综合体项目创意策划方案》提出，要根据历史与现实、古典与时尚、科技与人文等时空叠加、跨界融合的原则，把重庆轻轨打造成为集文化、交通、旅游、娱乐、城市形象展示于一体的文旅综合体。要结合重庆的历史文化，独特的山城地形地貌特色，通过轻轨车厢、轻轨站台的设计改造和沿线文化景点的串联，让游客"乘百里轻轨，览广大重庆"，使重庆轻轨成为重庆文旅新名片。该策划方案提出了"三线、两圈、三点"的总体布局。

三线主要是指依托已经投入使用的1、2、3号轻轨线路，在建的9、10号轻轨线路和环线线路，打造重庆文旅轻轨的三大线路主题,分别为"穿越""魔幻""炫舞"。"穿越"所指的是时间和空间上的穿越,即让人们在不同历史时代的景观交错中,实现梦回百年的沉浸式时光穿越体验,感受到重庆连绵不绝的发展历史。"魔幻"代表的是空间上的立体感。清晨迷雾中的朝天门码头、飞越长江的索道、穿居民楼而过的轻轨、纵横交错的黄桷湾立交桥等,让人们深刻感受重庆这座"8D魔幻城市"的魅力。"炫舞"则主要体现重庆年轻、时尚、热情、开放的人文气质。游客可以从观音桥站的"不夜城"九街感受到重庆年轻人酷炫火辣的气息;可以从南滨路站(暂未开通)看到绚丽多彩的夜景,体验不同的时尚文化活动。

两圈即将文旅轻轨线路分为内外两圈。内圈景点集中,多为网红景点,具有较高知名度,例如小什字站点周边的洪崖洞、长江索道、解放碑商圈、湖广会馆等。外圈景点较为分散,认知度相对较低,比如观音桥站点周边的观音桥商圈、北仓文创街区等。其他线路景点分布较为分散。两圈的打造就是要利用轻轨"上天入地"的奇幻现象、沿途风光景象以及周边景点的文化内涵,来与穿越、魔幻、炫舞等文旅元素相契合。

三点即从内外圈选取知名度高、周边景点多且站点空间大的轻轨站点,来进行全景式站点打造。在三大线路主题中,选取极具主题代表性的轻轨站点,例如穿越主题对应的小什字站、魔幻主题对应的红土地站、炫舞主题对应的观音桥站。每个站点有其不同的代表含义,每个含义将会被赋予不同的全景式主题,主题将会结合站点本身、轻轨列车车厢以及相关旅游配套设施来进行全新塑造。

重庆轨道交通文旅综合体项目将构建重庆新时代文化旅游新地标,并实体化重庆文化价值,展现重庆文化价值的吸引力。利用现成的轻轨将主城景区连点串线成面,整体构建出一个"100公里"的文旅展示窗口,可全面、多层次展示重庆文化,让文化活起来。同时,该项目实施落地后,可能会带来将近100亿元的可观的综合经济收益。

二、彭瑶玲、黄芸璟:《保护与活化利用"重庆古城墙",彰显城市人文底蕴与独特山城、江城风貌》

重庆古城墙是人们记忆中的城市形象地标,经过多次修补,目前,重庆母城仅存城墙遗址3167.6米,以及通远门、东水门、太平门3座开门和人和门1座闭门。

重庆古城墙遗址是记录城市历史演变的"活化石",是研究重庆古代社会军事、城市空间布局发展的重要实物标本,是我国古代山水城市规划和防御工程技术的典范之作,是巴渝文化的重要载体,是串联重庆母城文化和旅游资源的重要线索,具有不可替代的历史、文化、科学和旅游价值。

城市,应有看得见的历史,应成为一部可以阅读的历史教科书。为此,提出以下八点建议:

一是融入环境整体保护,建设城墙遗址公园。建议依托现存的城墙和城门遗址,结合半岛沿岸历史文化街区,在对传统风貌区进行保护的前提下,新增东水门—太安门、太平门—人和门—储奇门、南纪门—金汤门3处城墙遗址公园,在滨临长江的下半城形成相对完整的古城墙遗址带,打造山水与人文交融的重庆历史文化新地标。

二是让文物讲故事,建设城墙遗址博物馆。建议以朝天门—西水门—千厮门明代和宋代城墙遗址的发掘保护为契机,建立重庆城墙遗址博物馆,辅以相关文物陈列,充分展示重庆古城、古城墙的考古及研究成果。

三是多方式结合,全要素展示城墙遗址信息。(1)露明展示。建议对现存城墙进行整体整治维护,通过拆除影响建筑、整饬植被、去除附着物,重新显露城墙。(2)标示展示。建议对已毁古城墙段、已消失的城门如定远门等进行标示展示,在城墙沿线堆土加高、栽植植被或设立标志碑,以及历史事件、掌故传说解读牌。(3)虚拟展示。建议利用电脑模拟再现重庆古城墙,设计互动体验场景,多维度展示古城墙的古往今来。

四是串联历史文化项链,建设环古城墙步道。建议规划建设环城墙步道和环城墙绿带,通过长约14公里的步道,串联各段城墙遗址和湖广会馆历史文化街区,以及山城巷等传统风貌区,打造山城风光旅游的新亮点。

五是发展多元立体公交,提升古城墙旅游体验。构建以"微公交+特色交通"为主导的立体复合公共交通体系。以微公交为核心,以索道、缆车、扶梯、电梯、水上巴士等特色公共交通方式为补充,进一步提高古城墙等文化景点游览的交通可行性,提升人们的旅游体验。

六是全域联动,打造环半岛文旅产业带。建议以尚存的古城门、古城墙为线索,串联城墙内外文物古迹。依托城墙遗址公园、城墙遗址博物馆、环城墙步道等的建设,大力发展文化创意、商业商务、酒店餐饮等新兴业态,疏解老城既有的批发、物流、交通枢纽等传统功能,促进老城核心区的产业转型,构建环半岛历史文化旅游产业带。

七是借力智慧城市建设,创新古城墙文旅营销模式。加强与国内外媒体和知名旅游电商平台的合作交流,着力推出具有独特文化魅力的古城墙旅游品牌、形象口号、专题影片、摄影展等;借助高校资源开发以重庆古城墙为主题的旅游文创产品;进一步创新文化体验方式,开发手机APP、微信公众号等;以古城墙为主题,打造智慧旅游景区和旅游产品,推出线上"旅游管家",开发私人订制的自由行服务。

八是加强统筹规划,创新政策机制。建议由市政府牵头制订相关专项保护与活化利用规划及实施计划,划定古城墙核心保护范围与建设控制地带;建立健全古城墙保护的相关地方法律法规,主动对接,争取国家和地方历史文化名城保护专项资金的支持;创新具体保护政策,充分运用政府主导、市场参与等政策手段,调动全社会参与古城墙保护的积极性;收集与古城墙相关的历史记载、图片影像、传说故事、传统风俗、人物事件、诗词歌赋和防御技术等"隐性"文化遗产,依托古城墙进行爱国主义基地建设。

三、李智祥(中国台湾):《重庆文旅策略发展建议书——当代渝式生活美学博物馆》

一般人们对重庆的印象,主要来自抗战陪都、超大直辖市、山城人文、立体城市、码头文化和巴渝历史名城,还有独树一帜能解乡愁的麻辣火锅。唯独城市面貌日渐模糊,缺乏有别于其他城市鲜明且具有人文色彩的"当代渝式生活美学"。

重庆的直辖市地位,有其格局的自我要求,在城建规模和地理特征已经取胜的当下,下一步应该进行的是城市美学的营造任务,从量的取胜到质的提升。与其让这一艰巨的任务与其直线思考在已经杂乱的印象中添枝加叶,不如以减法思维处之,归零思考重新定义,以精取胜。当今大部分城市在发展文化旅游时陷入迷惘,总担心声音不够大、灯光不够亮,结果叠床架屋弄出一个个杂耍而非经典的戏码。而当代重庆在全国甚至全球级别的城市竞争中,不是没有声音或是声音不够大,而是要梳理杂音,形成具有高识别度的怡人音律。

重庆在历史地理人文上有其独特条件,这些虽是宝贵资产亦是沉重包袱。要将这些自然融入当代生活中,创造循环经济,并让重庆人自信自傲,无疑是个艰难的挑战。我们看待这件事情的态度和视野,将引导我们的整体构想思维和未来发展的方向,小打小闹改改包装文案势必不足以契合这种历史、地理与文化所共同期待的远景。

我为重庆文旅提出的最佳策略定位为"当代渝式生活美学博物馆",以当代渝式生活美学为展题,把重庆作为一个鲜活的、巨大的开放博物馆来经营,让重庆成为承载和表现文化创意的无形有形、精神物质的超大平台,其自我造血功能亦将在未来成为带动文化旅游产业发展的火车头,成就"重庆美学的经济"。

"当代渝式生活美学"必然不可包装凑合,而要通过梳理当地独特的风土人文,从全球、中国美学观点和市场角度综观,择优纳入有形无形的渝式风土人文美学元素,以文化创意的资源和形式加以实施,以"学重庆人过好日子"体现新旧交融的风貌内涵于现代人的生活中,为重庆取得关键性而非孤芳自赏的文化地位。

在提出此一策略建议的同时,我十分期待未来的重庆是一个温雅的"巨人",以绿色环保为世人所尊重,在高速的城建下仍尊重历史,对自然敬畏,充满艺术气息,生气蓬勃;保有市井味和烟火气的生活趣味,拥有充满自信的市民,并且能吸引全球的旅人前来探索这座渝式生活美学博物馆。

四、王平:《重庆南山废弃矿山超级影院项目策划书》

南岸区南山槽谷地带(南部)曾经的采矿历史遗留了大面积废弃矿坑,严重破坏了南山的生态与景观,严重影响了南山文化旅游产业的发展。本方案为南山(南部)策划了以"一座核心影院、一个主题公园、一片影视产业带"为主线的发展规划。利用废弃矿山特殊的地貌打造具有世界最大荧幕的超级影院,并以此为核心打造公园,在公园内开展吉尼斯节、电影节等,积淀形成新的城市文化;在外围发展集影视创作、拍摄、发行于一体的完整影视工业产业带。利用4—6年时间将南山打造成全国闻名的文化旅游地,利用10—30年时间将南山打造成为"东方好莱坞"。

1.超级影院策划方案

本项目的核心创意是利用采石场自身形状特点,打造拥有世界最大荧幕的超级影院。南山废弃矿山具备打造一个拥有6000—10000平方米屏幕的超级影院的潜力。

2.主题公园

仅仅一个超级影院还是显得太单调了,应该围绕其把南山废弃矿山打造成一个开放式主题公园,丰富其文化旅游业态。未来主题公园将以不断更新的文旅内容吸引游客,组织开展一系列如狂欢节、电影节等主题节日,营造南山旅游气氛,形成南山特色旅游文化。

3.影视文化产业带

在超级影院和主题公园带来的影视文化氛围影响下,可以在南山大力发展重庆的影视文化产业。在主题公园外围建设影视文化创业园区、大型摄影棚等,建设重庆自己的电影工业。大力发展影视产业有机会寻找到重庆经济发展新的增长点,还能发掘和提升城市文化内涵,提高重庆城市文化的影响力。

本项目实施意义有四:一是重塑南山生态环境,将南山打造成为重庆的城市新名片,增加游客数量,增加旅游收入;二是改变城市经济结构,建设完整影视工业产业链,将影视文化产业打造成重庆经济新的增长点;三是提升城市吸引力,通过影视文化产业带来的造星运动,吸引全国优秀人才来渝;四是提升城市文化影响力,助力重庆晋升一线城市。

五、霍平:《重庆温泉旅游产业升级建议》

近两年,重庆突然火了,被戏称为"网红城市",90后、00后旅游新势力在重庆掀起一股"打卡"旋风,为重庆的文旅荡起阵阵波澜。在这个以抖音为代表的微视频新媒体崛起的时代,重庆的自然资源、城市建筑赋予了微视频特别的冲击力,蛰伏多年的重庆何以引爆新生代消费群体? 其实还是文化的因素起了决定性作用,目前比较通行的说法是洪崖洞、江上游船等景观与宫崎骏的动漫《千与千寻》有暗合之处。其实,重庆值得广大消费群体关注的文化远不止这些,"网红重庆"也绝非重庆发展的全部,重庆文旅资源的横向和纵向融合还处于未发育完全的青春期。

之所以从温泉产业切入,是因为重庆的温泉旅游是世界级的旅游资源,从全球范围来看,只有被称为"温泉之都"的匈牙利首都布达佩斯可以与重庆相提并论,目前重庆温泉旅游产业正处于转型升级的关键时期。针对重庆温泉旅游产业的特点和不足,我们试图提出一些宏观的建议,而具体的温泉产业发展解决方案尚需要有总体的战略决策,确立明晰的战略目标,要设计好战略路径,做到胸有成竹,避免重复建设,尤其是要避免推倒重来。无论是发展温泉产业还是其他文旅产业,都必须注意以下几个问题:重庆文化旅游要发展,要避免各景点成为孤岛,要有全局观;重视本地区的特色文化,因地制宜,与当地旅游有机衔接,不可盲目照搬和闭门造车;文旅产业在布局上要有突破,形成陆、空、地下的格局;在形式上要多种形式相融合,包括自然、人文、美食和歌舞等;在技术上要有创新运用,包括AI(人工智能)技术、智慧城市建设等。

重庆在2017年之前连续十多年GDP实现两位数的增长。但此后增速变缓,既有世界经济的周期性震荡带来的影响,也有重庆自身产业转型升级带来的过渡性影响,文旅产业未来会成为重庆重要的经济增长极。积久久之功,必成大业。

六、唐文龙:《申报世界线路文化遗产,将"巫盐古道"打造成为中国腹心地带文明大通道的建议》

人类前行的历史,就是一部嗅着盐的味道不断发展的历史。

盐,是最早推动人类进化、促进人类社会进步的物质之一。

巫,是人类在懵懂时期,认知世界、解读世界的早期哲学思想。

以重庆市巫溪县宁厂镇宝源山盐泉为代表的整个三峡盐源,持续时间五千多年,漫长的制盐史促使各种文化现象在此交合融汇。"利分秦楚域,泽沛汉唐年""一泉流白玉,万里走黄金""天赋不满三百石,借商贾以为国"这些句子描绘并赞美了这里丰富的盐业资源。三峡古盐道以诞生在这一区域的人类最早的"巫文化"为古代地域文化代表;以促进人类进化历程中重要的物质资源"盐"为物质文明代表。它向北延伸到陕西西安、安康、汉中、商洛,河南南阳,山西运城等地;向东到湖北神农架、十堰、恩施、荆州、宜昌、武汉等地;向西到重庆主城、四川成都平原;向南到湖南,乃至云贵高原,被世人称为"巫盐古道"。

在"巫盐古道"覆盖的范围内,据不完全统计,包含有2处世界文化遗产、3个国家历史文化名城、13个国家历史文化名镇、43个中国传统村落、65个国家级非物质文化遗产、44处全国重点文物保护单位;同时还拥有1处世界自然遗产、1个世界地质公园、40个国家自然保护区、61个国家森林公园、12个国家地质公园、11个国家湿地公园、7个国家级风景名胜区、5个国家水利风景区。其密集程度,全国罕见。

古道贯穿长江、黄河两大流域,连接西安、秦岭、武当山、神农架、长江三峡等众多世界级景区,连接秦巴山区、武陵山区两个国家级贫困带。"巫盐古道"是一条商道、赌道、情道、兵道;一条盐运通道;一条珍奇动物出没、珍贵植物生长之道;一条把南北民族迁移、融合,长江文明和黄河文明沟通融合的通道;一条承载民族精神的通道。加强该盐道的研究和开放,具有保护文化遗产、开发文旅融合和脱贫攻坚等现实意义。

"巫盐古道"具备世界线路文化遗产的基本要素,应以此道路申报世界线路文化遗产为切入点,对连接整个武陵山脉、秦巴山脉的古盐道进行系统的研究保护和旅游开发,将重庆境内和周边兄弟省份的各类自然景观和文化元素串联起来,形成文化旅游线路,使之成为重庆文化与旅游高度融合发展的"引爆点"。

七、王枫:《后网红时代,重庆文旅融合发展路径探索》

近年来,随着传播方式、传播手段多样化,不少城市借助网络新兴媒介一跃成为新晋"网红城市""爆款

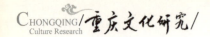

城市"。拥有悠久历史、丰厚文化的重庆，凭借社交软件"抖音"的东风，让全世界对这个"山水之城，美丽之地"的BEST(指城市音乐、本地饮食、景观景色、科技感的设施)城市形象有了新的认识。"8D魔幻城市""网红之城"成为其新的代名词。

纵观重庆的走红，更多的是体现在简单浅层次的BEST城市形象符号上。游客来到重庆多以拍照跟风为目的，忽略了对重庆历史文化、城市精神的深刻领悟，这在一定程度上与目前重庆文旅产业发展痛点相关。一是文旅IP(智慧财产)开发单一，没有集独特性、文化故事性及体验互动性于一体的文化旅游项目，旅游市值、文化价值较低。二是文创产品与文化旅游资源粘连性不够，缺少吸引力及珍藏价值。同时创新发展平台及交易平台欠缺，产业业态呈现不足。三是古镇、仿古商业街等文旅资源娱乐元素多于文化体验本身，商业化多于精致内容挖掘。四是历史文化遗产知名度低。如承载着重庆母城历史、具有重要历史意义的通远门，多数游客乃至重庆本地居民鲜有到此参观游览并了解其历史的。

从这些金点子中我们不难看出，聚焦文化旅游融合发展和产业联动，紧扣"五张牌"，最大限度盘活既有的城市资源，充分彰显重庆人文、历史、地域特色，是获奖"金点子"的共同特点。随着时间的推移，这些质量高、思路新、落地性强的意见和建议，极有可能催化重庆文旅产业新一轮升级，加快重庆建设国际知名旅游目的地。

（重庆市文化研究院旅游发展研究中心整理）

重庆舞台艺术70年巡礼

编者按：

时值中华人民共和国成立70周年之际，重庆市的舞台艺术在这70年里不忘初心、砥砺前行，取得了辉煌的成就。重庆舞台艺术的文艺院团和编者对这一阶段所进行的艺术创作实践和取得的成绩，进行了回顾和梳理，并整理成文以飨读者。

重庆市川剧院

一、重庆市川剧院简史及主要作品

重庆市川剧院前身是建立于1951年的重庆市实验川剧院，1956年，重庆市胜利川剧团部分人员并入，组建为重庆市川剧院。剧院历经近70年风雨征程，造就了张德成、周慕莲、吴晓雷、周裕祥、袁玉堃等一大批全国颇有影响的戏曲艺术家。重庆市川剧院被列为首批国家级非物质文化遗产保护研究基地，也是文化部公布的第一批39个全国地方戏创作演出重点院团之一。

经过多年的精心积累，重庆市川剧院创作并演出了上百出剧目，有现代川剧《血泪仇》《夫妻赶场》《不准出生的人》《赤道战鼓》《思亲送柴》《凌汤圆》《变脸》《金子》，古装剧《闯王遗恨》《煮海记》《孔雀胆》《三瓶醋》《乔老爷奇遇》《王昭君》《凤仪亭》《潘金莲》《李亚仙》《武松》和"三案"——《井尸案》《古琴案》《婚变案》，传统戏《柳荫记》《柴市节》《槐荫记》《琵琶记》《焚香记》《芙奴传》《荷珠配》《碧波红莲》《白蛇传》《绣襦记》《荆钗记》《禹门关》等。其中不乏声名远播的优秀之作。特别是重庆直辖后改编创作的川剧《金子》，更获得了首届"国家舞台艺术精品工程"十大精品剧目等18项国家级大奖，该剧被公认为"中国戏曲现代戏新的里程碑"。沈铁梅凭借她主演的《三祭江》、《金子》和《李亚仙》先后获得第六届、第十七届、第二十五届中国戏剧梅花奖。

新中国成立70年来，重庆市川剧院致力于戏剧表演艺术的探索与革新，肩负中国川剧艺术发展的历史重任，足迹遍及全国及世界各地，成为传承戏曲艺术、沟通中外文化的使者。川剧先后参加了美国、比利时、德国、荷兰、匈牙利以及北美各地的世界顶级艺术盛会，受到《纽约时报》等国际主流媒体的特别关注。

二、艺术特色

(一)追求"严""紧""快"的整体艺术格调

川剧是巴蜀地域的文化瑰宝，但"川"与"渝"两相比较，仍然各有风格。重庆川剧"严""紧""快"的整体艺术格调萌芽于"下川东"川剧河道艺人们的长期实践，生长于建国后重庆川剧界积极的川剧现代化建设

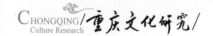

中。"严"即"严谨的舞台表演作风,角色无论大小,站上舞台,都是戏大于天";"紧"指的是"紧凑的故事结构,结构源自于戏剧文学的考究,这是一种具有现代性的戏剧形式追求";"快"指的是明快的节奏,明快的节奏源于戏剧结构的合理,也体现为导演处理节奏明快而不拖沓,演员表演、音乐、锣鼓皆有张有弛,恰到好处,最大限度地满足现代观众的审美需要。重庆川剧追求"严""紧""快",表现了川剧渴求现代转型的探索姿态。从传统戏到现代戏,再到新编历史剧的打造,这一原则无不伴随着舞台上的每一次创意。《红梅记》《柳荫记》等传统戏在几代导演手中传递,传递不是重复,而是反复打磨和修改。《井尸案》《古琴案》《婚变案》首次尝试引进西方"侦探悬疑剧"的叙事手法,来改革川剧传统的公案剧,"三案"故事结构紧凑,情节引人入胜,格调清新明快,成为现代川剧史的重要收获。川剧《凌汤圆》用活泼轻快的节奏,写尽草根人物的命运沉浮,至今令人回味。1997年1月草创的川剧《原野》紧紧跟随着曹禺的步伐,甚至还有"群鬼"在黑森林中徘徊的景象,这种直接的意象表达受到了探索期戏剧风潮的影响。但是《金子》剧组很快便抛弃了这种直露的表达方法,回到人物和剧情上,因为大家觉得抛弃掉花哨的外部形式,可以更快地找到戏剧的核心。带着"严谨"的作风和追求"故事结构紧凑"的舞台实践传统,剧组从表现曹禺原剧的"复仇",转移到了川剧《金子》的"宽容",最终实现了《金子》的艺术升华。《金子》和《李亚仙》在艺术上都追严谨的结构和细腻的表达,充分体现了重庆市川剧院"严""紧""快"的艺术格调。而以阎肃的剧本为一剧之本,来打造川剧《江姐》,也体现了重庆市川剧院严肃的艺术追求。

(二)坚守传统,渴慕经典

对于传统,重庆川剧是一个严苛的存在,这里保存着一部分"纯正"的川剧文化基因。一大批老艺术家站立在传统的沃土上,悉心培育更加绚丽的现代艺术花朵。他们坚守的是优秀的川剧传统,而追求的则是可以流芳百世的艺术作品和其所携带的追求经典与极致的艺术精神。张德成的艺术总结贯穿了表演艺术、唱腔艺术等各方面,一是他总结了川剧表演艺术的规律,二是总结了川剧高腔各曲牌的演唱和运用方式。他在对川剧高腔音乐进行了长期实践、思考和总结之后,最终写成了《川剧高腔乐府》这部厚重的川剧音乐理论著作。琼莲芳总结川剧表演要有三点要求,一是要合情合理,二是必须有节奏,三是表演必须真实。阳友鹤对闺门旦和奴旦的表演技能进行归纳,提出学旦角,首先要从武功学起。他总结出同属闺门旦中的大家闺秀和小家碧玉在表演上的差别。薛艳秋总结了川剧女角翎子和绫子的表演方法。姜尚峰总结川剧小生的表演,在面部表情上讲究"八法"和"四准"。唐彬如和吴晓雷都对净角的形体锻炼和练声方法进行了总结。梅春林则在《东窗修本》中对净角扮演的主角秦桧进行了角色剖析和总结。刘成基研究了川剧丑角所扮演的人物,并深究了丑角表演艺术的几个问题。艺术家们在现代戏剧理论的影响下,自发地寻找传统基础上的突破。例如,周慕莲在舞台实践中明确提出"继承遗产,死学活用",将《打神》的表演重点总结为"刚柔相济",摈弃了传统焦桂英的"鬼煞"、"阴晦"和"凶狠"之气,考虑人物的性格和故事情节逻辑,塑造出更加合理且动人的焦桂英。阳友鹤在《刁窗》中显示出了一种富有"冲击力"的创新表演,他运用快速的半步步法,踏着"赶锤"的鼓点,突出纵跃行进式的姿态,冲上或者踏上椅子。70年来,重庆川剧人甘做传统守夜人,而他们对于精品与经典的极致艺术追求,已经成为现代川剧史不可抹去的足印。

(三)走向世界,走向现代

早在1959年,以成渝等地演员组成的中国川剧团一行就出访了波兰、德国、捷克斯洛伐克、保加利亚四国,重庆川剧院22人参加访问演出。作为积极传播中国传统文化的使者,重庆市川剧院的脚步已遍及中国各大城市及世界主要国家和城市。近年来,重庆川剧院参加了美国"林肯中心艺术节"、北美"点亮多伦多艺术节"、比利时"欧罗巴利亚艺术节"、德国"威斯巴登国际艺术节"、荷兰"荷兰艺术节"以及匈牙利"马达奇国际戏剧节""布达佩斯之春"艺术节等世界顶级艺术盛会，受到《纽约时报》《金融时报》等国际主流媒体的特别关注，赢得了极高的赞誉。

在与世界戏剧的广泛交流过程中，重庆川剧学会了以走向世界的方式，尝试走向现代。21世纪初，重庆市川剧院推出由罗怀臻先生改编创作的川剧《李亚仙》，找罗怀臻先生来做这个川剧的骨子老戏，是需要胆识的。重庆市川剧院想向着国际戏剧的方向，寻找超越"川剧传统"的可能性。这个超越，不是要摈弃传统，而是要寻找传统在"现代"的新生命力，在更高层面上尝试新方法，重新阐释传统的价值和意义。经典，需要被不同阶段的时代文化阐释和再阐释。《金子》是现代经典，老版川剧《李亚仙》是传统经典。传统经典应该完成它的现代化转型，接受国际视野的审视，成为时尚的、都市戏剧的一部分。中外文化之间密切的交流已经成为不可逆转的格局，这就要求着我们必须以不同的眼光来审视传统艺术。

（彭斯远、周津菁）

重庆市歌剧院

一、重庆市歌剧院简史

重庆市歌剧院是享誉西南的专门从事歌剧表演艺术事业的专业艺术院团，其前身为西南人民艺术剧院实验歌剧团。自1953年成立后，其在歌剧、交响乐、民族音乐等方面取得了显著的成就，以社会效益为先，担负着培根铸魂的使命。2007年经市政府批准成立并增挂重庆交响乐团牌子，是"一套班子，两块牌子"的中宣部备案的事业单位。

重庆市歌剧院以提高和普及为抓手，曾创作、改编、演出歌剧《尘埃落定》《钓鱼城》《辛夷公主》《巫山神女》《火把节》《魔鬼索尔南塔》《红云崖》《一个志愿军的未婚妻》《草原之歌》《芳草心》等；创作二胡与弦乐协奏曲《对话》，大型交响乐《长江》，交响组曲《故乡风情画》，交响乐《太阳之子》《三峡印象》等；在形式多样的音乐会演奏，如《中外艺术歌曲音乐会》《重庆新年音乐会》《清明音乐会》《二胡音乐会》与专题综艺晚会《共同家园》《首届中国重庆文化艺术节开幕式》等。近年来，重庆市歌剧院受邀参加过中国艺术节、国家大剧院奥运演出季、歌剧节、中国上海国际艺术节、中国戏剧节、中国交响乐音乐季，创办列入文旅部常设项目的中国西部交响乐周，承办了中国交响乐季等，赢得了社会各界的称赞。曾获中宣部"五个一工程"奖，文化部"文华奖"新剧目奖，"优秀剧目奖"，中国戏剧节"优秀剧目奖""优秀表演奖"，中国音乐金钟奖铜管乐比赛金奖，"中国戏剧奖"，"梅花表演奖"等，获得过全国少数民族文艺汇演所有奖项，对此，重庆市政府予以重庆市歌剧院集体二等功。重庆市歌剧院以高雅艺术普及为己任，打造常态化驻场演出，在歌剧院艺术厅举行"周周演"共计350余场。同时，以人民为中心，每年还会赴边远山区为脱贫攻坚演出，把党和政府的温暖送到田间地头。重庆市歌剧院还应邀出访世界70多个国家和地区，为讲好中国故事不遗余力，与境外著名指挥家、演奏家、教育家等建立了深入而广泛的合作。

二、重要作品及演出活动

重庆市歌剧院一直以习近平新时代中国特色社会主义思想为指导，以"思想精深、艺术精湛、制作精良"为标准，以重庆特征、中国气派、国际水准为任务，把"剧目立院、创造创新、打造精品"的理念贯穿始终。在近70年的发展历程中，一直将剧目建设放在院团建设中的关键位置。先后涌现出歌剧《刘胡兰》《白毛女》《光荣灯》《一个志愿军的未婚妻》《草原之歌》《刘介梅》《夺印》《向秀丽》《白卷先生》《救救她》《芳草心》《柯山

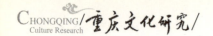

红日》《红珊瑚》《红霞》《洪湖赤卫队》《红云崖》《刘三姐》《海岛女民兵》等一批久演弥新的保留剧目。20世纪50年代的《红云崖》，1959年作为中华人民共和国成立10周年文化部指定重点剧目，由中央歌剧院和重庆市歌剧院在北京和重庆同时上演。20世纪60年代的《江姐》，系重庆市歌剧院于1963年根据小说《红岩》改编，首演于人民剧场，在全国当属首创，之后被山西省歌舞剧院、天津人民歌剧院等全国20余个省市剧团广泛移植改编演出，流传至今。20世纪70年代重庆市歌剧院创作的《魔鬼索尔南塔》，被文化部召开的全国歌剧座谈会推荐为全国8个重点剧目之一。20世纪80年代的《火把节》，获1982至1983年全国优秀剧本创作等各类奖项11个，重庆市歌剧院还以单独的花车代表全国文艺界光荣地参加中华人民共和国成立35周年天安门广场游行活动，演职人员在中南海受到第二代中央领导人的亲切接见。20世纪90年代的《巫山神女》，获文化部"文华奖"新剧目奖及优秀导演奖、表演奖等多个单项奖，中宣部"五个一工程"奖等。2011年，重庆市歌剧院倾力打造的原创歌剧《钓鱼城》，实现了重庆歌剧在中国舞台艺术最高荣誉奖项上的多个突破，并成为当代中国歌剧史上继《原野》《苍原》后又一新的里程碑式的作品。2016年，重庆市歌剧院以"一带一路"为载体，创演歌剧《辛夷公主》。2018年出品重庆第一部关注生态文明建设的跨界融合舞台剧《大禹治水》，特别是以乐器扮演角色的大胆创新引起业内瞩目。

重庆交响乐团的成立是为了满足改革开放和城市文化建设的需要，它不仅是重庆文化建设和市民文化生活的大事，还是文化强市建设的一极。以2007年重庆直辖十周年暨首届中国重庆文化艺术节开幕式为象征，重庆交响乐团演出了原创大型交响音画《长江》。在纪念重庆市与德国杜塞尔多夫缔结为友好城市活动期间，重庆交响乐团与德国德绍歌剧院首席指挥家戈罗·贝尔格合作演出了交响乐《红旗颂》等。重庆交响乐团还参加了国家大型文化品牌活动"欢乐春节"，整建制出访埃及。2010年，由重庆交响乐团发起，文化部、重庆市政府主办，西部地区交响乐团共同参与了一项品牌演出——西部交响乐周，开幕式上重庆市歌剧院演出了由我国著名作曲家郭文景创作的交响乐组曲《故乡风情画》。西部交响乐周现已成为文旅部两年一届的常设项目，并在中外产生了巨大的影响。为讲好中国故事，重庆交响乐团创作的二胡与大提琴、中提琴、小提琴协奏的大型作品《对话》，用音乐诠释了世界文化中的中国心，作品入选了文旅部音乐传承扶持项目。

三、主要艺术特征

（一）以"深度关注人的精神活动"为诉求

重庆市歌剧院始终深刻关注人性，关注"新时代"人的精神生活，将"深度关注人的精神活动"作为创编节目的指导性方针。以直辖后为例，重庆市歌剧院创作了中华人民共和国成立以来重庆第一部浪漫主义大型歌剧《巫山神女》，以神话的浪漫主义方式，讲述了神女峰的故事：一块阻挡峡江的礁石，为了人间大爱，毁灭自我而升华成为世代仰慕的神女峰。歌剧用"大写意"的象征方式，以"石"做比，歌颂了为人类进步而勇于奉献牺牲的大爱精神，这是对现实生活中"三峡移民奉献牺牲"的诗意化写照。重庆市歌剧院创作的第一部音乐剧《城市丛林》，是对强食弱肉，不顾真情，只为物欲的现象的批判；歌剧《钓鱼城》是以宋末元初蒙古大军与宋朝军民发生在重庆合川钓鱼城的战争史实为背景，讲述了蒙古人攻打钓鱼城36年未果，攻守双方主要人物在经历战与和、生与死、爱与恨的极度纠结后，最终用理智战胜了情感，用和平歌声驱走了战争阴霾的故事，以此来讴歌以人为本、为生民立命的崇高信仰，反映了我国历史发展的大趋势，民族交流大融合宏大壮阔的历程。2016年，歌剧院以"一带一路"为载体，为宣扬社会主义核心价值观，"辨善恶、见人心"，创演了歌剧《辛夷公主》。剧中善与恶的较量，关注的是人类共同的命运与精神世界。2018年歌剧《尘埃落定》

的创演揭示了腐朽制度灭亡的内部原因和外部原因,讲述了历史上最后一个康巴藏族土司少爷的传奇故事,歌颂了中国共产党对历史的推动作用,为新中国成立70周年献上了一份大礼。

(二)"古为今用,洋为中用"

习近平总书记指出:"坚持不忘本来、吸收外来、面向未来。"剧院所安身立命的艺术形式是歌剧、交响乐、民族音乐,前两项是舶来品,更多的是"洋为中用"。重庆观众从歌剧院演出的众多外国文艺节目中了解了世界,完善了自身。歌剧院创作了视觉与听觉并举的艺术形式,在器乐的表现中加入了戏剧、情景、情节等具有表演性、视觉性的元素,成为动态舞台的音乐会样式,颠覆了传统的音乐会。而跨界融合舞台剧《大禹治水》,更一反传统,用器乐来扮演人物,二胡演大禹,琵琶演水,竹笛、打击乐演山。将"听"音乐丰富成"看"音乐,将器乐作为主体,将音乐变为戏剧。这种颠覆性的创新,突破了既有样式的边界,是对"创造性转化、创新性发展"的新实践。同时,交响乐团还演出了一大批国外经典曲目,如《罗密欧与朱丽叶》《被出卖的新嫁娘》等。民族音乐也在这一时期实现了"古为今用"的重大突破。

(三)艺术是"角儿"的艺术

人才培养在剧院的建设中一直是一项重要的工作,重庆市歌剧院始终将人才兴院作为核心任务。人们常说:"艺术就是角儿的艺术,没有角儿就是夸夸其谈。"十八大以来,重庆市歌剧院、重庆交响乐团对青年演员的培养加大了经济投入力度,且均取得了良好的成效。比如对重庆首席男中音刘广的培养,争取到了舞台表演领军人才培养项目,以50万元之巨,送其到国外学习;青年演员刘广、车璐、赵丹妮,成为国家一级演员;优秀乐员喻振华、聂倩、赵兰、叶敏捷、王若琦等都是同领域的佼佼者。

重庆市歌剧院院长、重庆交响乐团团长刘光宇有个憧憬:"中国成为世界文化的中心,中国文化成为世界文化,中国音乐、中国器乐成为世界级器乐,如果我们再奋斗30年,在21世纪中叶,中国建成社会主义现代化强国、文化强国的愿望实现的时候,我们现在做的这些工作哪怕是'垫脚石',我们也是极其欣慰的!"艺术无限的人文精神,深度关注人的精神的创作诉求,高品质、多彩的艺术呈现都是推动重庆市歌剧院继续前行的内在动力,也是推动歌剧院不断推陈出新的养料! 重庆市歌剧院将用更多优秀的歌剧作品奉献给广大观众!

(黄容)

重庆市歌舞团

一、重庆市歌舞团发展简史

重庆市歌舞团成立于1949年,前身是中国人民解放军第二野战军司令部所属西南服务团文艺大队,是重庆解放后组建成立的第一个市属专业文艺院团。2005年作为全国首批文化体制改革试点单位之一,转制改企更名为"重庆歌舞团有限责任公司",成为重庆市第一个国有独资企业性质的专业文艺院团。现归重庆市文化和旅游发展委员会管理。经过70年的风雨历程,岁月的积淀,重庆市歌舞团现已发展成为集舞蹈、声乐、演出策划营销、舞台工程设计制作、舞美设备及服装租赁、艺术培训等于一体的大型综合性表演艺术实体。

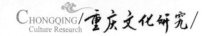

二、主要作品

70年来，重庆市歌舞团先后创作排演了舞剧《三峡情祭》《邹容》《杜甫》，主题歌舞晚会《巴渝情缘》《渝·美人》《巴歌渝舞》，跨界融合舞台剧《小面》，舞蹈《放装》《向阳花》《龙舞》《小萝卜头》《拉纤的人》《丽人行》《蛹蝶》，歌曲《毛主席来四川》《黄杨扁担》《我们的山歌唱不完》《红叶红了的时候》等优秀艺术作品500多种，开展各类演出共计12300余场，演艺足迹遍及全国各地及欧、美、亚、非等大洲的数十个国家和地区。先后荣获："第六届世界青年联欢节"银质奖；文化部"国庆30周年献礼演出"创作二等奖；第五届"文华奖"新剧目奖、编导奖、表演奖；中国文联第四届"中国戏剧奖"优秀剧目奖；"第一届全国舞蹈比赛"编导一等奖、表演二等奖、音乐三等奖；"全国第四届音乐作品评奖"二等奖、三等奖；"第二届全国青年歌手电视大奖赛"专业组民族唱法荧屏奖；"全国聂耳、冼星海声乐作品演唱比赛"民族民间唱法组铜牌奖；"中国民族声乐比赛"新作品奖；第十届中国舞蹈"荷花奖"舞剧奖；第十六届文华大奖"提名剧目"；各类奖项有130余项。培育和涌现了作曲家郭文景、金干，歌唱家胡长华、周蕴华、赖琼书、李丹阳、程昌福，舞蹈家邢志汶、宁永宗、王静、宋庆吉，优秀青年演员胡珊红、李庚等一批优秀艺术工作者，为重庆文艺事业的繁荣发展做出了重要贡献，在国内外艺术界享有较高声誉。

三、艺术特征

(一)舞出红色信仰，传承红色文化

重庆是著名的历史文化名城，在抗战时期曾一度成为战时首都。因此，红色文化成为重庆必不可少的代表性文化。为了传承红色文化，重庆市歌舞团每逢元旦、春节、五一劳动节、七一建党节、八一建军节、国庆节等重大节日，都举办或参与了相关纪念活动。如：1959年11月，为庆祝重庆解放十周年，该团举办了中华人民共和国成立以来重庆首次大型音乐会，演出了《山谷交响乐》、《人民公社大合唱》、表演唱、重唱、独奏、合奏等节目；1979年9月9日为纪念毛主席逝世3周年，10月1日为庆祝国庆30周年，分别举办了歌舞晚会和专题音乐会，成功演出了本团创作的交响合唱曲《红岩组歌——重庆谈判》、《红岩儿女想念毛主席》及器乐合奏、独奏等节目；1985年7月，重庆电视台、重庆市音乐家协会、重庆市原文化局联合举办的纪念抗战胜利40周年电视演唱会，重庆市歌舞团积极参加，合唱队演唱了多首抗日歌曲，在全市人民中引起热烈反响。不仅如此，歌舞团在建团初期还开展了多次慰问演出，在政权建设、土地改革、抗美援朝、恢复生产建设等中，紧紧围绕党的中心工作进行宣传演出。歌舞团贴近群众生活，为群众而歌，以生动的艺术形象感染大众，触动观众内心，深得群众好评。

(二)立足本土文化，弘扬巴渝精神

在丰饶的地域文化的滋养下，歌舞团创作了一批弘扬巴渝精神的代表性作品。其1994年创作的大型民族舞剧《三峡情祭》是一幅展示三峡民俗的风情画，一曲川江号子喊出了一段"三峡船工的生死情恋"：凄楚悲凉的谣曲，苍凉壮丽的诗句为重庆地域音乐文化谱写了新篇章。2008年，歌舞团成功制作推出时尚精品大型歌舞《渝·美人》，以重庆女性的情感经历为线索，通过五种不同颜色的变换来折射重庆女性性格的多侧面、多角度、多样性，进而反映重庆历史厚重的人文涵养和当代时尚开放的城市风貌。2009年，歌舞团创排推出大型情景歌舞《巴歌渝舞》，以现代编舞技术重组和强化具有鲜明重庆本土特色的巴渝文化元素，形成浓郁的重庆特色，该歌舞在第二届重庆文化艺术节开幕式上推广演出，被誉为"对重庆文化个性特质和创作团队潜质的一次系统呈现"。2011年，歌舞团成功创排大型现代交响舞剧《邹容》，全剧100分钟，分噩梦、呐

喊、投狱、惊雷四幕,展现了邹容短暂的一生和闪光的革命生涯。该剧通过"舞蹈交响"赋予青春邹容以沧桑感,赋予激情邹容以坚忍性,赋予无畏邹容以信仰力。2016年,跨界融合舞台剧《小面》,将麻辣小面的美食特征和浓郁的重庆地域文化有机地融入舞台表演之中,有效地传递了人物的个性、特征以及丰富的文化内涵,让观众在得到轻松、惊奇的观剧体验之余,深深感受到重庆人民的匠心精神以及诚信、耿直、勤劳的性格品质,获得了各级领导、专家、媒体及社会大众的普遍好评。民乐合奏曲《巴河激浪》、二胡独奏曲《运粮路上唱丰收》、交响合唱曲《红岩村组歌》、歌曲《毛主席来四川》等作品以重庆典型文化符号为创作特色,向世人展现了重庆独特的文化精神魅力。

(三)体验百姓生活,充满人民情感

艺术品来源于生活,是艺术家对百姓生活体悟与审美情趣的融合与升华。1958年,重庆市歌舞团赴川东南体验生活后,移植创作了《秀山花灯·闯彩门》《养鸡姑娘》《丰收乐》《钢铁元帅》等一批舞蹈。其中《秀山花灯·闯彩门》历次演出均获好评,成为重庆市歌舞团保留节目。60年代,先后创排演出了舞蹈《向阳花》《抬工乐》等众多优秀舞蹈节目,其中舞蹈《向阳花》和歌曲《毛主席来四川》《我们的山歌唱不完》等作品,产生的反响尤为强烈,引得全国各地的专业文艺团队争相学习和移植。

(四)敞开文化胸怀,追求精品与经典

由重庆市歌舞团总历时15个月,排练天数145天(共计超过1500个小时)的匠心巨作《杜甫》,第一次以舞剧的形式将一千多年前的诗圣呈现于舞台。《杜甫》成功入选国家艺术基金2015年度资助项目、重庆市委宣传部重点扶持剧目和重庆市文化委员会重大舞剧创作项目。该剧自首演以来,就获得了业界高度认可。有专家甚至表示,《杜甫》是继舞剧《红梅赞》后的又一里程碑式的舞剧作品。舞剧《杜甫》全剧共约100分钟,展现了诗圣杜甫"求官、做官、弃官"的全过程,重现了杜甫颠沛流离的一生与"致君尧舜上,再使风俗淳"的宏大抱负,意向化展示了杜甫为理想、为百姓而奔走、绝不向权贵屈尊的一生。全剧以大写意的手法,分"序:壮游羁旅,踌躇满志济天下""上篇:长安十载,求官谋事为苍生""下篇:弃官归隐,笔底波澜惊风雨""尾声:登高望远,历尽沧桑唱大风"4个篇章,全面创新地采取独特的"块状舞段"进行"以舞构剧"的独特风格创作,生动地将一位"视国家为生命、以民生为己任"的世界文化名人以"舞蹈形式"展现在观众眼前。

70年来,重庆市歌舞团始终秉承"文化兴国运兴,文化强民族强"的理念,深入扎根真实生活,创作出了一批耐人回味的富有巴渝文化个性的作品,卓有成效地将高雅艺术推向群众。为了让群众更有机会欣赏艺术之美、提高艺术修养,重庆市歌舞团推出的公演惠民活动平均3天一场。未来,重庆市歌舞团将继续以歌舞艺术为本体,努力将这个满载辉煌历史和无限荣耀的专业文艺院团建设成为全国乃至世界一流的歌舞艺术院团。

(黄容)

重庆市京剧团

一、院团历史

重庆市京剧团是我国著名京剧艺术专业表演团体之一,其前身是享誉海内外的厉家班。20世纪30年代京剧教育家、著名琴师厉彦芝及其子女和艺徒协助上海更新舞台演出,而形成"更新童伶班"。随着厉氏"慧"字科收徒渐多,遂名为"童伶厉家班",其脱离更新舞台,辗转演出于上海、南京、宁波、杭州、镇江、芜湖、

九江、南昌等地,受到观众的欢迎。1936年在南京正式定名厉家班。1937年抗日战争全面爆发,厉家班自芜湖经武汉溯江入川,巡演于云、贵、川三省。1942年,在昆明更名为"斌良国剧社",厉彦芝任社长,厉慧良任副社长。1949年11月重庆解放,在人民政府的领导下,经过民主改革,斌良国剧社与一川戏院于1951年合并为重庆一川大戏院(简称一川大戏院),由厉慧敏、厉慧福分别任院务委员会正副主任。1952年,一川大戏院工会成立。1953年8月,经上级批准一川大戏院为民营公助剧团。1955年9月,更名为重庆京剧团。1956年5月,重庆市人民委员会批准厉家班为国营建制,定名为重庆市京剧团。2016年,重庆市京剧团诞辰60周年,厉家班则已走过80载岁月。

二、主要剧目

1956年以来,重庆市京剧团的院团建设工作拾级而上,艺术成就硕果累累。据不完全统计,截至2009年,重庆市京剧团共传承积累、创作编排并上演了700余部(折)不同题材的、受观众喜爱的传统戏、新编历史戏和现代戏,并以阵容整齐、台风严谨著称,在国内外均具有广泛影响。除此以外,重庆市京剧团在历届国家级大赛中获得不同奖项30余人次,其中"文华奖"表演奖一项,"梅花奖"两项,"白玉兰奖"三项,"青京赛"金奖一项,文化部展演一等奖三项等。

重庆市京剧团人才济济,剧目丰富,在此只能简要介绍一些剧目。厉慧斌代表剧目有《铡美案》《连环套》等;厉慧良代表剧目有《挑滑车》《艳阳楼》等;厉慧敏代表剧目有《穆桂英》《十三妹》等;厉慧兰代表剧目有《战太平》《三进士》等;沈福存代表剧目有《王宝钏》《玉堂春》等;朱福侠代表剧目有《周仁上路》《周仁哭坟》等;孙志芳代表剧目有《谢瑶环》《白蛇传》等;张军强代表剧目有《白帝城》《范进中举》等;程联群代表剧目有《春秋配》《王宝钏》等;周利擅演剧目有《花木兰》《汉明妃》等。

改革开放以来,重庆市京剧团大胆创新,重视当下,创排了诸多优秀剧目:如:主题多义、气氛神秘的《神马赋》,反思历史、寓意深刻的《涂山女娇》,宁静优美、别具一格的《戚继光》,立足本土、题旨悠远的《大足》,重释经典、独辟蹊径的《金锁记》,志在写人、突破定式的《江竹筠》,形式新颖、造境生动的《张露萍》,气势宏大、华丽婉转的《大梦长歌》,反映现实、感人至深的《天路彩虹》等。

《大足》获得第五届中国京剧艺术节银奖,张军强在新编历史京剧《大足》中担任领衔主演,并以此剧获得第二十三届中国戏剧梅花奖,成为重庆市首位"男梅花"。

《金锁记》获得第十二届中国戏剧节优秀剧目奖、优秀表演奖、优秀导演奖。程联群凭借京剧《金锁记》所饰演曹七巧一角获得第二十五届上海白玉兰主角奖榜首。

《张露萍》获得第六届中国京剧艺术节参演剧目奖。周利携新编京剧《张露萍》成功获得第二十六届中国戏剧梅花奖。

三、主要艺术特征

(一)"家国情怀,民族大义"的优良传统

重庆市京剧团的前身厉家班自成立以来,就将"振兴中华,弘扬京剧"作为从艺之本。抗日战争全面爆发后,厉家班成为大后方影响力最大的京剧表演团体之一,为鼓舞抗日军民斗志,排演了许多抵抗外辱的公演剧目。1945年,国共重庆谈判期间,厉家班的演出成为促进国共合作的重要文化事件,被传为佳话。重庆市京剧团成立以后,积极投身到中华人民共和国建设的历史场景中,以艺术的创新和呈现深刻体现了社会

的进步、经济的发展和文化的繁荣。

(二)"代际传承，求贤纳才"的优良传统

重庆市京剧团把厉家班的老传统视为艺术根基，并通过早期的开班招生、后期的选贤举能等措施，让"厉家班"的艺术血脉持续贯穿于重庆市京剧团。早在1950年，厉家班就招收了"福"字科的学生70余人，在高强度演出实践的锻造下，"福"字科学员于1952年和1957年先后毕业。1958年9月，为了培养新型的艺术接班人，重庆市京剧团在改为国营建制后再次成立学生训练班，其办学性质为"团带班"，学制为9年。除了业务老师，还增添了文化教师、行政管理人员、编导等职位，此时的训练班已经初具艺校规模。此外，1970年招收学员共85名，其中演员57名，音乐28名。1993年，由市艺术学校分配进团的50余名学员，又为剧团增添了新的生力军，演职人员达到220人。2000年以后，重庆市京剧团大力培养新人，从各大中专艺术院校引进优秀学员，注重学员进行基本功训练，以"拜师学艺"的方式对学员进行针对性训练，并取得显著效果。

从厉家班到重庆市京剧团，涌现了以厉派艺术创始人厉慧良为代表的"厉家五虎"（厉慧斌、厉慧良、厉慧敏、厉慧兰、厉慧森）、"慧氏三杰"（陈慧君、陈慧霖、邢慧山）及沈福存、朱福侠等一大批在京剧界有影响的老艺术家。老骥伏枥，志在千里，而艺坛新秀也纷然涌现。如1958年有孙志芳、王锦声、童志良、曾凡强、周应伟、张长青、黄家骅等，1970年有胡正中、郭宇、王韵声、刘洁、刘亨泽、陈小燕等，1993年有周利、刘柱、张立、吴狄、何漫清、李晓兰、张虎彪等。为进一步提高艺术水平，丰富人才资源，剧团还引进了著名奚派老生演员张军强，著名青衣演员程联群，著名裘派花脸演员常春生，著名厉派武生演员康云翔，并招收戏曲院校的青年才俊，为重庆文化艺术的繁荣做出了努力和贡献。

(三)"尊师重道，艺有品格"的优良传统

重庆市京剧团是全国团带班的典范之一，以京潮派为基础，讲究"四功五法""基础坚实""南功北戏""技艺双佳"，学员形成了以学代演、整齐划一的演出阵容。演员们相互帮衬，互相依托，尊重师长，和睦相处，发扬"传帮带""一棵菜"的精神，使厉家班的艺术品格得到不断传承和提升。在院团建设上，重庆市京剧团坚持传承厉家班留下的优良品质，并借此来提振京剧团的"精、气、神"。在建班、育班、强班过程中形成了德才兼备的教育兴班模式、精诚团结的龙虎班风、文武融通的南功北戏、爱国爱民的"抗战文化"等。通过代际传承，"一棵菜""传帮带""忠厚仁爱""兼收并蓄"等梨园界的优良传统已日渐成为重庆市京剧团身上的烙印。

(四)"艺风严谨，融汇变通"的优良传统

重庆市京剧团具备一批教学经验丰富的教育家，他们南北皆通，流派纷呈，既遵流派又不拘泥，传授的剧目兼收并蓄，文武昆乱不挡，形成了异彩纷呈的艺术风格。在表演艺术风格上，除延续程式规范性的传统外，受京剧形成期另一脉海派京剧改良创新、生活化影响，并渊源相传、潜移默化，逐步形成了独特的演出风格。一方面严谨规范，另一方面又具有生活性；既遵循程式，又突破程式，即创作的自由从规范中突破出来，同时又进入了新的规范之中。

(五)注重人物刻画

重庆市京剧团在表演艺术风格上延续了程式的规范性，同时受海派京剧的影响，又具有灵活性、生活化的艺术特征。一直以来，比较重视人物形象刻画，形成了独特的演剧风格。重庆市京剧团继承了厉家班的优良传统，注重戏曲人物内心的挖掘，刻画出了一批像赵智凤、戚继光、辛弃疾、曹七巧、江竹筠、张露萍、张大成等的鲜明艺术形象。

重庆市京剧团新编的现代京剧《天路彩虹》是首次用戏曲的形式,来反映青藏铁路建设中可歌可泣的典型事迹,既表现出了筑路工人热火朝天的工作场面,又融入了京剧翻合场等传统技艺,筑路工人的形象经过演员们肢体化的表演,可以说是跃然台上。剧中塑造了坚忍不屈而又饱含着人情味的张大成,深明大义的妻子赵秋月,浪漫活泼的藏族姑娘卓玛等经典角色。人物性格具有复杂性、真实性,人物形象生动活泼,这是重庆市京剧团在表演上别具一格的独特魅力。

(六)地域特色浓厚

厉家班入渝已经近80载,深深扎根在重庆这片热土之上,受到重庆本土文化的熏陶,也培养了一大批重庆京剧票友,使重庆京剧得到延续发展。

在重庆,作为国剧的京剧一方面展示了高雅、规范、严谨、大气的艺术特征,独树一帜;另一方面又借鉴了川剧表演生活化的特点,使得其在表演艺术上有别于其他地区的京剧,再加上演员的创作和完善,形成了具有浓厚的地域特色的重庆京剧。重庆京剧吸收了重庆本土的历史文化、革命文化,以本土故事为题材,创排了大量的优秀剧目,如《大足》《江竹筠》《张露萍》等。长期浸润在重庆这块热土上的重庆市京剧团,塑造出了一批热情、奔放、乐观、勇敢的具有浓厚重庆地域特色的经典形象。

总的来说,重庆市京剧团继承了厉家班的优良传统,是一个艺风严谨、尊师重道的优秀院团。在2005年中宣部、文化部对全国京剧院团评估验收中,重庆市京剧团排名第十一位,列省级重点院团第一名。重庆市京剧团继往开来,推动京剧艺术创造性转化、创新性发展,继承革命文化,发展社会主义先进文化,创排了诸如《戚继光》《神马赋》《涂山女娇》《大足》《江竹筠》《金锁记》《张露萍》《白帝城》《大梦长歌》《天路彩虹》等一大批观众耳熟能详、喜闻乐见的优秀作品。

重庆市京剧团在新时代的背景下,将继续传承优秀传统文化,探索人才培养模式,创新艺术表现形式,创新经营管理理念,在未来发展的道路上砥砺前行。

(吕霖枫)

重庆市话剧院

一、重庆市话剧院简史

重庆市话剧院的前身是1949年7月组建于上海的中国人民解放军西南服务团文艺大队,通过考试或由中共地下组织推荐,招收了一批在戏剧的编、导、演、舞美等方面具有专长的人才和有志于文艺事业的大、中、专青年学生。他们在南京集中学习后,随第二野战军进军西南,抵达重庆,接管了原演剧12队、阮振南魔术队、国民政府总统府乐队、国民党44军政工队,吸收了部分当地的话剧、音乐工作者和爱好文艺的青年。1949年12月,归属重庆市委后称"重庆文工团";1958年1月,组织机构调整,原文工团成为专业话剧表演团体,定名重庆市话剧团;2017年6月,更名为重庆市话剧院。

中华人民共和国的成立,为重庆的戏剧,尤其是话剧,带来了前所未有的、全新意义的时代环境和时代机遇。通过70年的舞台实践和艺术磨砺,重庆市话剧院取得了恢宏的艺术成就:传承、弘扬和发展了重庆话剧,形成了重庆话剧的优良传统,成为西南地区话剧舞台的一支重要力量,被誉为全国十大著名话剧院团之一。

二、主要作品

重庆市话剧院在70年的创作演出活动中,共演出中外名剧和创作剧目360余个,足迹几乎遍及全国。

20世纪50年代,重庆市文工团,创作了反映四川人民在成渝铁路建设中艰苦斗争的多幕话剧《四十年的愿望》,在山城各厂矿连演上百场,累计观众10万余人次。1953年5月,在中国青年艺术剧院观看此剧后,周总理称赞"这是一出歌颂中国工人阶级的好戏",贺龙副总理称这是"第一部反映祖国大规模生产建设的剧本"。1956年,在第一届全国话剧汇演演出中,该剧荣获七项集体和个人奖励。1958年,该剧剧本由人民文学出版社正式出版。

1965年,剧院集体创作的《比翼高飞》在西南区话剧、地方戏观摩演出大会中亮相,得到戏剧界专家、观众的高度评价。1966年3月,《比翼高飞》进入中南海怀仁堂为中央领导演出。之后,又先后到长春、沈阳、济南、郑州、西安等地巡回公演,受到各地观众的一致欢迎。《重庆日报》以整版版面全文发表了剧本,后由四川人民出版社出版了单行本。

1971年,剧院组织创作了反映毛泽东主席亲临重庆参加国共谈判的话剧《针锋相对》。该剧于1977年2月正式公演,在编剧、导演和舞美方面形成了自己的独特风格,手法上虚实结合,样式独具风格,为广大观众所喜闻乐见,成渝两地文艺界给予了高度赞誉。这部戏幕间银幕使用的图片,在西南地区舞美展览上获奖。

改革开放以来,剧院先后创作演出了百余部反映时代精神、再现历史风云、传播正能量的舞台新品,都受到观众的欢迎和好评。其中,《虎穴英华》在重庆市庆祝建国30周年文艺创作会演中,荣获创作一等奖;《陪都新闻》和《啊!法……》在1985年重庆新作评奖中,分别获二等奖和三等奖;《沙洲坪》1995年荣获中宣部"五个一工程"奖;《桃花满天红》2006年荣获国家舞台艺术精品工程优秀剧本奖、文化部纪念中国话剧诞辰100周年暨第五届全国话剧优秀剧目展演二等奖;《小萝卜头》2009年荣获第六届全国儿童剧优秀剧目展演优秀奖;《河街茶馆》2010年荣获第六届全国话剧优秀剧目展演特别奖,中国话剧"金狮奖"剧目奖;《幸存者》2014年荣获中宣部"五个一工程"奖;《朝天门》2015年度入选国家艺术基金资助项目、2016年度入选国家舞台艺术精品工程重点创作剧目、2016年跻身第十一届中国艺术节展演剧目暨"第十五届中国文华大奖"终评剧目、2017年荣获重庆市"五个一工程"奖、第七届"重庆艺术奖"戏剧类作品第一名。

三、艺术特征

(一)深入生活,打造坚持原创的现实主义题材作品

深入生活历来就是重庆市话剧院的传统。第一部原创大型剧目《四十年的愿望》就是在深入生活的基础上创作的现实主义题材作品。创作之初,剧组人员在大渡口重庆101厂(即后来的重庆钢铁公司),深入工人群众、深入生产第一线,与工人一样同住大宿舍,带着装米的饭盒上班,吃钢锭上煮熟的米饭,用铲给炼钢炉加焦煤,操起大钳夹着红红的钢坯,送进轧钢机轧制成钢轨……剧本写成以后,又首先在101厂排练,请厂里的领导、技术人员、工人观看,征求他们意见,进行修改加工……于是,钢铁厂炽热的生活,钢铁工人具有钢铁般意志的可敬形象,就鲜活地展现在舞台之上。另一部作品《比翼高飞》亦是如此,正是由于当年主创人员深入江南龙门浩南岸皮鞋厂,有了当皮鞋工人的生活体验,才有了这部在舞台上深刻反映现实生活的作品。之后,重庆市话剧院都遵循着深入生活这条艺术规律从事舞台实践。比如讲述三峡移民大搬迁的《喜丧》(后改名为《沙洲坪》),主创人员就在三峡奉节、巫山的沿江地带,反复感受体验库区搬迁户的心理、人生甘苦、民俗乡情和峡江文化特征。以抗日战争时期重庆一个小镇酒馆为背景,汇聚各色人物,讲述酿酒

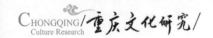

师故事的话剧《桃花满天红》，剧组人员深入江津中山镇，感受和捕捉剧情、人物所需要的往昔旧时土风俚俗，捕捉茶座酒肆、乡音井语、民居建筑、人物精神的影迹，将这些特征融汇和运用在作品之中。以歌乐山烈士为原型，歌颂革命先烈忠贞不渝、忍辱负重、敢于牺牲的崇高精神的话剧《幸存者》，主创人员多次到歌乐山体验生活，感受历史遗存……重庆市话剧院遵循深入生活的艺术创作规律，沿着时代精神的脉络，追溯历史、记录现实，以原创的现实主义题材作品，把生活真实演化为舞台上的艺术真实，为观众留下了宝贵的精神财富。

（二）致敬经典，重塑中外优秀舞台艺术作品

剧院在积极进行原创的同时，还排演了大量的经典剧作。1951 年，为配合抗美援朝运动，剧院上演了苏联名剧《俄罗斯问题》和《保尔·柯察金》，演出之后，在青年干部和学生中产生广泛影响，掀起了学习保尔的热潮。之后，剧院相继上演了许多国内外名剧。如《雷雨》《日出》《胆剑篇》《同志，你走错了路》《天国春秋》《北京人》《结婚进行曲》《霓虹灯下的哨兵》《南海长城》《尤利斯·伏契克》《夜店》《卡门》《万水千山》《枫叶红了的时候》《燃烧的梵高》《麦克白》《我可怜的马拉特》《比萨斜塔》等。1957 年 1 月 30 日，演出曹禺的《日出》，适逢周恩来总理回国途经重庆，周总理两次观看演出并给予了高度的赞赏和鼓励。《尤利斯·伏契克》是改编自捷克斯洛伐克的民族英雄尤利斯·伏契克（亦译作尤利乌斯·伏契克）的作品《绞刑架下的报告》，于 1953 年出现在重庆舞台，后又多次复演，共演出 140 余场，遍及云、贵、川各省军区和地方，受到热烈欢迎。

（三）市场探索，坚持都市戏剧与儿童剧艺术实践

话剧历来是紧贴时代的艺术形式。在社会转型期背景下的重庆市话剧院，仍然紧跟时代的脚步，把所要制作剧目的主旨与当下人们的生活联系起来，据此开发的小剧场剧目有《大刺客》《轻度深爱》《隐婚男女》《剩女郎》等，儿童剧有《三只小猪》《白雪公主》《兔子和枪》《绿野仙踪》《龟兔赛跑》等。这些剧目也都在一定程度上得到了市场的认可。2015 年 10 月，李伯男重庆戏剧工作室正式挂牌启动，成为重庆话剧院历史上第一个对外联建的主创工作室，"重庆都市三部曲"《闺蜜有毒》《同房不同床》《大肠包小肠》就是在这样的背景下创作的，剧院也在市场探索中取得了一定的成绩并收获了宝贵的经验。

重庆市话剧院走过了一段跨世纪的厚重历史，不论经济风云如何变幻，重庆市话剧院始终坚守这片文艺阵地，在大力宣传党的路线、方针、政策的同时，贴近时代、贴近生活、贴近群众。在经历了 70 年时代风雨的考验，经历了中国话剧的跌宕起伏后，在今天这个崭新的时代，重庆市话剧院将寻找到自己的坐标，再一次扬帆远航。

（蒋长朋）

重庆芭蕾舞团

一、艺术发展简史及主要作品

重庆芭蕾舞团成立于 2012 年 3 月，隶属于重庆演艺集团，是西南地区唯一的专业芭蕾舞团。建团后，先后创排了《追寻香格里拉》《死水微澜》等原创舞剧，《胡桃夹子》《灰姑娘》《天鹅湖》等古典芭蕾舞剧，以及《山水重庆》《烟雨》《魅力》《寒逐》《沙漏》《Made in China》等一大批既叫座又叫好的编创芭蕾精品节目。重庆芭蕾舞团曾赴美国、法国、西班牙、葡萄牙、阿尔及利亚、匈牙利、意大利等国参加商业巡演或文化交流演出，连续 3 次承办由原文化部及以色列驻成都总领馆主办的"以色列现代舞编导大师班"，被誉为"中以文化交流合

作成功典范"。

二、艺术特征

重庆芭蕾舞团自建团以来,秉承"三驾马车"齐驱并进的创作态势,从古典芭蕾复排、中国民族芭蕾编排和现代芭蕾创作这三方面同时跟进,始终注重在原创芭蕾舞剧创作中融入中华民族文化元素,尤其是重庆地域文化元素。西方芭蕾舞表演看重的是如何用整个身体去传情达意,体现"动作艺术":通过男舞者挺拔健硕的体格、张力十足的肌肉、刚柔相济的动感、英俊潇洒的风度,女舞者婀娜多姿的身段、轻盈灵动的脚尖、细腻传神的表情,达到传情达意的目的;服装和灯光为视觉美感加分;音乐优美的旋律与和谐的节奏同时带来沁人肺腑的听觉效果。这一切都为观众带来优美圆满的精神享受。来自重庆地域文化的民间舞、音乐等元素因其产生的文化背景不同,往往给人以纤秀灵巧、柔美委婉、和谐流畅、豪迈奔放的艺术感觉。重庆芭蕾舞团自诞生之始,就将"创造重庆的芭蕾"作为艺术发展母题,努力将东西方不同文化背景造就的文化元素融合于一体,将自己打造成为"东方与西方""重庆与世界""交流与互动"的灵动文化之窗。重庆芭蕾舞团是"一带一路"的文化使者,是促进文化旅游产业深度融合发展的先行者。在这样的艺术与时代背景下,重庆芭蕾舞团一路打造经典,形成了自己的风格。

(一)在素材选择上,突出民族地域文化特色

重庆芭蕾舞团在这些年的剧目创作中,一直坚持走民族地域文化元素与经典芭蕾舞相结合的路子。从原创芭蕾舞剧《追寻香格里拉》《死水微澜》和芭蕾舞节目《山水重庆》《大足气韵》,到即将推出的原创舞剧《归来红菱艳》等,都是将具有中国民族性、地域性、文化性的符号融入芭蕾舞中,努力满足国内观众的审美需求,唤起他们对民族文化的眷恋之情,让他们"记得住乡愁"。同时,对民族文化的丰富性展示,也吸引了国外观众,使重庆芭蕾舞团成为国外观众领略中国瑰丽地域文化的一扇窗。《追寻香格里拉》通过讲述一个藏族青年画家的爱情故事来揭示现代人在物质与精神追求过程中的迷茫与觉醒。《死水微澜》描绘了清末四川地区普通民众尤其是女性在夹缝中求生存的不易,抨击了一潭死水般的黑暗社会现实。《山水重庆》以山水之城的壮美风景为背景来讴歌世代生活于大山大川间的人民的顽强和坚忍品格。《大足气韵》通过展示大足石刻悠久传神的雕刻艺术来讲述造像工匠们的智慧和执着信念。

(二)在芭蕾舞蹈动作编排上融入民族地域文化元素

将西方芭蕾的技巧与中国民族舞蹈的表现手法相结合早有成功范例,《红色娘子军》就是中国芭蕾史上的一座傲人丰碑,它塑造了英姿飒爽的"穿足尖鞋"的中国娘子军形象,创造出了民族芭蕾的世纪精品。重庆芭蕾舞团在这方面也做出了大胆尝试,于2013年创作出芭蕾舞剧《追寻香格里拉》。该剧讲述了一个享尽世间繁华但又饱受现实生活压力的藏族青年画家丹青,追寻象征宁静而安详的精神高地香格里拉的动人故事。在香格里拉的酒吧里,藏族姑娘卓玛表演的玄子舞让丹青眼前一亮,卓玛与丹青记忆中的雪莲仙子特别相像,于是丹青邀请卓玛做自己的模特,却被姐姐一再误解。故事的最后,丹青带着卓玛离开了都市。该剧用芭蕾舞来呈现充满"民族""藏区"特色的"香格里拉"题材,将国际性与民族性、时尚元素与古典元素有机地结合起来。通过对藏族"玄子舞""热巴鼓"等舞蹈进行缜密细致的编排,在芭蕾脚尖舞蹈的基础上做了探索性尝试,最终获得了业内专家和观众的一致认可。除了《追寻香格里拉》中对藏族舞蹈元素的吸收,重庆芭蕾舞团还将具有重庆地域文化特色的"铜梁龙舞""土家族摆手舞""川江号子"等元素融入舞剧创作,带给观众耳目一新的视听感受。

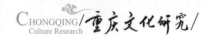

(三)在芭蕾舞剧音乐作曲、舞美设计上注入民族地域文化符号

自古乐舞不分家,舞蹈需要音乐的激发与强化,才能显得更加生动,从而使观众产生审美共鸣。原创芭蕾舞剧《追寻香格里拉》主题曲就是以著名藏族民歌《那一夜》的音乐原型为主旋律,通过现代创编手法改编而成。服装造型设计也突出了藏族特色,同时兼顾了芭蕾舞服饰特点,成为引领芭蕾舞服饰潮流的艺术品。《追寻香格里拉》的舞美、服饰、音乐和舞蹈编导的精益求精,在为观众呈现时尚唯美的声、光、景视听享受的同时,还为观众打造出"香格里拉"奇幻而神秘的舞台色彩和精彩的舞蹈场面,体现了较高的审美价值。重庆芭蕾舞团原创舞剧《死水微澜》在舞美设计上也融入了酒缸、竹林、白墙灰瓦等地域文化符号,视觉上的冲击加深了观众对剧情的理解。

(四)在芭蕾舞剧创排中兼顾古典与现代双重审美,体现时代感

重庆芭蕾舞团自组建以来,剧目创排就坚持"以原创为主,古典剧目复排与现代舞剧创作相辅"的路子。复排的《胡桃夹子》《天鹅湖》《灰姑娘》等著名古典芭蕾舞剧并非原版复制,而是结合当代观众审美需求创新而成,在服装、动作等上面有很大变化,通过特定的结构手法编排、组合,创造出更富有感染力的舞蹈艺术形象。例如《天鹅湖》,重庆芭蕾舞团与上海戏剧学院合作,引入曾获得七项国际大奖的芭蕾舞演员于航与其优秀演员联合主演,48只"天鹅"同台的豪华版《天鹅湖》惊艳观众。以此为契机,双方在重庆芭蕾舞团设立了上海戏剧学院实习基地。舞剧《胡桃夹子》巧妙融合中国艺术特色,将民族舞、孙悟空等独具中国艺术特色的元素引进舞剧。《灰姑娘》还首创性地将剧目排演与艺术培训结合,面向社会从200名小演员中海选出43位舞剧小演员,并对小演员开展集中课程培训。剧目上演时,专业演员与小演员的完美配合,得到观众的高度评价。

舞团组建以来,通过与来自德国、以色列、荷兰及北京、上海、香港、澳门等国家和地区的优秀现代舞台剧编导、服装设计、舞美制作、音乐创作团队紧密合作开展艺术创作,形成了以重庆芭蕾舞团为核心,具有国际水准、相对稳定、配合默契的主创团队,创作了以《山水重庆》《此时此刻》《大足气韵》等为代表的多部优秀短节目。其中,与荷兰编导合作的《此时此刻》参加重庆市舞蹈比赛,获得了包括艺术创作、表演一等奖在内的近20个奖项;与上海编导联合创作的《山水重庆》获得国家艺术基金优秀短节目项目资助。重庆芭蕾舞团在节目创作上注重将现代舞这种适应能力很强的载体与芭蕾相结合,追求更加流畅的舞蹈语言在带给观众更多的感受、想象和联想,从而产生情感上的共鸣。例如《寒逐》《沙漏》《Made in China》等短节目,都得到了中外观众的认可和好评。

在芭蕾舞蹈创作实践中,重庆芭蕾舞团将进一步探究民族地域文化的形成和发展规律,捕捉和体现重庆地域文化元素的韵味和风格,在保持芭蕾舞基本动作的基础上与时俱进,不断拓展芭蕾舞融入重庆地域文化元素的形式和思路,使作品兼有浓郁的地方特色和强烈的时代感。同时也积极、主动、有意识地将具有独特魅力的原创芭蕾舞蹈作品向旅游、招商引资、城市建设等各个领域的实践活动扩展,多层次、多形式、多领域地向外推介鲜明良好的重庆形象,助力提升重庆的国际知名度、影响力和美誉度,吸引国内外社会各界关注重庆、关心重庆、重视重庆、投资重庆,加速推进重庆地域文化资源优势转化为良好的经济社会发展优势。

(刘军、周峰)

重庆民族乐团

一、重庆民族乐团发展简史

作为重庆市属专业艺术表演院团,重庆民族乐团将独特的艺术文化魅力与丰富的民族文化内涵展现在艺术舞台上。重庆民族乐团前身为1986年成立的重庆民乐队,2012年转企改制,成立重庆演艺集团有限责任公司民乐团分公司。2017至2018年初,重庆民族乐团成立艺术创作研究中心,极大地充实了艺术创作力量。团长何建国为国内知名指挥家,乐团演奏员也是来自全国各著名艺术院校的佼佼者,行政人员均为艺术管理和文化传播等专业的优秀人才,行政部门构建完备,已基本实现专业化全覆盖。乐团先后创作出具有浓郁巴渝地域文化风格的《巴渝风》《山水重庆》《太阳颂》《思君不见下渝州》等大型音乐节目,并在北京、广州、深圳等地巡演,同时成立了艺术推广中心专门负责市场开拓,运用"合作赞助、演出营运、艺术培训"模式开拓市场,取得了良好的效果。它是重庆艺术院团中第一个创建艺术推广、培训中心的乐团,它坚持"寓教于乐"的音乐教育理念和"教培研演"四位一体的教育模式,与多所学校开展民族音乐推广普及艺术培训,接下来将致力于建设成"重庆市民真正热爱的乐团"。传承中华文脉,弘扬巴渝民乐、服务基层群众、传播重庆形象是该乐团一贯的宗旨。

二、重庆民族乐团作品

重庆民族乐团现每年上演音乐会80场,包含新开发产品《声漫华表》系列、《漫步经典》系列;家庭亲子系列——《亲亲宝贝》;庆祝建国70周年系列——《唱支山歌给党听》等。另有原创作品《思君不见下渝州》《山水重庆》等音乐会。

下面主要对《山水重庆》《思君不见下渝州》两场音乐会做具体介绍:

(一)民族管弦乐音乐会《山水重庆》

《山水重庆》是一部全方位诠释重庆鲜明民族地域风情和特色、展示重庆人民独有精神风貌的民族音乐会作品,重庆民族乐团以"深入生活、扎根人民"为基础,坚持原创风格,运用独特的艺术构思和量体裁衣式的艺术表现手法,将其打造成一部能展现重庆多彩生活的精品力作。该作品以重庆独特的地理、人文为主线,将"山水"的实物展现和意境描写贯穿于整部作品的始终,将景色、文化、精神三者统一到一个主题上,为重庆的山、江、人、精、气、神勾画出一张极富巴渝特点的"音乐素描"。音乐会的主要作品有《川江赞》《乡恋》《盛世乐舞》《巴风渝韵》《春之遐想》《山城颂》等。

(二)大型情景国乐音乐会《思君不见下渝州》

重庆民族乐团以优秀的古诗词素材为主线,将诗词中的文学美和民族管弦乐的听觉美达成和谐共振,构成了一场诗与乐的民族音乐会。该音乐会主要以民族音乐为主线,跨界合作,兼具多元化的舞台组合。《思君不见下渝州》由一首序曲和十首独立的作品组成,描绘重庆的自然风光、人文历史,展现诗人眼中的离情别绪。作品以细腻入微的笔触描绘重庆雄奇之景,随着乐曲的深入,渐次诠释了诗人的家国情愫、羁旅之思等,赞颂了重庆的悠久历史、博大山川、诗人的寄怀等,以交响、吟唱等各类表现形式,对巴渝风情进行了深入的刻画。音乐会作品如下:合唱、童声合唱与乐队《候人兮猗》,声乐、箫、古琴与乐队《思君不见下渝州》,合唱与乐队《巴山夜雨》,男、女声独唱与乐队《字水宵灯》,声乐、箫、二胡与乐队《道是无晴却有晴》,琵

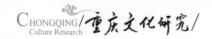

琵与乐队《神女赋》,吟诵、箫、古琴与乐队《巫山离思》,合唱与乐队《登高感怀》,男女声二重唱与乐队《我住长江头》,合唱、诗歌朗诵与乐队《万家灯火》,吟诵、合唱与乐队《早发白帝城》。

三、重庆民族乐团的音乐创作艺术特征

特征一:兼容并包,融会贯通东西方音乐技巧,描民族之气韵和意境,绘山水之风骨和神貌。重庆民族乐团灵活使用东西方音乐技巧,注重东方音乐意韵美,努力创造具有中国民族风格、巴渝气质的作品。在音乐的体裁和形式,音调和风格等方面都呈现出多彩的面貌。中国民族音乐风格的形成受到各民族所处的自然生态环境及由此而形成的生产方式、生活习俗、语言、宗教等诸多因素的综合影响,反映了中华民族的审美标准、人生观念以及思维方式等。如《太阳颂》取材于巴渝民间,以悠扬委婉的音调和恢宏大气的旋律为观众呈现了一幅巴山蜀水的风景图画。作品中浓郁的巴渝风韵与文化气质、深邃的情感内涵和磅礴的气势,充分展示了劳动人民坚忍的生活精神与顽强的生命力量,同时还综合运用了丰富多变的交响性表现手法,在展现秀丽巴蜀风情的同时也赞美了巴渝人民怀揣梦想、创造辉煌的壮美情怀。中国传统音乐受民族文化的滋养,形成了自身的鲜明个性:讲究气韵与意境,强调风骨与神貌,注重人与自然的和谐统一,追求表现中情感与伦理的结合、渗透,推崇含蓄、婉曲,遵守谐调与中和、简约与适度等。这些美学上独特的追求,铸成了重庆民族乐团的基本艺术特征。

特征二:在题材选择上,充分突出民族音乐的意韵美。民族音乐的意韵、民俗风情与历史文化有着非常密切的关系。例如语言文化的独特性,造成了音乐意境的风格化。在音乐创作的过程中,重庆民族乐团站在民族审美习惯的角度分析问题,创作出具有民族文化意境的音乐作品。如在创作《山水重庆》时,他们不仅对巴渝地区的民族民间音乐进行深入了解,还对巴渝文化进行深刻体验。在基于大量第一手资料的基础上,选取包括地方民歌、劳动号子、传统器乐等独具代表的乐种为素材,真正做到"坚持以人民为中心的创作导向"。再如乐团将于2019年10月31日在国家大剧院上演一场高水平民族音乐会,该场音乐会突出新创曲目,突出鲜明的巴渝民族地域特色。为了全面展现重庆地域民族文化风情,展现重庆民族乐团的精湛演技,所选曲目都是作曲家专门为本次巡演活动新创的作品。

特征三:在创作理念上,以传统为根基但又不拘泥于传统,将当今各种作曲技法与重庆传统音乐的文化思维、语言内涵与民族神韵结合,从而形成独特的作曲理念。如《思君不见下渝州》,首先,用赞美重庆的古典诗词与原创音乐相结合的形式把作品的内容在重庆舞台艺术上呈现出来,使作品在赞美重庆风光的同时,又带有文化的厚度;其次,作曲家们实地采风,收集重庆人民耳熟能详的音乐元素,从不同的侧面来加以诠释,层次丰富,表现方式多元化;最后,作品不仅采用女高音、男高音等多种声部,采取合唱、对唱、吟诵等多种表现方式,还突破了常规的民族器乐的表现形式,以古琴、箫、琵琶分别为主奏乐器,根据作品的诗意表达,配以相适应的乐器及声部,将舞台表演和乐器演奏有机融合在一起。

特征四:在民族音乐编排的过程中,充分利用创作手法来提高民族音乐的艺术性。作曲家通过明确的创作意图,将实地采风和自身丰富的生活经验作为艺术创作的基础,在融合自身感受与体验的基础上,创作出了全新的民族音乐艺术形象。在构造民族音乐作品的过程中,重庆民族乐团充分考虑音乐创作的题材,把握作品展现的具体规模。在音乐创作中及时了解音乐构造,掌握民族音乐的独特韵味,比如乐器声调的高低、作品旋律的急缓、风格特点等,都是民族音乐创作中艺术的主要体现。

特征五:在创作实践中,始终以弘扬中国传统民族音乐文化为宗旨,将收集和整理的一大批优秀传统民间音乐搬上艺术舞台。在传统音乐的基础上,结合时代要求,推陈出新,革故鼎新,将传统音乐元素与现代音乐元素有机结合起来,体现出鲜明的民族特色和强烈的时代感。在实践中,不仅将民族音乐文化体现得

淋漓尽致,同时也展现出了丰富的重庆文化,凸显出明显的地域性文化韵味。如《山水重庆》的创作,作曲家以传统为根基但又不拘泥于传统,将当今各种作曲技法与重庆传统音乐的文化思维、语言内涵、民族神韵结合起来,从而形成了独特的作曲理念。

除此之外,重庆民族乐团还通过演出,宣传极具巴渝文化风情的重庆形象,从而提升了重庆在国际舞台上的知名度、影响力。

(田金迪)

重庆市曲艺团

一、重庆市曲艺团艺术发展简史

新中国的成立为繁荣曲艺开辟了广阔的道路。1949年底,随着社会制度的改变,曲艺艺人的社会地位得到提高。曲艺由流散的个体活动,进入国家院团体制,曲艺艺人结束了饥寒交迫、朝不保夕的生活。从此,重庆曲艺的历史翻开了崭新的篇章。1952年,重庆第一支专业的曲艺队伍——重庆曲艺队由民间曲艺艺人在"自愿互助、发展业务"的原则下自行组建。从此,一支以积极发扬艺术,为人民服务,为社会主义服务,大开曲艺说新唱新之风,以歌颂共产党,歌颂祖国,歌唱新时代英雄人物为主的曲艺队伍开始活跃在人民群众之中。

1957年9月,为适应新形势需要,曲艺队扩建为团,改称重庆曲艺团。1961年10月,经上级批准,重庆曲艺团由集体所有制转为国营建制,正式定名为"重庆市曲艺团"。从建团到2010年的几十年间,该团坚持"出人、出书、走正路",坚持创作与演出并重,创作演出了许多表现新时代、新人物的好书、好节目,培养了很多曲艺人才,为丰富人民的文化生活,做出了积极的贡献。

2010年12月,为顺应文化体制改革需要,重庆市曲艺团整建制转企改制,成立重庆演艺集团有限责任公司曲艺分公司,隶属于重庆演艺集团。改制后的曲艺公司身兼建设文化事业与发展文化产业的双重职责和任务,一方面立足本体艺术开展艺术创作与创新;另一方面又瞄准市场需求,大胆开展艺术产业建设。2015年12月,为进一步深化文化体制改革,经原重庆市文化委员会批准,注销曲艺分公司,并由重庆演艺集团出资,成立重庆市曲艺团有限责任公司,以独立法人身份继续履行和发挥国有文化企业应有的职责和作用,并始终按照坚持把社会效益放在首位,实现社会效益和经济效益相统一的要求开展全面建设。2010至2019年间,该团先后创作演出了原创曲艺歌舞剧《竹枝风流》,曲剧《刘姥姥进大观园》《啼笑因缘》,方言剧《十八梯》等优秀曲艺作品,并加强了对传统曲艺曲种艺术资料的收集、整理和申报工作,其申报的车灯、四川评书、四川清音、四川扬琴成功入选国家级非物质文化遗产项目名录,四川盘子、相声、谐剧入选重庆市市级非物质文化遗产项目名录。开展山城曲艺驻场演出近700场,服务山城市民78000余人次,充分发挥了市级专业文艺院团公共文化服务的社会职能。

二、代表作品

重庆市曲艺团文艺工作者在"二为"方向和"双百"方针的指导下,长期深入生活,创作和上演了一大批优秀的曲艺舞台艺术作品。除每年坚持文艺下基层为人民群众演出外,还组队参加全国、省、市和区域性文艺比赛及专业剧团会演等活动,取得了不俗的成绩。

四川清音《江竹筠》、河南坠子《烈火金刚马海清》、四川盘子《想红军》分别获奖,其中四川清音《江竹筠》

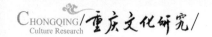

被选进中南海怀仁堂演出,清音演员邓碧霞受到周恩来总理接见。1990年,四川清音《凤仙抚琴》获"长治杯"全国曲艺大赛一等奖。1995年,四川盘子《峡江渡》荣获第二届中国曲艺艺术节牡丹奖。

1992年,谐剧《开会》受邀参加全国优秀小品展演,并受邀参加中央电视台栏目录制。1993年,邓小林、白桦表演的相声《学唱》参加中国首届相声节,获"金玫瑰"节目奖。1994年,由孙惠瑜等演出的小品《急诊》获全国"华澳杯"曲艺小品大赛三等奖。1995年,徐勍表演的四川评书《四体内讧》荣获第二届中国曲艺艺术节牡丹奖。2000年,凌宗魁创作表演的谐剧《狗的问题》获得首届中国曲艺牡丹奖。2002年,评书《千秋一剑》荣获第四届中国曲艺节表演优秀奖。2004年,由刘怀云、唐岚表演的小品《喜洋洋》荣获第四届全国小品大赛铜奖;刘晓军演出的化妆相声《酒神曲》获得全国消防系统文艺表演三等奖。

1997年后,重庆市曲艺团组织开展了"以曲艺本体为主、多种元素融合"的曲艺研究和生产工作,收到了很好的效果。

2002年,大型曲艺剧《雾都明灯》荣获国家文化部第十届"文华奖"新剧目奖。2007年2月,曲剧《月光下的水仙》,荣获由文化部、财政部共同组织评选的"2005—2006年度国家舞台艺术精品工程30强"。2009年10月,为庆祝新中国成立60周年,该团再次举全团之力,邀请全国著名导演邓林创作演出了曲艺大典《紫气东来》,该剧同时也为在重庆举办的第二届中国文化艺术节的胜利闭幕画上了圆满句号。2008年10月,徐勍获第五届牡丹奖终身成就奖。2010年10月,由凌宗魁创作编剧的谐剧《台上台下》荣获第十五届群星奖。2014年6月,刘靓靓凭借四川清音《花园跑马》荣获第八届中国曲艺牡丹奖表演特别奖。

三、院团艺术特征

重庆市曲艺团自建团以来,始终坚持"百家争鸣、百花齐放"的双百方针,积极顺应时代的发展和市场的需求,与时俱进,不断深化改革,不断开拓创新,在表演形式和表现手法上广泛融入现代元素,为传统的曲艺艺术赋予了崭新的生命和内涵,展示出不一样的艺术特征。

特征一:曲艺作品接地气,从群众中来,到群众中去。曲艺的表演内容富有重庆地方特色,亲切生动,为群众所喜闻乐见。既能继承传统,说唱历史故事;又能结合现实,歌颂新生事物。灵活轻便的表演形式也易于被老百姓所接受,能较好地发挥曲艺对人民群众的宣传教育作用。近70年来,重庆市曲艺团向社会、向百姓奉献了如四川盘子《三个媳妇争婆婆》、四川扬琴《探亲》、四川清音《花园跑马》、谐剧《开会》、清音表演唱《搬上新居迎太阳》等优秀节目以及大型曲艺剧《心中的红岩》《雾都明灯》《月光下的水仙》,曲艺大典《紫气东来》等优秀的剧目,受到广大群众的广泛好评。

特征二:曲艺作品素有"短、平、快"的艺术特色,被誉为"文艺战线上的轻骑兵"。重庆市曲艺团曲艺的表现形式有四川清音、四川盘子、琵琶弹唱、四川扬琴、四川竹琴、车灯、金钱板、四川评书、谐剧等数十个种类,品类繁多,短小精悍,其作品素材大多取材于百姓的日常生活。各个曲种将"地气"足、时代特征明显等特点可谓展现得淋漓尽致。此外,曲艺演员通常还具备"一人多角""跳出跳入"的本领,既可以第三人称叙述故事,描绘情景;也可以第一人称刻画人物形象;甚至还可以游离于角色之外,用旁白来加强和衬托思想感情的表现。灵活多变的组织形式,不仅使得小规模的演出团队能快捷地穿插于基层各点演出,而且为整台节目带来了多样性和观赏性。近70年来,重庆市曲艺团一代代曲艺人大力弘扬优良传统,传承文艺轻骑兵的文化基因,深入挖掘曲艺作品短、平、快的特点,紧扣群众需要、推进改革创新,努力创作更多接地气、传得开、留得下的优秀作品,不断推出讴歌党、讴歌祖国、讴歌人民、讴歌英雄的精品力作。

特征三:立足传统,秉持创新。传统是艺术创作的根基和文脉,创新则是艺术得以传承发展的不竭动力和源泉。每一种传统文化艺术的发展传承都离不开创新,曲艺艺术亦是如此。在曲艺团近70年的发展史里,每种艺术种类的创作,都在不断传承优秀传统的基础上,加入具有时代感的元素,并且在创作中立足重庆地区的地域特色,广泛吸纳大量其他艺术元素进行艺术再造。例如曲剧《刘姥姥进大观园》《啼笑因缘》等,就是充分运用曲艺曲种的不同艺术特点和表现力,将非物质文化遗产项目从保护的殿堂中"请出来",有机地融入作品创作中去,使其焕发出昔日的光彩。再如在新中国成立70周年之际,重庆市曲艺团打造的原创方言剧《十八梯》,成功地将重庆言子、俏皮话、歇后语、民乐等地域民族特色的精髓合情合理地穿插于剧中,通过人民群众喜闻乐见的方言喜剧这一艺术形式,把在城市打工的人群及其家人的生活冷暖和喜怒哀乐都倾注在作品中,实现了优秀传统文化的创造性转化和创新性发展。这些作品的打造为重庆曲艺未来的创作方向提供了有益的创作参考:一方面,要开放地吸收其他姊妹艺术的优点;另一方面,要在审美趣味和艺术表现等方面皈依民族传统,坚持不懈地追求民族化与大众化的审美选择和价值取向。

（田金迪）

重庆杂技艺术团

一、重庆杂技艺术团简史

重庆杂技艺术团成立于1951年6月,建团时由"中国归侨精武团""中国魔术团""胜利武术团""华侨马戏团""军政魔术团""军政乐团"等8个杂技、魔术、马戏班联合组成。2012年转企改制更名为重庆杂技艺术团有限责任公司,拥有一支100多人的专业表演团队和一个表演场馆。2018年8月,重庆杂技艺术团驻场表演场馆重庆国际马戏城开业。

重庆杂技艺术团实力雄厚,是中国著名的优秀杂技团之一,也是中华人民共和国成立后最早组建的地方杂技团,在国内外均享有盛誉。

重庆杂技艺术团在全国首推"蹬伞"(轻蹬技)、"蹬人"(平衡造型)、"女子排椅"、"蹬鼓"等节目,创排了杂技晚会《年轮》《和平的亚洲人》,杂技剧《红舞鞋》《花木兰》,魔术情景剧《梦幻奇观》《魔术情缘》,大型杂技剧《大禹》,杂技秀《魔幻之都·极限快乐SHOW》等一大批优秀剧目,在国际国内重大比赛中频频获奖,累计获得金奖15枚、银奖11枚、铜奖4枚以及编导、表演、音乐等单项奖80多项,同时累计获国家级、省部级和市级各项荣誉(表彰)超过500项。

重庆杂技艺术团创作演出的《年轮》、《女孩的梦》和《和平的亚洲人》等多台杂技晚会,杂技剧《红舞鞋》《花木兰》等节目,先后参加了多部电影的拍摄及中央电视台春节联欢晚会、元旦晚会和文化部春节文艺晚会。其中《花木兰》参加重庆市第二届艺术节并赴北京参加文化部"庆祝建国六十周年庆典演出",得到了社会各界的高度赞誉。2011年该剧入选文化部"国家舞台艺术精品工程资助剧目",2012年获重庆市"五个一工程"优秀作品奖,2013年入选文化部"国家舞台艺术精品工程重点资助剧目",2014年入选商务部"国家文化出口重点项目",2015年入选中国演出行业协会"最具影响力赴海外演出剧目"。

重庆杂技足迹遍布100多个国家和地区,是国家文化出口重点项目,为新中国杂技艺术对外输出做出了重要贡献。重庆杂技艺术所到之处无不受到各国人民热情友好的欢迎和高度赞扬,为促进中国外交事业的发展与世界各国人民的友谊,促进对外文化交流做出了突出贡献。大型历史杂技剧《花木兰》《红舞鞋》先后赴30余个国家演出超2500场,观众达300万人次。

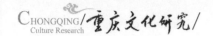

二、重要作品及主要人物

重庆杂技艺术团成立以来,为全国培养输送了大批优秀杂技人才,创作了大批享誉国内外的优秀节目。重庆杂技艺术团坚持节目创作古为今用、洋为中用、以我为主、为我所用,既重传承,又重创新。其传统节目旧貌换新颜,新创节目多姿多彩,都受到杂技界的广泛关注,在全国及国际大赛中多次获得殊荣。

(一)主要节目

重庆杂技艺术团在全国首推"蹬伞"(轻蹬技)、"蹬人"(平衡造型)、"女子排椅"、"蹬鼓"等节目,以及重蹬技、舞流星、双爬杆、晃板跷碗、顶技、转碟、地圈、飞旋、流星闪烁、空竹、皮条、车技、吊子等妙趣横生的杂技节目,各有特色。

杂技"舞流星",经久不衰、魅力无限,1987年参加在上海举行的第二届全国杂技比赛并获得优秀节目奖;在遵义举行的第二届全国"新苗杯"杂技比赛中,获得金奖、最佳编导奖;1994年获得法国巴黎第八届"未来世界"国际杂技比赛唯一金奖;1997年获比利时第十届"希望之路"国际杂技比赛银奖。

杂技"流星闪烁"和"飞旋"是一对姐妹花,极具技术难度和表演技巧,2000年在大连举行的第五届全国杂技比赛中,"流星闪烁"获金狮奖、编导奖,"飞旋"获得银狮奖;在2001年摩纳哥第十三届"初登舞台"国际少儿杂技比赛中"流星闪烁"获得最高奖——金K奖及公主杯、议员杯,"飞旋"获特别奖;1998年"飞旋"在全国第三届少儿杂技比赛中获得金狮奖、编导奖和表演奖。

国家一级杂技演员全莲娣创作演出的伞、竹筒、板三位一体的"轻蹬技",1959年被拍入电影《欢天喜地》中而被推向全国。她还参加了新中国成立十周年献礼演出,并被邀请参加天安门国庆观礼。她在教功中创作演出了"倒立蹬伞转""倒立脚关伞""倒立蹬伞翻跟头"等新技巧。

杂技节目"重蹬技",在1987年第二届全国杂技比赛中获得铜狮奖;"顶技"节目中的"上四节人""三节人上梯""抖腰"极具观赏性,1995年在第四届全国杂技比赛中,获得金狮奖、编导奖、表演奖、教师奖,1996年获得第二十届摩纳哥蒙特卡洛国际杂技比赛特别奖。

(二)主要剧目

重庆杂技艺术团不但创排杂技节目,还把杂技戏曲化,编排了杂技剧《红舞鞋》《花木兰》等;杂技晚会《和平的亚洲人》;魔术情景剧《梦幻奇观》《魔术情缘》等;大型3D杂技剧《大禹》等,以及杂技秀《魔幻之都·极限快乐SHOW》等。

其中杂技剧《花木兰》取材于中国民间传说和古代长诗《木兰辞》,该剧把杂技与舞蹈、魔术、变脸和中国功夫等极具中国民族特色的艺术形式融为一体,使古老的杂技艺术焕发出新的艺术魅力。该剧入选国家舞台艺术精品工程重点资助剧目,获重庆市"五个一工程"奖,入选国家文化出口重点项目,成为中国演出市场2015年年度榜最具影响力赴海外演出剧目,先后赴美国、西班牙、法国、澳大利亚以及英国等地演出。

2018年魔术节目《幻影飞鸽》在第十届中国杂技金菊奖全国魔术比赛中获"金菊奖"。2018年,应世界魔术师协会(IBM)邀请,魔术节目《伞丛扇影》赴美国参加世界魔术大赛,获金奖、金杯及最受观众欢迎奖三项大奖,是迄今为止唯一囊括三项大奖的精品力作,达到世界魔术艺术顶峰。

(三)重要人物

重庆杂技艺术团不但创作了大批优秀节目,还汇聚了国内众多杂技艺术家,为国家和社会培养了各类杂技艺术人才,其中主要人物有:

重庆杂技艺术团组建人之一杜少义,其擅长节目技巧编排,注重表演手法、音乐、舞台美术的综合运用,领导编排了"集体空竹"等节目,尤其擅长"顶杆";一级杂技演员张少兰,其主要演出了"皮条""硬气功""空中飞人"等节目;一级杂技演员杨少元,其基本功扎实,技艺全面,擅长滑稽表演,创作并演出了"双飞燕顶上顶"。他们为新中国的杂技艺术做出了贡献。

改革开放以来,重庆杂技面向世界,面向市场,涌现出一批优秀的杂技魔术人才。

国家一级演员、第四届中国杂技艺术家协会副主席、重庆杂技艺术团原团长何天宠,荣获"中国杂技终身成就奖""振兴重庆争光贡献奖",新中国成立六十年获突出贡献奖,享受"国务院政府特殊津贴"。她创作指导了"重蹬技""舞流星""飞旋""流星闪烁""空竹"等优秀节目。

国家一级导演、国务院政府特殊津贴专家、重庆市杂技艺术家协会主席、重庆杂技艺术团有限责任公司艺术总监王亚非,编导手法独特、新颖、流畅,编导的50多个节目,屡获国际国内重大杂技比赛金奖、银奖:杂技剧《花木兰》获2010—2011年度国家舞台艺术精品工程重点资助剧目;大型情景童话杂技剧《红舞鞋》获第四届重庆市文学艺术奖;大型杂技晚会《丝绸之路》《年轮》《女孩的梦》《和平的亚洲人》《童心穿越时空》和魔术情景剧《梦幻奇观》受到诸多好评。

国家一级导演,全国中青年德艺双馨文艺工作者,现重庆杂技艺术团有限责任公司书记、总经理陈涛,在他30多年的杂技工作生涯中,主演、教学、编导杂技作品30余项,在国内国际重大杂技魔术大赛上屡获大奖。他主创的魔术节目《幻影飞鸽》在第十届中国杂技金菊奖全国魔术比赛中获金菊奖;杂技节目《星空下的女孩——舞流星》,获第十七届莫斯科国际青少年马戏节大奖,并且是唯一一个获得2019年摩纳哥蒙特卡洛"新一代"国际马戏比赛决赛资格的节目。主创魔术节目《伞丛扇影》,获IBM世界魔术大赛金奖、金杯和最受观众欢迎奖三项大奖。主创的大型3D杂技剧《大禹》、重庆首场驻场演出剧目《魔幻之都·极限快乐SHOW》也受到诸多好评。

三、艺术特征

按照党的文艺方针和政策,重庆杂技艺术团在全国率先采用杂技与舞蹈、体操、戏曲等相结合的表演形式,创作了一大批丰富多彩的杂技节目,特别是在杂技艺术化、舞台创新化和创作剧目化等方面,对杂技技术发展做出了重要贡献。

(一)杂技艺术化

杂技艺术是综合性艺术,随着社会进步、科技发展,杂技艺术单一地体现超常发挥的技巧和竞技能力,已难以满足人们的审美要求。重庆杂技艺术团在充分发挥杂技艺术特点的基础上,大胆吸收、借鉴舞蹈、戏曲、武术技艺、体操等姊妹艺术的表现手法,并将其融于杂技节目的表演中,以丰富杂技内涵。

在各个时期演出的代表性节目中,重庆杂技艺术团都体现了杂技艺术化这一主要特点。如"空竹"表演中,抛两个空竹带前坡,抛高小翻带后空翻,抛高三个小翻,再抛高三个小翻,舞动翻飞,既有舞蹈的艺术美,又有杂技的技巧性,让人眼花缭乱;"蹬人"表演配合默契、惊险刺激、技艺高超、场面震撼;"舞流星"表演中单手小翻、抛高虎跳前坡、抛高蹬四面、抖轿子后空翻七个等动感十足,翻转踢踏之间活力四射,飞旋、小翻、抛高中变幻无常,险象环生;"皮条"表演展现出力与美的结合,仿佛空中芭蕾;"吊子"表演中,倒挂、翻转与形体舞蹈完美结合;"车技"表演空中持续空翻跳跃炫技,自行车在空中起舞,惊险刺激。各种杂技节目层出不穷的技艺展示,各具魅力。

(二)舞台创新化

在舞台美化方面,重庆杂技也大胆创新,充分利用舞台画面设计、光影艺术,以及改良道具制作等,使整个舞台美术更符合杂技艺术的表演特点与时代的审美变化。魔术《伞丛扇影》融杂技、魔术于一体,涵盖了音乐、服装、妆容等方方面面,演员变幻出的近100把伞和扇子,以及穿着的古装、旗袍都十分考究。舞台整体的红色调与节目最后变出的直径3米且喷绘有青花瓷图案的扇子,以及演员白色的旗袍形成鲜明对比,达到了赏心悦目的效果。

(三)创作剧目化

为适应观众和文化市场的需求,重庆杂技艺术团以节目创新为基础进行整体构思,推出了杂技主题晚会和杂技剧目的演出新形式。将时代精神融入传统的民族艺术中,增加了杂技的时代感、历史感和厚重感,让杂技艺术发展成为讲好中国故事的新载体、新舞台、新形式。

1999年新中国成立50周年之际推出的大型杂技晚会《年轮》,集中展现了重庆杂技艺术团改革开放20年来的成绩,受到重庆市社会各界的高度赞扬。

2002年为亚洲议会和平协会(AAPP)第三届年会创作演出的大型杂技晚会《和平的亚洲人》,紧扣AAPP年会"和平与发展"的主题,用"和平之梦"、"让世界充满爱"和"和平的亚洲人"三个板块,展现杂技节目蕴涵的内容。演出获得了巨大成功,得到了来自亚洲39个国家议长及来宾的126次掌声,时任人大常委会委员长李鹏还亲笔题词"杂技奇葩"表示称赞。

杂技童话剧《红舞鞋》,杂技历史情景剧《花木兰》,魔术情景剧《梦幻奇观》《魔术情缘》,大型杂技剧《大禹》等都体现着创作剧目化这一特点。

以心解史 仿若亲临
——心理史学视野下的名人故居纪念馆与历史名人研究

汤怡

（重庆师范大学西南考古与文物研究中心，重庆市沙坪坝，400011）

【摘要】历史研究是历史学家通过史料去揭示客观历史的活动。而心理史学则是运用心理分析方法对历史人物的心理进行研究。诚然，心理史学虽然注意到了史料的搜集，但研究中仍存在与历史人物心理有关的史料不足的问题，名人故居纪念馆恰恰为弥补这一缺陷提供了"史料"。从心理史学的视野出发，名人故居纪念馆能够在与历史名人研究相关的历史研究、文学研究等多个方面发挥重要的作用。心理史学对史料的需求，也对名人故居纪念馆自身的建设提出了更高的要求。

【关键词】心理史学；故居；纪念馆；历史名人

一、心理史学的概念

所谓心理史学，学术界对其起源、发展和方法论虽有不同的意见，但都较为一致地认为，当代历史研究中所指的"心理史学"起源于19世纪末20世纪初，伴随着弗洛伊德精神分析学说的确立而形成，是指自觉或不自觉地运用心理学或前心理学的理论和方法对历史人物心理进行发掘、描述和解释，是历史学和心理学相结合的产物。[①]

从目前心理史学的概念来看，国内外学术界关于心理史学的内涵与外延也有诸多论争，本文限于篇幅，不做详述。有学者将国内外不同派别的理论归纳为"心态史学"、"心理史学"以及"历史心理学"等几种类别，其侧重点各不相同。[②]简而言之，"心态史学"着重于长时段的、相对稳定的历史群体所共有意识、观念等的分析研究，这里的历史群体可以是一个历史时期的某个或某些社会集体、集团、群众。"心态史学"研究的对象是群体的心理状态，而不是个人的心理状态。"心理史学"强调自觉运用心理学的理论和方法（特别是精神分析法）对过去个人或群体心理进行历史研究。而"历史心理学"主张不应利用现当代的心理学研究成果去对历史上存在的群体或个人进行分析研究，而应该用"当时的"心理学理论与成果去分析"当时的"社会群体和个人，强调历史主义的原则。

从心理史学各流派理论的侧重点来看，与历史名人研究最为相关的，莫过于运用心理学方法对历史群体或个人进行分析研究的"心理史学"，在"心理史学"理念的指引下，历史学家可以利用心理学的方法，对过去史家不曾特别关注或者忽视的与历史名人相关的史料做出新的阐释，从而确立新的历史文本的书写范

① 毛曦：心理史学及其应用的方法论原则[J].唐都学刊，1992年第1期，第33页.
② 毛曦：试论历史认识中的情感因素[J].大同高等专科学校学报（社科版），1995年第3期，第62页.

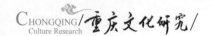

式,开拓历史名人研究的崭新领域。这有利于加深我们对历史发展进程及其规律的认识和理解。

二、心理史学视野下的历史名人研究

(一)历史名人研究是历史研究中的重要部分

唯物史观中的"历史合力论"认为,社会历史的发展是"合力"的结果。

恩格斯在《路德维希·费尔巴哈和德国古典哲学的终结》一文中明确阐述了其合力论思想:"无论历史的结局如何,人们总是通过每一个人追求他自己的、自觉预期的目的来创造他们的历史,而这许多按不同方向活动的愿望及其对外部世界的各种各样作用的合力,就是历史。"在肯定经济因素在社会历史发展中的决定作用的基础上,恩格斯既强调了历史是无数单个人意志合力作用的结果,又保持了对每个人为历史发展做出贡献的尊重,并在此基础上科学地阐明了历史发展中政治、经济和文化等因素的相互作用,揭示了历史发展中的客观规律性和人的自觉能动性、历史发展的必然性和偶然性的辩证关系,并用辩证的、历史的眼光透视了历史的发展过程。

历史是人的活动的总和,换而言之,历史是由人创造的。人类群体是由一个个的人构成的,唯物史观将之分为普通个人和历史人物,其总和即为人类这一整体。历史正是由无数普通个人和众多历史人物的活动所构成的。

简单地说,历史人物是时代的产物,他们在很大程度上直接影响了历史,按其对历史发展的贡献,可以分为杰出历史人物和历史罪人,而受到人们崇敬和纪念的杰出历史人物,我们普遍称之为历史名人。历史名人个体虽然不能决定历史的根本发展方向,但他们使分散的人民群众的力量得到汇聚,从而加速了历史的变革。

历史名人的功绩在于,在恰当的历史时期,他们凭借个人的才华和努力,为推动历史进步做出了极大的贡献。历史人物个人的作用包含在群众创造历史的过程中,在参与群众创造历史的活动中表现出来,在历史的发展中发挥着影响。特别是处在一定历史条件和社会地位上的历史人物,往往对历史发展起着重大的推动或阻碍作用。而这种历史条件往往是生产力无法满足人民需求,技术水平必须发生跨越式提高,或者社会发展停滞,人民迫切期待体制革命与社会变革之时。这个时候,人民群众的力量已经积累到了极大值,但缺少让这股改变历史的力量得以爆发并正确影响历史的引导者,历史名人此时则很好地担当了这个角色。

正是由于历史名人在社会历史的发展中发挥着如此重要的作用,正确地开展历史名人研究就显得尤为重要。

(二)心理分析是开展历史名人研究的科学方法

1.心理分析拓展了历史研究的范围

过去的历史书写和编撰更加偏重于对重大历史事件的记录,这为我们了解一个时期的社会、政治、经济和文化的整体面貌带来了极大的困难。诚然,史学家在传统史书的编撰中有对人的行为与动机的考察,但几乎很少运用系统的心理学方法来进行科学的分析,而仅凭自发的"同理心(Empathy)"进行猜测或揣摩。近年来,以心理分析作为切入点进行历史人物研究,便拓宽了历史研究的范围,开拓了新的历史视野。

传统史学研究方法,往往是对档案资料的考证和直观的理解,所以不免显得手段单一。以心理学理论作为研究手段,无疑将更有助于深刻正确地透视历史人物的行为与动机。运用心理学方法进行历史人物研究,要注意以唯物史观为基础,克服心理史学理论与方法中存在的唯心主义倾向。在对具体人物进行具体分析时,要注重人物的个体差异性和阶级性,充分考虑人物所处时代、环境、阶级、文化等诸多背景材料以及个体差异对个体心理特征的影响。

2.心理史学方法是全面了解历史的手段

人是具有高级思维活动的"万物之王",具有人类特有的心理活动和心理特征,故而无论是历史名人还是普通个人,在生活环境和文化背景等不同的影响下,心理状态也不会完全一样,但人们的心理状态仍具有共通性。由于人的行动具有明确的目的性,从某种意义上说,"历史事实在本质上是心理上的事实",历史事件的产生是人类内心世界驱动的结果,因此,寻求和探索各个历史时期人类个体和群体的精神和心理活动轨迹,同研究历史人物本身是密切相关的。

因此,我们在考察历史人物的思想行为时,不仅要了解彼时彼地的社会、政治、经济、文化、地理等状况,还要研究该历史时期社会群体的心理状况,包括人们的社会动机、社会需要、社会情感等方面的状况,因为这些都同当时历史的发展密切相关。只有对这两方面进行深入研究,才能真正全面地还原历史的原貌,无限地接近历史的真相。

三、历史名人心理史学研究与名人故居类纪念馆——新视野、新定位与新方法

首先,名人故居纪念馆是历史名人曾经居住的地方,其居住环境必然对其心理产生影响。人的心理状态不是凭空而来的,而是根植于一定的环境之中。历史人物的心理特点同其所处的经济、文化、生活等环境存在着密切的关系。正如马克思所说:"物质生活的生产方式制约着整个社会生活、政治生活和精神生活的过程。不是人们的意识决定人们的存在,相反,是人们的社会存在决定人们的意识。"①

名人故居纪念馆作为"环境"包含两个层面的含义:

一是作为历史名人的私人居住环境。对历史名人私人居住环境的研究,可以帮助我们理解历史人物在不同时期的变化。比如有学者在研究郭沫若的文学创作中发现,郭沫若的晚年特别是在1963年以后创作量锐减,与其在北京的故居(今北京郭沫若纪念馆)的居住环境密切相关。该故居公共空间的宽大与个人空间的狭小所形成的强烈对比,侧面展示了郭沫若作为创作者的生存环境和空间的局促。研究者认为这是其创作量锐减的重要原因。

二是作为历史名人所处社会环境的一部分。历史名人故居与社会环境紧密相联,是社会环境的一部分,其所处的社会环境,反映了该历史时期社会群体的部分心理。社会心理学理论认为,集体心理状态是一定的集体共同经历所构成的,要理解和研究历史名人个体,也应理解和研究历史名人所从属时代的社会群体心理,一定的群体在共同经历中必然产生一种共同的心理。因此,名人故居纪念馆不仅要保持自身的"原真性",同时也要注重保持其所处整体环境的"原真性"。在城市化进程中,大规模的旧城改造让城市的历史风貌和历史记忆以惊人的速度消失,不要说名人故居的历史环境风貌,甚至连名人故居本体一度都处在风雨飘摇之中。如2009年,因涉及商业项目,梁思成林徽因故居——24号院门楼及西厢房被先后拆除,经媒体广泛报道后才引起社会关注。但随着社会各界对文化遗产保护意识的觉醒,文物保护力量的增强,这种事例已经鲜见,对文化遗产进行整体保护与利用的成功案例也形成了一些良好的示范效应。如上海多伦路文化旅游街、青岛小鱼山文化名人街区的保护与开放,不仅完成了对历史名人故居整体风貌的保护,同时也是快速城市化背景下,对名人故居较为成功的保护性再利用。

---

① 中共中央马克思恩格斯列宁斯大林著作编译局:马克思恩格斯选(第2卷)[M].北京:人民出版社,1972,第82页.

其次,名人故居纪念馆的复原陈列应注重历史真实,如实反映历史人物的个性。在心理学中,广义的个性与人格是同义词,二者均指个人的意识倾向和各种稳定而独特的心理特征的总和。不同个性的人在志向和处理事物时行为各不一样。历史名人通常都是对社会影响较大的个体,这些人物的行为受其个性的影响,进而对历史进程产生不同的作用。历史"发展的加速和延缓在很大程度上是取决于这些'偶然性'的,其中也包括一开始就站在运动最前面的那些人物的性格这样一种'偶然情况'。"①

而对历史名人个性的研究,除了通过文献资料的记载,还可以通过体现其个人喜好的物品、居住环境的陈设等因素来考察,正所谓"透物见人"。这便要求名人故居纪念馆在进行复原陈列和文物保护与修缮的时候,"修旧如旧",忠实地还原历史原貌,明确意识到自身的"史料"价值和作用。以茅盾在北京的故居为例,茅盾于1974年12月搬入位于北京东城区交道口南大街后圆恩寺胡同13号的小院,直到1981年辞世,在这个小院中度过了他最后7年的岁月。茅盾逝世后,故居便辟为陈列馆对公众开放。故居的前院开设了2个陈列室,陈列茅盾生前的实物和图片,后院的卧室、起居室、书房等,依旧按照茅盾生前的样子布置——几件旧家具,一张单人床。当时这些物品大多是公家配置的。此外,屋内陈列的物品——被子、床单、衣服均为原件,很多是补丁套补丁,这一切都反映了这位中国现当代文学的开创者,新中国的第一任文化部长生活的节俭和朴实,从细节处也展现了老一辈无产阶级革命家的高风亮节。

同一历史名人不同时期的故(旧)居是了解其个体心理的稳定性和可变性的窗口。每个人的身上总会表现出形形色色的心理特征,有许多是经常出现并大体贯彻人的一生的,这就是个体心理的稳定性,它形成了人与人之间想法、行为、气质、风度的不同。但也有些则是偶然出现,不太稳定,仅在一时一事上给人的行为以影响,这就是个体心理的可变性。稳定性与可变性相辅相成。在对历史人物进行研究时应尤其注意可变性。由于人们生活的社会环境及身体条件发生变化,人的个体心理特征或多或少会发生变化,而这种变化对历史进程的影响可能很大。以老舍为例,作为现当代文学大师,"人民艺术家",老舍一生经历了近代史上最为动荡的时期,是众多历史事件的参与者和亲历者,其足迹遍布全国,远至海外,他现存的、保存完好的故居分布在北京、青岛、济南、重庆以及英国伦敦等处,每一处都与他的创作息息相关,在他的代表作中,《骆驼祥子》创作于青岛,《四世同堂》创作于重庆,这些文学上的鸿篇巨制,不仅深深铭刻着时代的烙印,同时也映射着地域的影响。

四、结语

历史研究就是历史学家通过史料去揭示客观历史的活动。而心理史学便是运用心理分析方法对历史人物的心理进行研究。心理史学发展到现在,已经开始综合运用多种心理学派的学说来进行历史人物心理的研究。诚然,心理史学虽然注意到了史料的搜集,但研究中仍存在与历史人物心理有关的史料不足的问题。尤其是精神分析学派在分析历史人物的心理时,重视历史人物个人早期生活状况和环境对其心理形成的影响,而这方面的史料十分的贫乏,名人故居纪念馆恰恰为弥补这一缺陷提供了"史料"。从心理史学的视野出发,名人故居纪念馆能够在与历史名人研究相关的历史研究、文学研究等多个方面发挥重要作用。心理史学对史料的需求,也对名人故居纪念馆自身的建设提出了更高的要求。

---

①中共中央马克思恩格斯列宁斯大林著作编译局:马克思恩格斯选集(第4卷)[M].北京:人民出版社,1972,第393页.

简论现代戏曲舞台妆发的演变及革新
——以川剧旦角为例

苏俊萍

(重庆市川剧院,重庆渝北区,400021)

【摘要】戏曲从传统走向现代,是一个从文学、表导演艺术,到音乐,再到舞美和观众审美的全方位革新的过程。理论家们大多侧重于对表导演体系、剧本的文学性的评论和研究,却殊少提及戏曲化妆对于人物塑造的作用,以及对观众审美需要的影响和满足。本文从戏曲舞台妆发的传统和现代对比开始,再以川剧《李亚仙》、《金子》和《江姐》旦角的妆发为例,说明戏曲舞台妆发现代发展的具体体现和在满足当代观众审美需求上的一些尝试。

【关键词】戏曲舞台;妆发;川剧;旦角

一、戏曲妆发的传统与由来

《毛诗序》有言:"情动于中而形于言,言之不足故嗟叹之,嗟叹之不足故咏歌之,咏歌之不足,不知手之舞之,足之蹈之也。"这句话用于形容中国的戏曲表演也是相当妥当的。中国戏曲起源于古代祭祀仪式,它以夸张的舞蹈动作和装扮,先娱神,再娱人,其演出地点多在祭祀场所的高台之上。在其发展演变过程中,其作用发生了改变,在娱神的同时更侧重于娱人,演出地点也随之发生变化,或勾栏瓦舍,或寺庙山门戏台(万年台),或茶楼酒肆戏台。无论演出地点如何变化,观众和演员之间都存在着一定的观赏距离。演出照明主要依靠自然光源或烛火,观众主要欣赏表演者精湛的表演技艺和高台教化的故事情节,因此,对于演员妆容的精致程度不甚考究。也因为距离、照明的原因,演员的化妆以夸张的色彩和手法为主,以期尽可能地让观众看清面部轮廓。

以传统戏曲中旦角的化妆方法为例,一般是以红、白、黑三色为主色,底色为粉白,用手掌在面部打匀,红色胭脂则是用手掌和手指掌控,眉毛和眼睛用毛笔沾黑色油彩勾勒,口红为大红色油彩。传统化妆方法所用的工具和步骤都较简单,化出来的妆容效果也就只能远观而不可细看了。传统戏曲中,古装发髻一般使用黑色绒布包裹法,用黑绒布包住海绵,然后用针线将布缝合形成一个长条形圆柱体,再把它弯成想要的形状缝合即可。样式大致分为小姐发髻、丫头发髻、妃子娘娘发髻、仙女发髻、鬼狐发髻等。根据角色的行当、身份地位、性格特点等因素而制作不同的发髻样式。

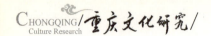

二、戏曲妆发的现代发展

用上述方法化出的妆只能用于传统的舞台演出,却不能满足现代舞台上演员360度都要完美的要求,在高清摄影、摄像机里更是显得粗糙不够逼真。随着时代的进步,传统戏曲的表演场所由瓦舍勾栏、露天戏台进入了标准化的现代剧场,诸多的现代科技参与到了戏曲表演过程当中。首先,现代灯光技术的介入,使得整个舞台的呈现发生了翻天覆地的变化,从某种意义上来说拉近了观众和演员之间的距离。其次,随着时代的变迁,观众的审美需求也发生了变化,尤其是当今的年轻观众,他们在欣赏戏曲时,也注重演员的妆容是否精致。能不能充分展现戏曲的美与魅力被提上了十分重要的地位。最后,成熟的高清摄影、摄像技术能精确地捕捉到演员的任何一个面部表情和化妆细节,传统戏曲妆的色彩及勾勒方式就显得略微单薄了。所以,在化妆过程中我们加入了一些现代时尚彩妆的色彩、工具及方法等。

同样以戏曲中旦角的化妆方法为例。首先,从打面部底色开始,使用海绵打底色,海绵能有效地吸收油彩里的油脂,使底妆更服帖、不发亮。其次,用白色提亮T区,用海绵反复晕染,使面部有立体感。再次,用海绵将红油彩在眼周围由内到外、由深到浅地进行扇形晕染,形成有层次、有变化的胭脂红,定妆后用彩妆刷子再次将眼部及周围用桃红、橘红或大红加强晕染,使之层次更加鲜明。再用深棕色或红棕色眼影晕染出有层次的眼影及眉形,并用黑色来加深层次的变化;用黑色眼线笔勾眼线是比较重要的一步,它能使眼睛一下亮起来,看起来炯炯有神。最后加上富有舞台感的假睫毛,整个妆面看起来就会柔和细腻、色彩丰富有层次。精致的妆容会增加演员的自信。

随着材料的更新,在电视、电影等的古装剧中,发髻质量有了较大提高,戏曲也吸取了电视、电影中发髻的精良制作工艺,先用粗细合适的铁丝弯成想要的形状,再用撕好的碎发包裹成形,用黑色超细纱网裹紧,然后用仿真发将做好的形包裹均匀再缝合,将一个个不同规格的发髻条进行创意组合就做成了仿真古装发髻。这种发髻不仅光泽度较好,而且看起来像是演员自己的头发梳理而成,配上合适的饰品几乎能以假乱真。

重庆市川剧院创排的《金子》《李亚仙》《江姐》被专家学者称为沈铁梅的大戏三部曲,从题材和人物形象上来说,金子、李亚仙和江姐三个人物所处的时代不同,性格特征更是不同,在化妆手法上对人物性格的体现就各不一样。如何通过化妆来体现人物鲜明的性格特征是一个成熟的化妆师应该不断钻研的课题,尤其是在面对当今观众近乎挑剔的审美需求时。

川剧《李亚仙》源于传统剧目《绣襦记》,该剧以现代人的价值取向和审美趣味,重新演绎了歌伎李亚仙与官宦子弟郑元和充满浪漫传奇色彩的爱情故事,别开生面地塑造了一个至真、至纯、至性,又自尊、自爱的古代下层女性形象。既突出其悲剧性,又彰显其传奇色彩。

《李亚仙》虽然源于传统戏《绣襦记》,但在化妆手法上却有别于传统戏旦角的化妆手法。用什么样的妆来突显李亚仙这样一个富有鲜明个性的人物形象呢?概括起来就四个字——艳而不俗。首先,李亚仙是一个才艺双绝,觅求知音的青楼名歌伎,艳丽的色彩更加贴合这个角色的定位。其次,艳丽的色彩和舞台设计的贴合度更高。《李亚仙》整部剧的舞美设计以灰暗色调为主,李亚仙这个人物的艳丽妆容在暗色调的舞美背景下显得更加突出,再加上定点光的配合使用,能牢牢地吸引住观众的注意力,引领观众获得他们想要的观赏愉悦感。最后,艳而不俗也符合观众的审美趣味。《李亚仙》一经推出就获得了年轻观众的热烈追捧,这个角色艳丽的妆发饰品,加上服装设计上的创新,体现出以写意风格为主,同时保留传统戏曲美感的设计理念,让年轻的观众一眼就被人物形象的美折服,从而对这样一部充满魅力的戏曲力作产生喜爱之情。

川剧《金子》被中国戏剧界誉为中国传统戏曲创作民族化、地方化、个性化的代表作,具有很强的艺术性和观赏性,在经历了20年时间的不断打磨后,2017年重庆市川剧院通过拍摄戏曲电影的方式来达到保留经典剧目,传承艺术精品,传播川剧艺术的目的。电影银幕与舞台不同,它会把戏曲大师们的动作、脸及其表情放大数倍,影院里任何一个角度和距离的人都可以毫无障碍地看得清清楚楚。因此,金子这个人物的妆容如何能做到无可挑剔的地步,哪怕是用4K技术把人物放大数倍也毫无破绽,是一个巨大的挑战。同时,川剧《金子》中,金子这个角色所处的时代是民国时期,这是一部现代戏,怎样才能用现代戏曲舞台上的化妆手法对人物形象进行更加准确的塑造呢?这也是化妆师必须解决的问题。

首先,在妆面上,色彩的柔和度更高。金子是一个敢爱敢恨,爱憎分明,既青春靓丽,又饱受婆婆折磨,对爱情充满期望,又不幸嫁给懦弱之人的无可奈何的女性。所以,在化妆用色上,柔和的色彩才能凸显这个矛盾又善良的人物形象。太过艳丽,则妖娆妩媚、放荡有余,善良、淳朴不足;用色灰暗,又太过悲情,给人压抑感。因此,柔和的色彩更贴合剧中人物的形象,符合剧情的发展需要。

其次,运用精细化的技法,凸显人物的五官,尤其是眼睛,这对于人物塑造至关重要。俗话说,眼睛是心灵的窗户,特别是在戏曲舞台上,眼睛是传神的主要部位,演员需要用面部表情来表现人物的内心活动,人物的喜怒哀乐都是通过面部表情来呈现给观众的。而面部表情又集中在眼神上,眼睛有没有神韵,是否能达到形神兼备的艺术效果,是人物性格和形象是否塑造成功的关键。因此,五官的凸显,其实是人物性格的凸显,也是演员和观众交流,让观众读懂戏中人物的重要因素。眼睛的突出,眉形的俏皮,可以让金子这个人物传神。观众不管是在现场欣赏,还是从电影屏幕上观看,都能体会到金子时而泼辣,时而善良,时而忧伤,时而哀怨的人物特色。演员通过一双会说话的眼睛,将角色个性准确地传达给观众,让观众随着她眼神的变化,产生跌宕起伏的情感,这是一个优秀演员所必备的表演功底。化妆师则需要理解到人物妆容塑造的精髓。

川剧《江姐》取材于小说《红岩》,是一部人们耳熟能详的经典红色题材剧目。在歌剧《江姐》中,江姐红毛衣、白围巾的艺术形象深入人心。如何塑造一个川剧舞台上的江姐形象,除了在导演手法、唱腔改编上更具川剧特色外,在化妆上也是应该努力去探索的。在头套材质的使用上,真发和假发相结合,凸显真实感。在化妆手法上,影视妆和舞台妆相结合,摒弃传统红眼影的铺盖,而用棕红色表现角色刚毅坚定的性格,眉毛则更加写实。江姐这一角色不适合鲜艳的口红用色,我们选用沉稳的豆沙色系,既能体现人物形象,也能使整个妆面色彩更统一而有层次。这样的化妆手法,在妆面效果上既可以达到影视妆的细致程度,又结合舞台剧的化妆手法,对眼睛进行了突出,让观众无论处在剧场的哪个方位,不管是离舞台远还是近,都能在观剧中达到审美享受。

戏曲舞台是一个有机的整体,化妆师也应当明白,现代戏曲发展的方向之一是塑造和描绘生动的戏曲人物。戏曲舞台传统化妆技法需要扬弃,而我们也可以借鉴生活化妆和影视化妆的技法,探索出更好的化妆方法、更适合当代戏曲舞台演出的妆容,从而吸引更多观众走进剧场。

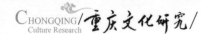

古镇多元文化初探
——以重庆市石柱土家族自治县西沱古镇为例

童中安

（重庆市石柱土家族自治县文化和旅游发展委员会，重庆市石柱，409100）

【摘要】多元文化，是在一些特殊的地理环境、特殊的历史背景和特殊的人文历史长期发展过程中，因不同原因迁徙而来的各族群之间，相互交流，相互借鉴，相互融合，相互促进而形成的一种文化。重庆市石柱土家族自治县西沱古镇，是一个由多民族和族裔融合而成的千年古镇。西沱古镇文化，也是由多元文化逐步融合而形成的、独具鲜明地域特色的多元文化。

【关键词】古镇；民族；历史；多元文化

引 言

巴盐古道在历史上有着特殊的地位和作用，西沱古镇是巴盐古道的起点和战略节点，在祖国的历史发展过程中，各地区、各民族的文化，在西沱古镇这个独特的地方，长期相互交流，相互借鉴，相互融合，相互促进，既保持了各自的特色，又呈现出多元和谐发展的局面，最终形成了今天独具特色的西沱古镇古道多元文化。

筚路蓝缕　古镇悠悠

据史料记载，西沱古镇又名西界沱、石鼓峡。秦汉时期，为益州之东境，施州（今湖北恩施）之西境，与临江（今重庆忠县）分界于长江回水之江家沱，故名"西界沱"。

近年对新发现的观音寺、沙湾、砖瓦溪、公龙背商周遗址考古发掘显示，早在新石器时代，石柱土家族先民就在西沱一带繁衍生息。春秋战国时期，西沱古镇随巴国"因盐而兴"。到唐宋时，西沱古镇已成为川东、鄂西边境十分重要的物资集散地之一。

北宋真宗咸平五年（1002），西沱古镇已经是"川盐济楚"之巴盐古道最集中、最兴盛之地，也是长江沿岸最繁忙的货物集散地之一。

元代，为加强长江水运和巴盐古道至湘鄂的陆运管理，国家在西沱古镇设置了"梅沱小水站"驿站，作为连接川鄂水陆交通的管理驿站，是当时四川盆地出川到东南地区的必经驿站，在四川盆地对外交流与发展历史上发挥了巨大作用。

随着西沱古镇、巴盐古道商贸经济及文化的不断繁荣兴旺，清乾隆二十七年（1762），朝廷在西沱古镇设置巡检司。由此可以看出,当时的西沱古镇,不仅商贾云集,更是西南地区长江上游一个"水陆贸易,烟火繁盛,俨然一郡邑"的水陆交通重镇。

历史上,四川盆地的盐巴、桐油、丝绸、蜀绣、西兰卡普等天府特产外运外销,经长江上游的成都、重庆、涪陵、忠县等地运到西沱,再由西沱水路交通转运到湖北省宜昌,直下洞庭湖一带,然后抵东南沿海,或从荆州沙市一带到汉中,抵西北;陆路则从西沱经石柱到恩施、利川等地,再到湖南的龙山、来凤、吉首,达贵州,连到云贵高原的茶马古道。这条陆上盐道全是三尺宽的青石板路,民间叫"三尺道",是我国古代西南地区千里盐道的史证,有"长江千里古盐道"之称。湖南、湖北等地的棉花等物品,也经巴盐古道从西沱古镇进入四川盆地。西沱古镇,就是这条盐运古道的起点、转运站和十分重要的战略节点。而"因盐而兴、因盐而衰"的云梯街,则是西沱古镇历史人文、社会经济和文化演绎的经典缩影和重要载体。

民族融合　战略节点

中华民族经过了无数次民族大迁徙、大交流、大融合,才形成了今天稳固的民族大家庭。中华民族大交流、大融合的历史大通道,北有陆上丝绸之路,东南有海上丝绸之路,西有茶马古道。近年来,一些专家、学者经过广泛的深入的考证、研究,基本公认巴盐古道为中华民族大迁徙、大交流、大融合的第四条历史通道。

巴盐古道水路,经起点西沱古镇沿江而下,抵湖北宜昌、荆州、襄阳一带,然后一路至汉中,达八百里秦川,连接到北方陆上丝绸之路,一路沿江继续东下,经过洞庭湖,到达东南沿海,连接到海上丝绸之路。巴盐古道陆路,从西沱古镇出发,经鱼池坝、石家坝、黄水坝,到湖北利川、恩施。从利川、恩施可至湖南湘西龙山、来凤一带,再西进入云贵高原,连接至茶马古道。这样,巴盐古道对于中华民族交流、融合的历史发展的作用就完全清晰了。

巴盐古道,在祖国民族融合中,具有重要的历史作用。因此,毫无疑问,西沱古镇作为巴盐古道的起点,在连接东西,贯通南北,形成中华民族稳固大家庭的历史进程中,同样起到了重要作用。对此,我们绝不能低估。

多元文化　异彩纷呈

多元文化,是在一些特殊的地理环境、特殊的历史背景和特殊的人文历史长期发展过程中,因不同原因迁徙而来的各族群之间相互交流,相互借鉴,相互融合,相互促进而形成的一种文化。

西沱古镇,是一个由多民族融合而成的千年古镇。西沱古镇文化,也是由多元文化逐步融合而形成的、独具鲜明地域特色的多元文化。

西汉著名史学家、文学家司马迁说:"天下熙熙,皆为利来;天下攘攘,皆为利往。"(《史记》第一百二十九卷《货殖列传》)。 意思是说,天下人为了利益蜂拥而至,为了利益而各奔东西。普天之下,芸芸众生,为了各自的利益而奔波。西沱古镇,因为其地处古代盛产食盐的忠州之长江南岸,又因为盐巴长期以来是人类生活所需的基本物资,经营盐巴而产生的稳定丰厚的经济效益及盐业带动其他相关产业的发展产生的经济效应,必然会吸引各地商业精英蜂拥而至。历史上,大江南北,不同地区、不同民族和文化传统的人们,背井离乡,从五湖四海来到西沱古镇这块风水宝地,经商赚钱、养家糊口、生存发展。他们的人生经历、民族习惯、文化传统、宗教信仰不同,到了西沱古镇后,一方面,在一定范围和一定程度上,仍然保持原来的传统习惯和文化形态;另一方面,要想尽快融入当地社会生活,就必须面对现实,"入乡随俗",以当地原住民族、群体的历史文化和社会生活经验作为行为准绳,逐步融入当地社会生活的各个方面。

因此，群体认同和群体权利，是多元文化的重要内容，也是外来人口融入西沱古镇必须面对的现实。显然，多元文化在西沱古镇，已不是纯粹的理论探索，它随着时间的推移，自然形成了当地独特的文化，包括传统习惯、教育观念、文艺鉴赏、政治诉求等等。

1.川盐济楚的盐运文化

"盐者，国之大宝"（《晋书·食货》）。古往今来，十口之家十人食盐，百人之村百人食盐，而百姓能够自己养猪、种稻、纺布、盖屋，却不能自己生产盐巴。在中国历史上，盐巴由国家长期专营，只要掌控盐业的生产、营运和销售权，稍微调整盐价即可获得可观的利润。因此，历朝历代都很重视盐政管理，盐税也是国家税收的一项持久、可靠的来源。

中国封建社会施行食盐专营制度，某产区之盐限定行销某区域，不许越雷池一步。湖北、湖南及其相邻一些州县，地广人多，素不产盐，所以，历来是国内最大的食盐销售市场之一。在清代前中期，楚湘地区一直由实力雄厚的淮盐独占。

然而，与淮盐相比，口味纯正、又白又细的川盐在湘、鄂两地更受欢迎。为了赚钱，盐商不惜代价，千方百计购进川盐销往湘鄂境地。尤其是太平天国起义兴起以后，淮盐不能运到湖北湖南，国家面对现实采用切合实际的政策，调整了食盐销售渠道，针对历史上长期禁而不绝、川盐走私销往湖北、湖南的情况，引导"川盐济楚"。川盐开放后，巴盐古道在19世纪中叶走向鼎盛，而作为川盐入楚的重要转运码头西沱，也因此真正成为远近闻名的以食盐运销为主的商埠码头。

据有关资料记载，历史上国家准许湘鄂销售川盐仅两次。

第一次为清咸丰年间太平天国起义，水、陆两路被阻隔，淮盐不济，朝廷准许"川盐济楚"。咸丰三年（1853年），太平天国定都南京，农民革命浪潮席卷大江南北，阻碍了淮盐通道，使食盐供应短缺，粗脖子病大量出现，国家盐税收入锐减，国库空虚、军饷不足。为解燃眉之急，湖广总督张亮基奏请借销川盐，以济民食。户部议准："凡川粤盐入楚时，无论商民，均许自行贩鬻。"从此，川盐便源源不断地运销荆楚、三湘市场，这就是所谓的"川盐济楚"。

第二次是抗日战争期间，由于沿海产盐区沦陷，全国产盐量减少了一半，华中、西北、西南等地食盐告急，在民食军用急需的情况下，四川井盐业的地位急剧上升，川盐再次济楚。一时之间，作为川盐重要中转站的西沱码头，盐商云集，运盐大军遍及峡江南北。

此外，虽然没有文史资料明确记载，事实上，从春秋战国到明朝，一旦因天灾人祸、战乱频繁、沿海倭寇猖獗等原因，海盐（亦即"淮盐"）不能正常满足中东部地区食盐的需求，"川盐济楚"就会明里暗里地发生。这就是西沱古镇为什么能够长期繁荣兴盛的根本原因。

一业兴，带动百业兴。西沱由开始的盐巴"过载码头""转口码头"，发展成为重要的食盐集散地，进而因为盐运盐销，带动了其他产业的快速兴起和蓬勃发展。而"川盐济楚"也为西沱码头带来了业务的空前繁盛。西沱码头逐步发展成为四川盆地东部重要的商埠码头。

同时，这一时期，东南各省的棉花、布匹、绸缎等随船汇集于湖北宜昌，四川的大盐商，在忠县购买盐巴，经西沱通过水陆两路运销到湖北、湖南，然后采购大量的棉花、布匹、绸缎和其他货物返回四川。川米、滇铜、黔铅、生丝、药材和麻布也从西南运达湖北宜昌转销东南各地。因此，当时西沱码头十分繁忙，木船成批结帮停泊在西沱江边，帆樯林立、鳞次栉比，在此揽载的民船数以千计，船民船工常在万人以上。江面上，"日有千人拱手，夜有万盏明灯"。

今天，西沱古镇"川盐济楚"的繁荣景象虽然已经成为过眼云烟，但盐运文化却顽强地在西沱古镇生存了下来。一年四季，我们都能够在古镇上体验到盐运文化的浓郁氛围。

2.独具特色的建筑文化

建筑是凝固的文化。青砖灰瓦、雕栏画栋的有形建筑,从美学角度讲都是"有意味的形式",这种"意味",就是支撑西沱古镇各种文化象征的符号和构成西沱古镇特色文化的基本元素。

西沱古镇云梯街的古民居和店铺,是当时各行各业的商人为了在商战中取得优势、在竞争中站稳脚跟,按照当地土家原住民长期以来约定俗成的规矩,从长江码头开始,沿着巴盐古道"直上方斗山白云巅"这一最便捷的线路,依山就势向上延伸,一家一店逐步次第兴建而成的。最终,形成了被世人称为"云梯街"的这一世界建筑奇观。云梯街的建设,体现了"先经济后政治"的特色,即由于经济的繁荣,自然形成一个具有相当规模的重要集镇后,国家再设置管理机构("梅沱小水站"、驿站巡检司),这一特点可谓特立于世界建筑史。云梯街与世界其他城镇的不同点在于,云梯街的黄金口岸全部为商业用地,其他建筑用地统统靠后。

同时,其还与世界上所有临水而筑的城镇不同。其他沿河兴建的城镇,都是"顺风顺水"、基本上是平行于流水方向建设的。唯独西沱古镇云梯街,不是信奉"顺风顺水",而是信奉财源广进而建,其建筑整体如苍龙垂直于江面,有龙饮大江的气势。正因为如此,云梯街才被世人公认为"万里长江第一街","长江沿岸最古老的奇特建筑明珠"。 1995年,美国专家来西沱古镇考察后,认为在世界城镇发展历史进程中,先有商业后有城镇的建筑发展史肇始于中国,这在西沱古镇得到了最好的印证。于是,他们将西沱古镇云梯街的建筑特色作为范例,纳入了其所讲授的世界古代城镇发展史。

西沱古镇,码头广场上矗立着高大的汉白玉牌坊,云梯街青石台阶错落有致,街梯两旁的林立商铺、亭台楼阁、山水园林、小桥流水、民居院落、茶房酒肆等组合有序。远望古镇,云梯街形如一条虬龙畅饮大江,整体布局气势磅礴。无论是造城理念上的博采众长、功能多元,还是建筑风格上的明清风貌、商居结合,抑或材料搭配、建筑工艺,都完美和谐。其建筑风格、建筑上的彩绘艺术与大自然融合共生,异彩纷呈,宛若天成。做到了建筑地理学和传统风水学所要求的天人合一、风水共美、形势相得、阴阳结合等的统筹兼顾,充分体现了中国传统文化与人为善、以和为贵、以和为美的精神,达到了一个完美的境界。

3.历史悠久的码头文化

西沱地处长江南岸,与盛产食盐的忠州隔江相望,水陆交通发达,自古以来就是四川盆地出川的咽喉要道。西沱港水深浪缓,是天然良港。有港口就有码头,与码头相生相伴的,则是一种特色鲜明的码头文化。码头上往来客商络绎不绝,贩夫走卒、力夫肩挑背扛,举世闻名的川江号子处处可闻……西沱厚重的历史文化、多姿多彩的建筑风貌,成就了西沱入选全国"首批中国历史文化名镇"的荣耀。加上在"川盐济楚"中的历史地位,久而久之,西沱便颇负盛名。

清朝巴渝十二景中的"字水宵灯",指的是当时重庆两江万家灯火的场面。而当时的西沱港到了夜晚,也是灯火通明,最热闹的就是云集在码头边的船只,忠县、万县(今重庆万州)一些有钱人家的子弟和外来客商,不是去登云梯街,就是在船上聚在一起,或吃火锅,或聊天、打牌,灯火将长江照得通明。

西沱港与举世闻名的云梯街相辅相成,孕育出了特有的西沱码头文化。西沱码头不仅承载着历史发展的足迹,更有西沱古镇居民一代又一代的记忆和故事。西沱码头文化,也是西沱的一张名片,受到了国内外各界人士的高度关注。

码头、船舶、货物、力夫,是西沱码头历史与故事的关键词,一声川江号子、一曲盐运民谣、一条千年的云梯街,都是它的文化标签。

西沱码头的兴盛,带动了相关行业的发展,西沱的码头文化,更浸润了西沱古镇社会生活的方方面面,影响极为深远。西沱码头文化本质上虽是一种平民文化,但其与巴渝文化、土家文化一样,都在潜移默化中影响西沱人的性格、价值取向和精神追求。西沱人比较开放、包容,极具创业精神,能吃苦,会做生意,讲究诚信,这里面有码头文化对西沱人的积极影响。历史上,西沱人日常用语中的"跑码头""拜码头""打码头""吃码头"等说法,无疑都是码头文化的产物。

西沱在明清至民国达到鼎盛时期,随着"川盐济楚"的衰落。交通方式的改变,西沱港口的经济开始逐渐衰退。但近年来,随着长江经济带的兴起,其港口建设重新步入快车道,其在内河航运的重要地位日益凸显。

可以说,西沱正在经历一次华丽的现代转身。一个新的现代化的西沱码头取代过去落后的码头是历史的必然,西沱码头文化正在迎来新的繁荣。

(1)根植沃土的民间文化。西沱古镇民间文化来源于历史、来源于民族,根植于人民、根植于古镇沃土。热爱故土、热爱古镇的西沱赤子,历来以挖掘弘扬土家文化、历史文化、码头文化、外来文化为使命。西沱古镇文化广场宽敞大气、文化站(馆)古朴秀丽,龙眼桥、张飞庙、禹王宫、二圣宫精巧玲珑,纤夫号子表演、背夫演绎、土家歌舞等各种文化活动和婚丧嫁娶、特色餐饮等,组成了西沱古镇浓郁的历史和民族风情画卷,彰显出独特的古镇古道文化魅力。可以说,这里既是武陵山区民族文化的窗口,也是巴渝民间文化的荟萃之地。

(2)多神信仰的宗教文化。无论历史如何演进,西沱古镇上的居民,主体始终是土家族人。土家族人长期以来依赖自然、崇拜自然,信奉鬼神、崇拜祖先。同时,西沱古镇地处长江岸边,是汉文化和土家文化的结合部,亦是长江文化和武陵山区民族文化的交汇点,是长江大河文化和乌江流域民族生态文化的融合地,加上西沱古镇历史上外来族群与当地原住民相互融合,相互影响,最终形成了西沱古镇多神信仰的宗教文化。因此,西沱古镇居民在宗教信仰上,除信仰家神、白虎图腾外,也信仰从国内外传入的佛教、儒教、道教和天主教、基督教。既崇拜孔夫子,也祭拜关武圣;既崇拜玉皇大帝,也信奉释迦牟尼……西沱古镇的居民,祭祀神灵、圣人、祖先,天地日月、风雨雷电、山林水火,乃至灶柱磨帚、牛马猪羊等也都有所奉之神;或立庙坛,或凿石龛,或垒石三两块为神位,虔诚祭祀,所求者都是招财进宝,趋吉避凶,平安吉祥等。

(3)步云登梯的康养文化。西沱古镇云梯街,随处可见康养健身文化的烙印,彰显出康养健身文化的内涵。作为古镇的标志,云梯街上的古朴建筑、青石台阶、绿色生态的土特产、好客淳朴的居民,无不折射出康养文化的景象。

云梯街,犹如一个折射着历史和民族文化的万花筒。沧桑的临街盐柜、雕花小木窗、小窗下的长板凳、宽阔的街荫、随处可见的绣楼上的红衣女子、茶馆里的茶客和摆不完的龙门阵、屋檐下三三两两休闲的长寿老人、街上嬉戏打闹的童男童女、熙熙攘攘的步云登梯的健身人群……满眼都是康养慢城的生活画面,尽显康养文化的魅力。

毫无疑问,西沱的康养文化,必然包括西沱的康养美食。西沱素有"张飞牛肉长江鱼,西沱小曲万人迷"之说。西沱古镇特色美食大致可以分为:名饮、名食和民间小吃三大类。

一是名饮。西沱高粱小曲酒从民国时期就闻名川东鄂西一带,远销万县(今重庆万州)、涪陵、利川、恩施等地。历史上除了盐巴外,西沱高粱小曲可以说撑起了西沱古镇商业的半边天。还有就是西沱古镇的醪糟红糖水。一到暑期,云梯街满街都是凉水摊,售卖用山泉和井水烧开冷却后放入醪糟红糖的醪糟红糖水。西沱海拔很低,暑期很热,云梯街很陡,登一段云梯街,来一杯沁人心脾的醪糟红糖凉水,既解渴解暑又解乏,让人难以忘怀。而其他季节,客人到云梯街走家串户,走亲访友,一进屋,主人就会端上一碗热气腾腾的醪糟红糖荷包蛋,名曰请客人"喝碗开水";修房造屋、栽秧擂谷,在半晌午,主人也要给帮忙的人,煮一碗醪糟红糖荷包蛋或者一碗汤圆、阴米茶。

二是名食。西沱古镇美食,最著名的是张飞卤牛肉和长江鱼。云梯街有三五家常年专门经营张飞卤牛肉和长江鱼的馆子。客人到店,切一盘卤牛肉,来一盘油炸长江麻花鱼,就一壶西沱高粱小曲,边喝边打望云梯街的历史风情,那可真是神仙过的日子了。当然,每逢传统节日、婚丧嫁娶、老人寿诞,八仙桌上丰盛的"八个盘子九大碗",大碗喝酒、大声说事,家长里短,则又是另一番繁华景象了。

三是民间小吃。西沱盛产小麦和红苕等农作物。西沱古镇的面食,主要是用面粉加少量苕粉,做成花蕾、桃杏、雀鸟、虫蛇等形状进行油炸,逢年过节给家里的小孩、老人,以及来家的客人做"干盘儿"(小吃)。西沱人也将红薯切块或条,煮熟晒干再油炸。或将米豆腐切块晒干油炸。或用长江细砂加桐油炒苞谷豆,或干炒盐黄豆。

(4)兼收并蓄的多元文化。西沱古镇的文化,以土家族文化和古镇古道历史文化为主。但我们徜徉在云梯街,至今仍然可以从不同侧面体验到许多兼收并蓄的外来文化。比如:西沱古镇的建筑,既有武陵山区土家族的吊脚楼,也有北方的四合院;既有高脊飞檐、马头风火墙的徽派建筑,也有廊式风格、骑楼式的岭南建筑。语言文化方面,因受汉语长期而深刻的影响,西沱古镇既保留了土家族的基本方言,又普遍应用汉语北方语系的四川方言,川普的刚嗲相济与土家语的铿锵相得益彰。文艺方面,既唱土家啰儿调、跳摆手舞,也唱汉族民歌、跳汉族舞蹈;既有京剧、川剧等戏曲表演,也有水龙、背脚子、土戏等民间艺术表演……

结　语

总之,西沱古镇的多元文化,可说是历史文化与码头文化、长江文化与武陵山土家族文化、外来文化与本土文化的综合体。西沱古镇就像一席重庆大火锅,东进西出、南来北往的人,带来原有的传统,带来自己的爱好,在云梯街建一个院子,安营扎寨、落地生根、开花结果,将自己的生活与土家人、客家人……的生活一锅煮,煮出麻辣鲜香、煮出红红火火,让人垂涎、欲罢不能。是生意,也是爱好;是生活,也是风景。西沱古镇,又像一个大舞台,以古老街巷和院子作为背景,大舞台上中外杂糅,文化碰撞,热闹非凡。

丽江已经不仅仅是丽江人的丽江,磁器口已经不仅仅是磁器口人的磁器口,西沱古镇也已经不再是西沱人的西沱古镇……就像那些我们去过还想再去的古镇一样,西沱古镇已经敞开胸怀,在新的时代,焕发出新的光彩。

西沱古镇正在走向未来、走向世界……

参考文献:

1.中共石柱土家族自治县委宣传部,石柱土家自治县文化委员会.石柱文化概览[M].重庆:重庆出版社,2017.

2.中共石柱土家族自治县委.千年石柱[M].重庆:重庆出版社,2018.

论后戏剧时代黄梅戏的发展方向

吴海肖

（安徽省艺术研究院，安徽合肥，230001）

【摘要】新时期的黄梅戏是伴随着后戏剧时代一起向前发展的，而黄新德又是新时期黄梅戏界最杰出的生行演员，所以以黄新德为切入点探索黄梅戏在后戏剧时代的发展方向或可中的。本文拟从回归观众、健全行当、发挥"角儿"的作用、好风凭借力等四个方面，探讨黄梅戏的发展方向，希望能对黄梅戏的发展有所助益。

【关键词】黄梅戏；后戏剧；生行

当今中国，戏曲艺术不可阻挡地进入了"后戏剧时代"，那么"后戏剧时代"究竟是一个什么样的时代呢？康宝成说，在我国，以戏剧为代表的舞台艺术，伴随着中外流行歌曲、影视艺术、动漫艺术、网络艺术的迅速扩张而无可挽回地走向衰落，已经是一个不争的事实。甚至小品和票友清唱，这些前戏剧或泛戏剧形态，也在挤压着曾经无比辉煌的以京剧为代表的民族戏剧和西方舶来品话剧、歌剧、舞剧的生存空间。我们把这样的时代称作"后戏剧时代"。从康宝成的说法来看，后戏剧时代无疑是伴随着新时期一起向前发展的，而黄新德又是新时期黄梅戏界最杰出的生行演员，因此以黄新德为切入点探讨黄梅戏在后戏剧时代的发展便具有一定的启示意义。

一、回归观众

戏曲演出最重要的因素是什么？答曰：演员和观众。相较而言，观众则居于更重要的地位，任何欣赏性的表现形式如果失去"观众"，将毫无存在的价值，所以任何剧种的危机无不表现为失去观众的危机。无怪乎黄新德认为，谈戏曲不谈观众，谈戏曲危机不谈观众危机，就是没有找到"危机"的原因之所在。可以说，观众才是表演艺术的"根"，而演员则是"花"，没有观众的"捧"，任何戏曲艺术都将失去存在的土壤和发展的价值，这恐怕是最重要的历史规律。所以，后戏剧时代的黄梅戏如果要取得更好的发展，就必须认识到"观众"和"演员"互为依存的关系。

一部中国戏曲的千年发展史不断证明，"观众"才是演员奋斗的目标和存在价值。因此，作为一名专业的戏曲演员，从他登上舞台的那一刻起，就要清醒地问自己一声"观众走进剧场需要什么？"在黄新德看来，戏曲的舞台是趣味性的，娱乐性是观众进入剧场的首要目标。他认为，舞台本是大众欣赏艺术、放松心情、娱乐之所在。正因如此，趣味性一直是黄新德在舞台上着力表现的，如在《夫妻观灯》中所体现的情趣，在《乔太守乱点鸳鸯谱》《墙头马上》《六尺巷》中体现的谐趣，《梁山伯与祝英台》中体现的机趣，甚至在《徽商胡雪岩》《风雨丽人行》《半个月亮》中所显露的恶趣,等等,无不体现黄新德寓教于乐的审美追求。

既然观众是演员奋斗的目标和存在的价值,那么对于一名职业演员来说,培养观众便是其职责。观众是通过演员的表演来认识一个演员、一部作品、一个剧种的,所以用作品来培养观众,才是最聪明的做法。黄新德说,戏曲的真正出路应该是用老剧目稳住老观众,用新剧目吸引新观众,或是用新、老剧目同时获得新、老观众,这才是最佳选择,也是戏曲改革最艰难的一步。我们习惯于把眼光盯在对舞台上接班人的培养上,这当然很重要,但是我们又怎能忽视和轻视对舞台下"接班人"的培养呢?他们是我们赖以生存的土壤、阳光和空气。由于不同领域的观众群对黄梅戏的剧目存在不同的观剧期待,所以在打造黄梅戏剧目的时候,就要加强对黄梅戏观众群的研究,锁定各阶层观众,有针对性地创作剧目。如果盲目创作剧目,忽视不同领域观众的审美趣味,将一出剧目演给所有的观众,偶尔为之尚可,久而久之,必然"掉粉"。这不能怪观众,观众喜欢喝茶,你偏给人家一杯咖啡,美其名曰引领文化,岂不知"茶"也很好喝。

保持与观众血浓于水的关系,才能受到观众的真心拥护,在这一点上黄新德绝对是黄梅戏界的楷模,他始终保持着和国内外的戏迷朋友的友好关系,更不乏一箩筐的趣味故事。如定居美国的计算机专家邬先生,弱冠之年便是"黄迷",是黄新德的忘年之交,这份跨越年龄、国家、时间的友情令黄新德倍加珍惜。至于来自国内的戏迷那就更数不胜数了,有相知相交的,也有些不知姓名的年轻戏迷。黄新德被这些可爱、可敬、可亲、可佩的戏迷关注着、信任着,这是一个演员最高的生命价值。戏剧是观众的艺术,在后戏剧时代如果想要不断地推陈出新,就必须使戏剧回归观众的属性。

作为演员的最大幸福和财富是什么?黄新德说:"我想不外乎两点,一是在舞台上能够充分展示自己,二是受到观众的真诚抬爱和信任、帮助。"能够留住观众,这是黄新德表演艺术最大的成功,他用通俗易懂的话讲述了这一浅显却又深刻的道理。

二、健全行当

董健、马俊山在《戏剧艺术十五讲》中讲到,好演员能从行当里演出角色来,差一些的则很容易流于演行当,演技术。从中可以看出,戏曲艺术的行当是戏曲塑造人物的基本手段。无独有偶,著名戏曲导演阿甲在谈到行当与创造角色的关系时说,到后来,既分了行当,又要在行当的基础上创造角色,由类型到个性,这也可以叫作由外而内。类型和个性有矛盾,互相之间,有破有立,既有一定规格,又要发展,戏曲舞台艺术就这样逐渐提高。可以这样说,带有浓厚程式特征的行当是戏曲演员塑造人物的基石,所以健全行当应该成为黄梅戏返璞归真的正途。

黄梅戏作为当今中国戏曲最具活力的剧种之一,尽管新时期在全国及世界舞台上屡获殊荣,但却从没有一部像《天仙配》《女驸马》《罗帕记》等作品一样,成为能够经得住时间和观众的考验,屹立在舞台上熠熠生辉,且能够引领黄梅戏发展的现象级作品,而现象级表演艺术家的引领作用也同样乏力。黄新德受黄梅戏剧种风格的影响,始终站在舞台"中心"之外,即便有几部作品站立在舞台中心,也无法形成引领效应,究其原因,不得不说是黄梅戏的行当发展失衡所致。

黄梅戏的行当不像京、昆等剧种发展得那么健全,黄梅戏的唱腔建设除了花旦和小生的唱腔颇有造诣外,其他行当的唱腔表现平平,出类拔萃者更是凤毛麟角。所以初学黄梅戏的学员,女的都愿意学花旦,男的都愿意学小生,年纪大些的时候再改演其他行当,由于对其他行当缺乏必要的训练,所以其他行当的唱腔也难有特色。行当发展不平衡使得黄梅戏的表现领域受到很大限制,王冠亚感慨地说:"黄梅戏原来有不少老生戏,像《告粮官》《乌金记》等,因为现在缺少老生行当,所以这些戏就很少演。黄梅戏也有花脸戏,黄梅戏叫'草脸'，但是缺少花脸演员，这些花脸戏也埋没了。王少舫曾尝试过演包公，下了不小功夫，另有一番韵味，可惜不久他就谢世了，不然，黄梅戏剧种又可多一个花脸行当的复兴。行当不全，使黄梅戏的剧目受到限制，不用说无法演好现代的《孔繁森》，就连古代的《曹操与杨修》也无法演。"

所以，黄梅戏有必要向行当建设齐全的京、昆、川、豫等剧种学习经验。京剧严格划分的行当，在造就人才和剧目上，有着无可比拟的科学性和优越性，这对地方戏在行当建设上有着深远的启迪意义。但是地方戏的行当建设又不同于京剧，黄新德说："但我从自身的体验和体会中又得出这样一个有待完善的结论，那就是地方戏的行当应该有别于京剧的行当，而不受行当的限制才能更大程度地造就和培养演员，也可以说突破行当的限制才是地方戏所生存的广阔天地！把演员定位在行当里，把角色束缚在行当中，在今天这个多元的时代里，未必是上乘之举。""这么说，并非是否定行当的重要性和必要性，只是想强调行当的划分在地方戏里不宜太细太明，更不能用行当的不变应万变，否则，最终只有行当而没有角色人物，没有了演员自身的开拓和创造。"地方戏演员们在从业初期就应该打下行当建设所需的深厚基础，并注意自身的艺术修养和文化修养，从而具备强大的适应性和可塑性。

三、发挥"角儿"的作用

当谈到某个剧种的时候，人们往往会不由自主地把这个剧种和其代表性演员的名字联系在一起，如昆曲的俞振飞、京剧的梅兰芳、评剧的新凤霞、越剧的袁雪芬、豫剧的常香玉、黄梅戏的严凤英等。当然，笔者并不是否定代表性演员之外的艺术家们，就像我们不能因为眼睛是心灵的窗户而贬抑大脑的中枢作用一样。一个剧种的繁荣与发展，不仅需要独立完整的声腔、剧目，而且需要有代表性的甚至是现象级的表演艺术家。基于此，黄梅戏在后戏剧时代的发展中，应该发挥"角儿"的作用。

首先，"角儿"是剧种的名片。20世纪八九十年代，黄梅戏在更加开放的环境和更广阔的领域里进行艺术的融汇与创新，相继推出了一批里程碑式的作品，涌现了一大批代表性演员，以"五朵金花"（马兰、吴琼、杨俊、吴亚玲、袁玫）和韩再芬为主的旦行演员和以黄新德为代表的生行演员共同构筑起黄梅戏的"梅开二度"。"流量明星"是时下对那些深受欢迎、粉丝众多的明星的称呼，而黄新德便是当今黄梅戏界的"流量明星"，是黄梅戏这一剧种的闪亮名片。黄新德跑遍了包括港、澳、台在内的祖国大部分地区，也去了新加坡、德国、瑞士等国家，拥有了分布在天南地北的数量众多的戏迷，黄新德是黄梅戏新时期发展的见证者，又以其卓越的成就发展了黄梅戏，成为黄梅戏一个时代的"名片"。

其次，"角儿"是剧目的定海神针。黄新德作为黄梅戏生行领域现象级的表演艺术家，虽然很少站在舞台中间，却被誉为黄梅戏界的"老梅树桩"。黄新德不仅凭借《柯老二入党》中"柯老二"一角获得第九届中国戏剧梅花奖，还甘当绿叶帮助马兰、韩再芬、吴亚玲、李文等黄梅戏青年才俊获得梅花奖。黄新德七度"摇曳梅花弄新枝"，这在黄梅戏甚至在中国戏曲剧种史上都是极其罕见的，不敢说"后无来者"，但也是"前无古人"了，称其为黄梅戏新创剧目的"定海针"似乎并不为过。

其三，"角儿"是剧种的精神标杆。"角儿"的精气神，会给新剧目带来一种精神，这就是"敬业"的精神。例如在四集黄梅戏电视连续剧《劈棺惊梦》中有这样一处情节：黄新德身穿宽大飘逸的道袍，手拿云帚，脚蹬厚底云头靴，头上长发凌空飞舞，从枝枝杈杈的树上往下跳。正在拍摄这段情节的时候，黄新德不慎从树上摔下来，经过木渎镇医院的检查，确诊为粉碎性骨折，左小腿立刻被打上石膏，医生嘱咐要休息一个月。为了不耽误剧组的拍摄进度，黄新德强忍疼痛，仅仅在医院休息三天就自己动手剪开石膏，做了些必要的防护后，就开始拍摄电视剧，一连四十多天，黄新德强忍疼痛，克服重重困难，一直坚持到拍摄完毕。据黄新德老师说,直到现在他左脚跟骨折的部位一到阴雨冰雪天气就会隐隐作痛。可见,一个演员的自我修养和敬业精神是多么的重要。

归根结底,戏曲是"角儿"的艺术。相同剧本、相同导演、相同的音乐、服装、布景,甚至相同的舞台,由不一样的演员演出效果就大为不同。对于这种现象,黄新德认为:每个演员都会凭借自身的实力、修养、个性以及对剧本和人物的解读、领会,用艺术积累和手段做出自己的独特诠释。所以,哪怕对《天仙配》的剧情烂熟于心,可以将《女驸马》的唱段倒背如流,但观众仍乐此不疲地欣赏名"角儿"的演出。看什么? 赏什么? 就看那表演的不同之处。"角儿"是表演艺术的参与者、体现者和最终诠释者,作为戏曲的"角儿",要想在舞台上充分展示自己,就必须参与到戏曲创作的方方面面,尤其是作为灵魂的戏曲音乐中,这就要有"说得出,做得到"的本事。黄新德认为,演员除了要具备对生活的观察、体会、揣摩之外,还有一个极其重要的艺术体现问题,这就是"艺术"两个字中的"术"字,概括起来为唱、念、做、打、舞,即戏曲演员必备的基本功。只有拥有过硬的业务素质,才能随机调动起塑造人物的艺术手段。

四、好风凭借力

新时期中国进入信息大爆炸时代,祖祖辈辈被奉为至理名言的"酒香不怕巷子深"越来越不合时宜,人们逐渐意识到"好酒"也会出现"养在深闺人未识"的窘境,因此现代化传播媒介、宣传手段的使用便成为"好酒"的"招子"。黄新德也说过,"触电"可使黄梅戏拥有强大的宣传渠道和观众群,要充分借助现代化宣传手段和技术,扩大、巩固黄梅戏的影响。有理由相信,现代化的传播方式,必将成为黄梅戏借"力"发挥的好"风"。

如今带有娱乐性的综艺比赛成为年轻人最喜欢最容易接受的"触电"方式,借助这个途径许多年轻的黄梅戏演员走到了观众面前。例如2006年4月,安徽省剧协、安徽省电视台联合举办新世纪黄梅戏"五朵金花"评选活动,何云、程小君、吴美莲、王琴、仝婷被评为"新五朵金花"。再比如,2007年的黄梅戏青年演员电视挑战赛亦即第一届"寻找七仙女"大赛,吴美莲、孙雪莲、程丞、魏蓓蓓、陈小玲、王霞、袁媛获得金奖。这些经过"比赛"选拔的年轻演员成了今天舞台的核心。在"2013寻找七仙女"的评委中除了有黄梅戏专业领域的评委外,还增加了非戏曲圈的艺术界人士,可以想象从这种比赛中脱颖而出的演员其社会认知度会更高。"2013寻找七仙女"的评委黄新德也表示,戏曲作为传统艺术利用电视平台进行推广,目的是要发现黄梅戏人才,帮助和鼓励他们。与历史上"十佳演员"的评选注重大众性和艺术性不同的是,"五朵金花"和"寻找七仙女"的活动增加了综艺性和全民性特点,其"吸粉"能力更加强大。

黄梅戏的发展史证明,黄梅戏的受众传播是黄梅戏保持前进的"必杀技"。现在的黄梅戏面临一个更加多元化的科技时代,人们用网络时代、动漫时代、指尖文化时代、快餐时代、"互联网+"时代等来描述这个时代,社会思潮和高科技的结合向更深层次发展。最近又流行一个新词汇——"自媒体",这是一种以现代化、电子化的手段,向不确定的大多数人群和单位进行传播的方式,其平台包括博客、微博、微信、百度官方贴吧、论坛、App软件等,具备私人化、平民化、普泛化、自主化的显著特点。这样一个时代的到来,对于黄梅戏来说,既有冲击也有机遇。黄梅戏没有走过这样的路,但黄梅戏的优势就在于它永不定型,具有极高的可塑性。笔者相信,在"自媒体"时代,黄梅戏一定会找准它的定位,向"全民黄梅"进军。

要注意的是,虽然以"触电"的方式使黄梅戏打赢"传播"这场"空中战役"十分重要,但评判黄梅戏艺术得失的标准仍然在舞台上,舞台演出是黄梅戏的根,是黄梅戏艺术改革、发展的基础,黄梅戏只有牢牢把握住舞台,才能站稳脚跟。所以,黄梅戏著名编剧金芝认为,尽管黄梅戏的演出渠道很多,看来很"杂",但它杂而不乱,艺术特点未变色,主调声腔未失声,奥妙就在于舞台为根,音乐为魂;胸怀宽阔而又不失主心骨。但

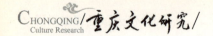

今后的舞台,也会被新的"电"改变。新媒体技术既是黄梅戏发展的翅膀,也为后戏剧时代的表演方式带来了新的考验。时代在发展,舞台上的表演元素越来越多,这对黄梅戏表演又提出了新的课题。

参考文献:

[1] 康保成. 后戏剧时代的中国古代戏剧形态研究[J]. 文艺研究, 2008(1):80-86.

[2] 黄新德. 萍踪浪迹几度秋——我的梨园记忆[M]. 合肥:安徽文艺出版社, 2010.

[3] 董健,马俊山. 戏剧艺术十五讲[M]. 北京:北京大学出版社, 2004.

[4] 王冠亚. 黄梅·京戏[J]. 黄梅戏艺术, 1998(2):8-11.

[5] 阿甲. 阿甲戏剧论集[M]. 北京:中国戏剧出版社, 2005.

[6] 黄新德. 黄梅启示录——站在世纪门槛上的思考[J]. 江淮文史, 2000(2):23-35.

[7] 金芝. 优势论——黄梅戏发展的历史经验[J]. 黄梅戏艺术, 2007(1):3-6.

[8] 黄新德. "行当"的突破[J]. 黄梅戏艺术, 1998(2):35-36.

浅析渝北十景诗与地景的流变

梁懿

(重庆两江新区人和实验学校,重庆两江新区,401121)

【摘要】"渝北十景"及其相关诗作不仅是我国"八景"文化的组成部分,也是研究相应地景的重要资料。因此,本文主要以渝北十景诗作为载体来探究地景的流变,借以了解各个景观的特点并研究诗作本身及背后的文学价值和文化内涵。本文共分为三个部分展开:第一部分是渝北十景诗的文本分析,通过对诗歌意象、意境、典故、格律等多方面的分析,掌握各个地景的全貌和特色;第二部分是将渝北十景诗与地景现状联合解读,探究"渝北十景"今昔变化背后的文化内涵,分别从意境追求、文化传承、生态观念三个角度揭示其变迁的原因;第三部分是总结渝北十景诗的文学价值,从对山水诗传统的继承与对用典艺术的精妙掌握两方面对渝北十景诗的文学价值进行评估,并对相应景观未来的发展做出规划。

【关键词】渝北十景诗;流变;文化内涵;文学价值

　　关于"渝北十景"的记载最早出自清道光年间的《江北厅志》一书。"渝北十景"是对当时江北厅内十种有代表性的景观的集称,包括花岩叠翠、明月衔江、华蓥雪霁、桶井峡猿、白岩石燕、排花瀑布、文笔摩霄、聚莲毓秀、香国长春、金沙火井十个景观。其后由于历史、政治等因素影响,重庆撤江北厅建立渝北区,进行了行政区划的变革,现今"渝北十景"大多下辖于渝北区内,但也有地景划归邻近的江北区与北碚区。

一、"渝北十景"组诗的文本分析

　　初唐著名诗人陈子昂、清代巴县县令王尔鉴等都有"渝北十景"相关的作品流传于世,但他们的诗作基本只涉及"渝北十景"中的部分景观,不足以构成一个整体系统。所以,本文选择了出自道光年间江北厅训导宋煊与举人黄善燨之手的两组"渝北十景"组诗进行分析,现罗列如下:

(一)花岩叠翠

远山如岱倚长空,雾霭烟霏翠黛融。宿雨晚凝春藓绿,夕阳晴射古苔红。

淡浓似出天孙谱,锦绣难描造化功。安得携樽酬妙景,林峦深处赏花丛。(宋煊)

巴山叠翠几千重,窈窈幽岩色更浓。暮霭朝岚终日蔚,苍苔碧藓久年封。

谁张织女机中锦,宛对湘娥瑟外峰。闻道岩腰藏古寺,白云深处好从容。(黄善燨)

花岩叠翠一景呈现的是花岩山（即今渝北区铜锣山）于雾气弥漫之中恍若云锦的满山绿意，宋煊和黄善燨的同名诗作就紧扣"叠翠"二字展开。

宋诗起句一个"扆"字写出了花岩群山的面貌。"扆"指屏风，"远山如扆"实际营造出一种界线感。再者于一片雾霭弥漫之中，山体呈现出螺黛一般的青黑色，层叠的绿意自然融合在其间，这实是对"叠翠"之景进行总述。然后作者将视角拉近，写到两种气候下的山中常见之景——苔藓。一夜雨后，春藓更添绿意，正是"叠翠"的来源，而晴天时夕阳的照射，却让古苔呈现出红色。一绿一红、一雨一晴的不同观感，正如《江北厅志》所记"年久风雨相薄，苔藓成文。凝视移时，宛然花团锦簇"。颈联承接上文对"叠翠"进行评价，点出苔藓色彩产生浓淡变化是由于"天孙"的缘故。《史记·天官书》中即有"织女，天女孙也"之说，此处借"天孙"之典是说明花岩之景色来自上天的造化。其次，"锦绣"原指花纹色彩精美鲜艳的丝织品，后用来比喻美好的事物和景色。而"造化"二字则正如杜甫"造化钟神秀，阴阳割昏晓"（《望岳》）中所说，指代的是出自自然之手的花岩，显示出了作者对花岩溢于言表的喜爱之情。面对如此美妙之景，怎能只举杯饮酒来报答呢？"林峦深处赏花丛"正是诗人对游者的邀约。花岩上如云锦般的美景，恰是该地景最大的看点。

黄诗起句以烘云托月的手法点明幽暗花岩上的"叠翠"似乎更胜一筹。据悉，花岩山上早晚有雾气，以致常年长有青色苔藓，就像展开了织女所织的锦缎，又仿佛是湘水之神在抚弄着琴瑟的山峰。此处同样运用"天孙"之典，展现出雾气弥漫下如云锦一般的花岩。一语至此，花岩叠翠的全貌便显现出来了。

虽然两首诗对花岩本身的描写是大同小异的。但黄诗在结尾处有所不同，以花岩山半山腰的白云寺作结。作者将白云寺也列为了景观的一部分，通过寺庙让游览者生发出静谧从容之感，并与"叠翠"二字结合，让此景成为一个能使游览者进行心灵休憩之地，从而让花岩叠翠一景更具内涵。

（二）明月衔江

谁把山中石一拳，修成半月置江边。每当夕照金丸落，映得波心玉镜圆。
皓魄晦时形在壁，冰轮朗处影浮天。解将好景供清赏，肯惜衔杯一泛船。（宋煊）

明月峡高沱复深，峡边山势半轮侵。有时块影成环影，恰似天心印水心。
桂叶菱花交烂漫，鱼噞兔顾各浮沉。扁舟准拟乘三五，真幻相参子细寻。（黄善燨）

据《江北厅志》记载，明月衔江一景出现在仁里东六十五里的明月峡处。放眼望去，一片圆光璀璨，宛如红日一轮，当夜幕降临，月光照耀亦然。

宋诗首联直接点题，以生动活泼的话语将《江北厅志》中记载的"红日西斜，晶光直射南岸沱水之中，反映北岸半月山"的半月山呈现出来。颔联紧承首联对明月衔江一景进行具体描述。"每当夕照金丸落"以"金丸"代指明亮的圆月，扣住了诗题。水中的明月山将天上的明月与江水融为了一体，恰是夕阳下的明月衔江之常态。颈联则写出了夜幕降临时的地景。当天色晦暗时，明月衔江的景象只出现在石壁旁；但月光明亮之时，此景的影子便能通过月光的反射呈现在周遭的山石壁上，与《天龙八部》中所写无量玉壁下的"仙人舞剑"颇有异曲同工之妙。及后尾联进行收束，提到了泛舟共赏此景，实则再次点明了该地景出现的场所，即明月沱中。因此想要欣赏此景，就得乘舟而来，才别有一番乐趣。

黄诗前四句与宋诗相似，都是在描摹明月衔江这一景点的全貌。颈联则开始转入对周边环境的描写，桂叶和菱花在同一时节相互映衬，绚丽多彩；鱼儿一沉一浮到水面来张口呼吸；而兔顾在此，是借"顾兔"之意代称月亮，它的一升一落，扣住了句中的"各浮沉"三字。"桂叶菱花"和"鱼噞兔顾"其实恰好代表了两种不同的状态,事物的相合与分开。"交烂漫"般的相合是出于人的想象,可以谓之幻,就好似明月山的倒影;"各浮沉"的分开则是自然的顺应,可以谓之真,正与江水的真实存在相对应。这般真幻参杂的景色之中,到底孰虚孰实,还需去寻找,这也正是产生明月衔江一景的原理。夜晚将至,乘着小舟游走在明月峡间,对明月衔江展现出的圆光璀璨之景自会有所体会。但关键还在于能否展开想象用诗意的眼光来观赏此景,这才是欣赏明月衔江之景最需要具备的原则之一,从而产生超越地景本身的体悟。

(三)华蓥雪霁

未睹华蓥雪后峰,好从新霁看山容。晨光都为瑶林灿,碎玉浑将古藓封。
披氅慢吟新得句,寻梅难觅旧行踪。一从踏遍峨眉后,又把清芬涤此胸。(宋煊)

华蓥雪景冠渝东,积雪初晴迥不同。月地云阶樵子路,琼楼玉宇梵王宫。
未全掩却松梢绿,随意烹来竹火红。占得高寒好风调,山阴乘兴莫匆匆。(黄善燨)

古人写雪停后的景象,似乎很少只停留在对眼前所见的赞美之上,总是要由物生情,借感人的外物来与自身情感相联系。陆机《文赋》中曾写道:"遵四时以叹逝,瞻万物而思纷。悲落叶于劲秋,喜柔条于芳春。"尤其是人们身处自然界中的气候变化之间,便极易产生"物色之动,心亦摇焉"之感。《华蓥雪霁》二诗正是如此,诗中选用的物象都充满了作者的情思。

宋诗开篇就指出了华蓥雪霁的妙处所在。据记载,此景中的华蓥山主要是指大华蓥山脉,它由于海拔较高,每逢秋冬之际,得雪最早。华蓥山能从当时江北厅下辖众多山脉中脱颖而出的关键就在这"雪霁"二字。

颔联便是作者眼中所呈现出的雪后初晴的景色,正与《江北厅志》中所描写的"秋冬之交,积雪深厚,碎琼乱玉,寒光烛天"之景相同,展现出了几分空灵之感。其后颈联则连用了两个典故。其中"披氅"二字借用东晋时王恭的典故,王恭其人旷达直率,不齿权贵,相传他曾穿着鹤氅裘,涉雪而行,后蜀皇帝孟昶就因见到此景而感叹其为神仙中人。"寻梅"或暗指孟浩然曾踏雪寻梅的故事。如果说颔联是在单纯写景,那颈联就旨在借王、孟二人的旷达情怀来表达面对景观时的所思所想,是对志同道合之人的呼吁,顿时为这华蓥雪景增添了几分清高之气。作者认为即使走遍了被称为"一山独秀众山羞"的峨眉山,也依然要寻找华蓥雪霁背后所隐含的"高山安可仰,徒此揖清芬"之志。由此看来,宋煊对华蓥雪霁的评价不可谓不高。

黄善燨与宋煊一样,也认为华蓥雪霁之景本身还具有一种独特的风调,它是一种随性和清高的生活方式。最能突出此种内涵的莫过于"占得高寒好风调,山阴乘兴莫匆匆"。此句典出《世说新语》中王徽之雪夜访戴逵的故事,这里将游者与华蓥雪霁之景分别喻作王徽之和戴逵,将独特的访友之意寄托于山水美景之中,实是呼吁游者在寄情山水之时,要有旷达的情怀,不必匆忙归去。至此,华蓥雪霁似乎带上了一种"众人皆醉我独醒"的情感色彩,不只是单纯雪景的赏玩,而是可以让游者感受到"高寒好风调"的景点。

(四)桶井峡猿

层峦无处可寻幽,拟向春江汗漫游。石壁缝开天一线,清波影照月双钩。
青猿跃树轻还疾,古木参天翠欲流。借问桃源容到否,何时泛棹任夷由。(宋煊)

客经巫峡听猿愁,又溯温塘上峡舟。两岸排衙森石壁,几群接臂下江流。
地偏自是趋腾捷,林茂应知果实稠。长啸一声何处去,白云青嶂迥悠悠。(黄善燨)

桶井峡猿位于今渝北区东部的统景风景区内,曾因其别具幽趣,空灵不著色相被巴县知县王尔鉴选为巴渝十二景之一。此地不仅存在"一线天"的独特景观,还有绝佳的猿啼风景,它们共同构成了这集清幽与生机于一体的景观。

且先看宋煊一诗。诗人开篇即写已无法从层峦叠嶂中寻求幽胜的存在,不如索性沿着春江水去随意游赏。此时,桶井峡就适时出现在眼前。桶井峡内的峭壁峡谷酷似桶状,人入其中,如坐碧井观天,仰观所得之景只有那一线蓝天。到了夜晚时分,还能观赏到月亮在峡内清波中所形成的倒影,产生幽深宛转之感。

接着笔锋一转,引出了此处更值得玩赏的景色——猿。巴渝之地的猿,究其源头,还得追溯到东晋袁山松的《宜都山川记》。书中曾写三峡一带常有猿猴出没,发出哀婉凄异的叫声。此后文人每当写巴渝之地的猿,几乎都从猿声入手,而且由于猿声凄凉宛转,极易牵动作者情思,久而久之便成为写猿的定式。但桶井峡中的猿却是另一番影象,在一片古木参天的峡谷里,青猿从一个枝头跃到另一枝头的场景更是随处可见,自由惬意的气息扑面而来,这正是桶井峡猿之景的独特之处。面对此情此景,作者竟有一种错觉,其间山光物态、水色峡意,跟陶渊明笔下那"芳草鲜美,落英缤纷"的桃花源也相差无几,而想从容自得泛舟于此了。

黄诗亦紧扣住"峡猿"二字来介绍该地景,只其尾联与宋诗略有不同,仍落在极具特点的猿猴之上。若是要为此寻出注脚,莫如崔颢的"黄鹤一去不复返,白云千载空悠悠"(《黄鹤楼》)最为合适。正如《诗境浅说》中对《黄鹤楼》颔联之评注:"故三句紧接黄鹤已去,本无重来之望,犹《长恨歌》言入地升天、茫茫不见也。楼以仙得名,仙去楼空,余者惟天际白云,悠悠千载耳。"[①]于此,桶井峡也因青猿的一去不复返,白云仍在如屏障的青山间飘荡着的景象呈现出苍茫无穷之感,蒙上了空灵的面纱。这就与《江北厅志》中记载的"武陵仙境"之称相符合,正是从桶井峡猿的原生景观——自由惬意的"峡猿"中所衍生出的另一观感,让游客能于此找到心灵的慰藉,使得整个景观的内涵更加丰富。

(五)白岩石燕

云岩耸立势崔巍,石燕乘风对对飞。舞处不曾萦彩线,翔时犹自著乌衣。
香巢是否营青岫,玉剪频看弄夕晖。只为化工长鼓荡,顽心一触幻灵机。(宋煊)

方药曾传石燕飞,陈编虽载见来稀。试从岩畔窥灵迹,始悟顽中有化机。
岂趁轻风抛玉翦,似嫌零雨湿乌衣。翩翩谁是瑶琼质,好向兰房梦里归。(黄善㵑)

所谓白岩石燕之景,位于当时江北厅东北的白岩山上,此地四季云雾环绕,最具特色的便是有石燕出没于此,极富神秘色彩。

宋诗开篇就对白岩石燕之景做出了总括性的描述,将高耸的山势和成对飞舞的石燕一并呈现在读者眼前,直接交代了白岩石燕的景观构成。"白岩"即白岩山,因"峰峦突兀,白光烛天,常如积雪"(《江北厅志》)而得名。至于"石燕",李时珍曾在《本草纲目》中指出,石燕有二:一种是其书所录的石燕,乃是石类;另一种是钟乳穴中的石燕,乃是禽类。所以黄诗开篇才有"方药曾传石燕飞"一说。"陈编虽载见来稀"一句则跟晋代画家顾恺之在《启蒙记》中提到的零陵郡石燕飞舞之景相关,是古籍中有所记载但却少见的景象。因此初步推断宋、黄二人诗中能"乘风对对飞"的石燕应是李时珍所记的石类药材。

接下来,宋诗颔联写出了在石燕飞舞之处,既没有刘禹锡描绘的"朱雀桥边野草花,乌衣巷口夕阳斜"之景,也没有杜甫笔下的"迟日江山丽,春风花草香"所传出的暖意,不曾萦绕任何彩色的色调,恰恰紧扣住了

---

① 俞陛云:诗境浅说[M].北京:北京出版社,2003:57.

此景所在白岩山"白光烛天"的景象,给人空旷感。但"石燕"在翱翔之时全身又呈现黑色,如同真的燕子一般。两首诗作的颈联都进一步写出了石燕在风中飞舞的可爱情态。这就与《江北厅志》中记载的白岩山上"每北风飒飒,辄有石燕飞翔天半"的景象一致,颇具几分意趣。

黄诗颔联对这般神奇景象进行了观察,终于领悟此中是有"化机"的。"化机"一词是指与常规情态相反而产生的一些奇特变化,而"顽中"应当跟传说中的补天顽石有关。《红楼梦》首回就提到女娲氏炼石补天,剩下一块顽石未用。这类顽石自经煅炼后,灵性已通,也就具有了"化机"。白岩石燕是大自然的奇观,这正应了《江北厅志》中"每北风飒飒,辄有石燕飞翔天半,迄乎风静雨来,悉入地中"的相关记载。

(六)排花瀑布

云岩百尺势高悬,一道流泉破晓烟。银汉落时光泻地,玉龙飞处影横天。
怒涛陡向峰头立,雪练平将树杪连。何用更寻庐阜胜,匡庐指点列当前。(宋煊)

排花山势夹长川,两峡中分一线天。左岸有人书绝壁,右岩不住泻飞泉。
银河直向秋空落,珠箔遥从洞口悬。欲拟胜游何所似,香炉峰下石梁前。(黄善爔)

排花瀑布位于今渝北区御临、复盛、五宝、洛碛、张关五镇交界处,是由排花山与排花洞共同构成的一个地景。据记载,排花瀑布因气势盛大,游观者皆将其拟之庐山瀑布。

宋煊诗起句就写到了排花山之高峻,一个"悬"字点出排花山的险峻。正因有这样的地势,才出现了白如雪花的飞泉落瀑。紧接着,颔联从整体上写瀑布之气势,直奔而下的排花洞泉如同银河般从天而降,随之而来的光亮倾泻到地上,这正与《江北厅志》中所提到的"其泉汹涌喷薄,远近望之,如万花飞舞,一落千丈"如出一辙。而颈联则从细节处描写瀑布所展现出的不同情态:汹涌的波浪会突然往山峰冲去,雪白的水流如同素练与树梢连成一线。造成这般景象的原因实际正是形成此景最重要的要素——瀑布,亦即排花山排花洞中的泉水。据记载,此泉自天池而来,雨来夏时甚大,冬则稍减。由于排花洞泉的季节变化,才为游者展现出了截然不同的排花瀑布之景。

不同于宋诗开头平铺直叙地点题,黄善爔诗则用烘云托月的手法来进行构图。起句写出排花山范围之大,能够一直伴随着流动的长河,一边是悬崖绝壁,一边是高插云霄的山岩,其高深险峻不言而喻。这样的景观本已足够吸引游者驻足观赏,但一句"左岸有人书绝壁,右岩不住泻飞泉"更描绘出了排花瀑布的不同之处。据说此地有一写字岩,"每当太江水涨淹及岩头,舣舟过此,或写大字于石壁间,及水落,仰视写字处,俨然碑镌碧落,令人有掷笔空际之想。"(《江北厅志》)这不禁让人想起宋朝章惇书绝壁的典故,面对着绝壁万仞,苏轼望而却步,章惇却凭借极大的勇气在绝壁上题字。要欣赏排花山旁写字岩的风光亦要有章惇那样的勇气,只有怀着这样的勇气之人才能看见右边山岩上持续飞流而下的泉水;只有满怀勇气和探索的精神,才能见到险峰的无限风光。

(七)文笔摩霄

蟲蟲文峰插半天,纤如脱颖大如椽。逢春更觉花生丽,带雨浑疑翰墨鲜。
腕底有人增藻绩,毫端几度拂云烟。秋闱岁岁呈佳兆,好助缤纷五凤前。(宋煊)

踏遍蜀山万点尖,峻嶒尤逊此山铦。及锋漫拟囊锥削,濡翰还同兔颖纤。

拔地倚天才有数，霏烟结雾妙能兼。艺林济济搞花管，佳兆应符白与淹。(黄善燨)

与"渝北十景"中的其他景点相比，"文笔摩霄"一景似乎带上了更多人文色彩。

宋诗首联指出文笔峰高峻的山峰如同一只巨笔直插云霄，这联描绘文笔峰形态的诗句中，隐藏了两个典故，一是脱颖，一是大笔如椽。"脱颖"一词来自毛遂自荐的故事，"大如椽"则语出《晋书·王珣传》，相传王珣曾梦见有人送他一支如椽子般的大笔，便觉得是有大手笔之事要发生。后由于他才华出众，朝廷发出的哀策等文章都出自他的手笔。因此，后人以"大如椽"来形容文章气势宏大，文笔雄健有力。这两个典故极易使人联想到古人施展自己才干的必经之路——科举，古代考取功名其关键就在于写作能力。再者《江北厅志》中曾有关于"文笔摩霄"的记载，写到文笔山"人士恒以为脱颖之征"。因此，初步推测文笔摩霄一景是跟古时候科举等文化事业相关。

接下来一句表面上依旧是在写文笔峰上的景色。每当春日来临，山上的繁花更加秀美；淅淅沥沥下着的雨让整个文笔峰如刚沾上墨的毛笔一般，似乎有人正在为提笔写作做准备。"藻缋"一词亦指文辞、文采，有人写出了动人的作品，才会有"秋闱岁岁呈佳兆，好助缤纷五凤前"的作结。此处提到的"五凤"是五凤楼的简称，实指清代紫禁城的午门。据说，午门的中门除皇帝以外，只有皇帝大婚时，皇后入宫乘坐的喜轿与通过殿试选拔出的新科状元、榜眼、探花才有资格走一次，是极大的荣誉。因此宋诗中就直接写道，希望乡试年年都有好消息，能够去五凤楼走一遭。这恰好便与起句中的两个典故相照应，再次点出"文笔摩霄"的寓意与科举制是不无关系的。

黄诗颔联同样借用了毛遂锥处囊中的典故，来告诫世人要及锋而试，将才能全面展现出来。当然，要于人才之中脱颖而出，须像李白与江淹一样得到佳兆才行。尾联借李白与江淹的典故，又回到了诗文这类与科举相关的事情上，点出文笔峰是能为仕子们的考试增添福气之地。

由此观之，"文笔摩霄"背后实际上隐藏着一定的人文底蕴，其所主打的"摩霄"二字正象征着文人从科举事业中脱颖而出的情景。

(八)聚莲毓秀

一个峰头几瓣莲，聚来千瓣秀天然。风飘玉蕊房房丽，雨洗高秋朵朵鲜。
绝少污泥沾嶂翠，却添坠粉湿螺烟。自从太华吟归后，不睹奇葩近十年。(宋煊)

一峰特起众峰环，天际芙蓉近可攀。疑有清香通上界，遥分秀色下云间。
亭亭植处山如笈，采采移来石岂顽。不见垂灵夸太华，粉葩终古峙秦关。(黄善燨)

"聚莲毓秀"一景位于今渝北区玉峰山镇北面，它因中峰秀出，周围四山环聚，恰如莲花瓣而得名。宋煊和黄善燨的这两首诗虽说都是在描绘形如莲瓣的聚莲山，却在风格上具有不同的特点。

从格律上看，两首均是七言律诗，声韵和谐，朗朗上口。其中，宋诗押"先"韵，黄诗押"删"韵。宋诗中所用"然""鲜""烟"和黄诗中"攀""顽"等字极易使人联想到一种顽皮而充满天然活力的景象，给人以生动之感，这正是如含苞待放的莲花般的聚莲山之写照。但不同于宋黄二人在《白岩石燕》以及《排花瀑布》等诗中的用韵，黄善燨在《聚莲毓秀》中大胆地用上了属于窄韵之一的"删"韵。欧阳修曾在《六一诗话》中评价过喜用窄韵的韩愈："前史言退之为人木强，若宽韵可自足而辄傍出，窄韵难独用而反不出，岂非其拗强而然与？"可见，窄韵用得不好就极易使诗文变得佶屈聱牙，但黄善燨的用韵却没有让诗文变得晦涩，反而有清新之感,呈现出不同于宋煊诗的另一种面貌,恰巧符合《江北厅志》评价此景所用"分外鲜妍"四字。

从内容上看,两首诗选择的意象较为类似。起句均是写一峰独立,众峰环绕而形成了聚拢之势,正是《江北厅志》中所记载的"亭亭独立,四围群山环若莲瓣"的聚莲山。但宋诗在首联上用语近似白话,用俚俗的话语点出事物的本质,直截了当地点明了"聚莲毓秀"之实质。黄诗也用文雅的笔触写到,聚莲山就像是天际的芙蓉,却近在咫尺可以让人攀登,尽显出山峰的灵秀之气,符合景观中"毓秀"二字。

但无论是通俗还是文雅地描绘聚莲山,宋、黄二人最终都选择以"太华"即西岳华山作结。昔日李白有诗云"西上莲花山,迢迢见明星"(《古风》),从中可见华山的一大特色正是其形似莲花。显而易见,两人是在将华山与聚莲山相比,甚至毫不客气地点出了聚莲山这朵奇花会跟秦地的华山相对而立,直有分庭抗礼之势。因此,宋、黄二人对聚莲山评价之高,可以想见。

(九)香国长春

数遍涂山六六峰,又从香国步仙踪。泉幽韵自溪边出,香过花从林外逢。

一院竹喧鸦趁月,四围风静鹤巢松。随时具有登临趣,掣檀何辞践翠重。(宋煊)

庄严宝刹枕江干,薜荔墙深绕石盘。屋后千章乔木茂,门前百顷水云宽。

衔来燕子春常在,吹到铃花信未残。银榜旧题殊不误,精蓝原作众香看。(黄善燆)

作为"渝北十景"中唯一的庙宇景观,香国寺梵音绕梁,曲径通幽,再加上林木茂密,四时皆春,更添几分清幽之感。宋煊与黄善燆的两首诗正与这种清幽相契合,展现出香国寺最大的特点——四季长春。

宋诗是根据其游踪来描绘"香国长春"一景的。据说,香国寺每日从子夜至辰时,有青云笼罩庙顶,俨如香烟袅袅,颇有一番仙气,因此不乏于此雅集纳凉,吟诗作对的人,这就为诗人前往香国寺提供了理由。然后颔联写出抵达香国寺的所见所闻,展现出了香国寺的清幽场景,正与地景中"长春"二字相合。

紧接着诗人转入寺庙之内。寺内有笑语喧哗,寒鸦也趁着月色出来,是有声响的动景,但四周却是静谧的,唯有鹤筑巢在松树之上。放眼望去,清泉、香烟、竹、松、鹤等一派清幽的景观出现在眼前,令人感到惬意和舒适。如斯环境,正是能够"仰观宇宙之大,俯察品类之盛"的好去处。

黄诗开篇则先点出香国寺的位置,是一座临江的宝刹,而寺庙的大石头上生长着许多薜荔,直有覆墙之势。屈原《离骚》中曾提到"薜荔"一词,后其被用来指代美好与高洁的品格,黄诗此处便为香国寺景观定下了一个清雅美好的基调。

接下来,颔联为游者展现香国寺的美好之处。屋后有千株茂盛而高大的乔木,其一大特性正是枝叶茂盛,四季常青,恰好与长春之景契合,而门前看到的则是一派水云相接之景,更为整个景观增加了诗意。颈联从句法上来看,应是燕子衔来春常在,燕子的到来总是跟春日密切相关,这便再次证明了香国寺的"长春"。由此可见,黄诗中间部分是集中描写"长春"二字,至尾联才又回到香国寺之上,其中"精蓝"为佛寺的代称。"精蓝原作众香看"一句直指香国寺之名称,意为香国寺原本就可以看成多种香气的集合地。这固与香国寺名的来历有关,但也与此处的"薜荔墙深"、"千章乔木"和"铃花"所带来的香气分不开,这才构成了更加丰富和谐的"香国长春"之景。

(十)金沙火井

平沙浅浅水洲中,掘井争传火气融。乙夜光分藜杖绿,丁帘影射晚灯红。

焚兰不藉吹嘘力,煮海应推造化功。乞得余辉燃绛烛,丹铅可许聚书丛。(宋煊)

东巴火井旧无闻，燃石炎山杳不分。谁遣批沙通洞穴，遂教匝地起烟云。

熬波虽未资宏用，爨釜犹能策小勋。漉酒烹茶应较胜，天然离坎配江濆。（黄善燨）

清代福珠朗阿曾为江北城主持修筑八道城门，位于江北城西南北面的金沙门就是其中之一。"金沙火井"一景就位于城门外对岸的沙坝之上。

据《江北厅志》记载，每当秋冬水涸，金沙门外的嘉陵江进入枯水期，河岸边的沙地上便最大限度地呈现出来。当船夫泊船时，只要掘井凿沙二三尺便有暖气上蒸，正是宋诗首联所写之景象。接着，颔联再次对火井进行深入描写。每到夜晚二更时分，火井中的光亮就映得藜茎制成的手杖带上绿光，并且隔着"丁"字形卷帘，还是能够看见火井透出的红光照着夜晚的灯。如此写法正满足了范德玑所提的"承要春容"，让读者在阅读时能拥有洪亮钟声一般的震撼感。

紧接着作者跳出对地景本身的描写，通过"焚兰"和"煮海"侧面描绘，是为转笔。据说，古人常焚烧兰草作为香料，"焚兰不藉吹嘘力"即说制作熏香时，以火井中的火来焚烧是不用费过多气力的，衬托出火井中火势之大。而下句中的"煮海"则语出张羽煮海的典故。传说中有一秀才名叫张羽，他本同龙女相约要结为夫妇，却遭到龙王阻拦，直到他得一宝物，煮沸大海，龙王才同意二人的婚事。此典故再次说明了金沙火井中的火势大，竟可以煮沸海水，随"煮海"而来的还有人生活中必不可少的盐，这才是自然界赐予的最好礼物，即"造化功"。最后尾联开始收束，只希望能得到火井燃烧的一点余光照明，夜晚时便能用朱砂和铅粉来点勘书籍了。这恰为火井的另一用处，与前文所写"焚兰"和"煮海"并行存在，将"金沙火井"的用途全部呈现出来，正是"合要渊永"的包容写法。

黄诗在开篇简要介绍火井的地理位置和全貌后，就转入了地景的实用性之上。欧阳修《运盐》诗云："熬波销海水。""熬波"便是取海水熬盐，可惜由于当时巴蜀之地盐井的数量不在少数，再者清代的盐业主要是官营，因此金沙门外的居民想要以火井来"熬波"谋生具有一定难度，但用来烧火做饭还是绰绰有余的，所以才有"爨釜犹能策小勋"一说。作者于此另辟蹊径以金沙火井的用途切入，转而将火井的实用性揭示出来，这是"渝北十景"中其余景点都不具有的特征。

二、从渝北十景诗看景观今昔变化背后的文化思考

（一）"渝北十景"现状概述

"渝北十景"的选定，距今已有上百年的时间。时至今日，只有少数景观还为人了解，大多数景观都遭遇了被遗忘的尴尬，甚至还出现了部分景观消失不见的情形。

其中，以至今还为人知晓的桶井峡猿与华蓥雪霁两个地景为主打的景观资源业有所改变。此外，余下景观也面临不被人重视的情况。一类如花岩叠翠、排花瀑布等以当地自然资源为主的景观，它们本身具备的优势已经消失。另一类则以文笔摩霄、明月衔江为典型代表，虽然具有代表性的景观——文笔峰和明月峡仍保存于当地，却无人问津。如今的"渝北十景"已难以与相关诗作中描绘的景象联系在一起，诗中营造的意境和传递的文化内涵也在景观变化之中逐渐消失。但想要探讨"渝北十景"今昔变化背后的原因，还是应当从渝北十景诗入手。

(二)"渝北十景"今昔变化背后的文化解读

1.意境追求的淡化

"渝北十景"中不乏具有空灵之美的景点,它们往往能形成一种独特的意境,而这种意境通常经由围绕景观创作的同名诗作展现出来,从而与景观相互辉映。所谓意境,唐代诗人王昌龄在《诗格》一书中认为诗有三境,分别是物境、情境和意境。其中"亦张之于意而思之于心,则得其真矣"是对意境的解释,此种提法在后世逐渐发展成为王国维在《人间词话》中总结的"境界说",强调情感的比附。在古人的笔下,自然界的山川风物几乎都经历过这种阶段,当意境与景物两相结合,即带来情景之交融、情意之相通,从而令人动容。一旦游者忽略了对意境的欣赏,难免会批评景观单调乏味。

近年来由于经济和城市的现代化发展,利益最大化成了更多人的追求和期待。人们对意境的追求和欣赏也因为功利心而逐渐淡化,因此如华蓥雪霁、明月衔江一类需要投入情感去欣赏的具有意境的景观便逐渐无人关注。

2.文化传承的忽视

"渝北十景"之中,存在一类具有人文气息的景观,但由于这类景观跟当代社会的发展已关联不大,便鲜有人提及。

从《文笔摩霄》诗作分析看来,该地景确与当时的科举文化相关。文笔峰其实与文峰塔极为相似。在封建社会,"科举制是人才纵向流动的一条主要渠道。离开这条渠道,下层人士很难实现阶层跃迁。"[1]再加上当时人们对风水的看重,兴文运、昌科举的文峰塔应运而生。根据《民国巴县志》等资料显示,明清时期重庆地区参加科举的人数虽不及江南一带,但比起前代,已有了很大的突破。文笔峰能为仕子们的考试带来好运,或许这便是文笔摩霄一景能在道光年间受到欢迎并且进入"渝北十景"的一大原因。

纵观宋黄《金沙火井》二诗,无一例外都将火井的用途作了重点写作对象。它反映的是当地的民风民俗,是对清代在金沙门一带的居民社会生活的记载。人们过着"焚兰""煮海""漉酒烹茶"的简单生活,从而形成了淳朴的民风,传递出一种自由自在的精神状态。这种精神状态甚至超过了火井本身的价值,增加了此地景的文化内涵。

可惜的是由于科举制度早已被废除,文笔摩霄一景作为科举制度传承载体的意义便已消失了一半,而传递着淳朴自由精神的金沙火井也因为缺少对自然淳朴文化的传承而消失不见。

3.生态观念的缺失

除具有意境以及文化内涵的景观外,渝北十景中的大多数景观还是以自然资源为主。这些景观所具有的优势使其饱含生气。与之相对应的组诗因反映了当地的生态环境与人类社会的发展,在今天看来实属于生态文学的一支,从对它们的文本分析中就能看到生态观念的存在。

无论是《桶井峡猿》诗中集山光物态、峡谷风光和猿猴于一体的复合景观,还是《花岩叠翠》《白岩石燕》中由多个自然意象组合而成的生态圈,无一不是具有蓬勃生机的景象。这些诗作在当时看来就是典型的山水诗,但由于景观的今昔变化,诗作的性质也逐渐发生转变,开始反映出人与自然的关系。曾列入"巴渝十二景"中的"桶井峡猿",生态环境曾遭到破坏。据说桶井峡中的猿猴因盗食庄稼而被人驱赶,以至最后消失不见。此情此景再与诗中所写的青猿长啸进行对照,便能看到当下生态文化的缺失。因此以当代的眼光来看,与这类景观相关的诗作实际上反映出当下存在的生态问题。正是由于对生态文化的忽视,才会导致"渝北十景"中的许多自然景观消失不见。

---

[1]高友谦:中国风水文化[M].北京:团结出版社,2004:224.

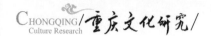

三、渝北十景诗的文学价值及对地景发展的影响

过去提到八景诗，人们普遍会认为是一些附庸风雅、随意唱和的跟风之作，这实是对八景诗的一种误解。大多数八景诗乃出自地方官员或当地秀才之手，属于文人诗的范畴，这些作品本身就具有一定的文学价值，除了有助于解读相应景观今昔变化背后的文化现象，还能为景观指明未来的发展方向。渝北十景诗作为八景诗的一支正是如此，它既有对山水诗传统的传承，又注重运用典故来传达思想，形成了一种固定的创作模式，是文学史上出现的现象级作品，具有独特价值。

(一)对山水诗传统的传承

我国山水诗的发展可谓是历史悠久。虽然于元明之际，山水诗创作曾遭遇低谷，但清朝以来地方八景的选定，带来了数量庞大且带有山水诗色彩的八景诗，其中便包括渝北十景诗。

山水诗的创作，不单要将自然山水作为主要的写作和审美对象，还要能达到"诗中有画"的境界。苏轼对王维诗画的评价"味摩诘之诗，诗中有画；观摩诘之画，画中有诗"(《东坡题跋·书摩诘〈蓝田烟雨图〉》)实则准确地概括了包含王维在内的一大批山水诗人的创作特点，他们用自然界中的意象让诗作呈现出画意，渝北十景诗正是继承了山水诗创作的这一特点。其中花岩叠翠一景，宋煊同名诗中的前四句便描绘了阳光下与雨后一红一绿的苔藓，构成具有丰富色彩的画境。至于聚莲毓秀，宋煊与黄善燨则选用了相似的意象进行布局，首先绘出了众峰环绕如莲花的整体格局，再通过比兴展现出聚莲山在烟雾围绕下繁花盛开的情景，使画意勃兴。再者《香国长春》中江边宝刹、屋后乔木、门前流水、天际云彩、燕子铃花，共同构成了一幅四季长春的图画。正如张潮在《幽梦影》中所说，"文章是案头之山水，山水是地上之文章"，这些诗均形成了"诗中有画"的境界，从而提升了诗作的格调，增加了其文学价值。

(二)对用典艺术的精妙掌握

渝北十景诗除了具有诗中有画的特征之外，还运用了大量的典故来进行创作。

渝北十景诗中的第一类用典通常是单纯借典故代替常用字词来表情达意。譬如宋煊《花岩叠翠》中所用"天孙"一词既将织女的来历点明，又紧扣住下句"锦绣难描造化功"，用典雅的语言写出花岩山上的层叠绿意，巧夺天工，令人艳羡。《金沙火井》诗中由于介绍的是与生活息息相关的地景，本易流于白话，但诗中的"焚兰"与"煮海"两处用典不但使诗作对仗工整，石崇婢女制作熏香与张羽煮海的典故用于此处也让诗作的文学性得以增强。清人袁枚说："用典如水中着盐，但知盐味，不见盐质。"以上典故大都与对应景观的特色紧密相连，不仅成为突出景点特色的具体实例，更为重要的是这些典故在文雅委婉的词句里不露痕迹地展现出景观之特色，同时加强了诗作的生动性和典雅性。

对典故深层含义的引用是渝北十景诗中用典的第二种类型。它在紧扣景观特点的同时，引起读者联想，从而赋予景观更多的情致。最能体现这一特征的要数宋煊于《华蓥雪霁》诗中提到的王恭披氅、孟浩然踏雪寻梅以及黄善燨诗中写到的王徽之雪夜访戴逵这三个典故，看似是扣住景观中"雪霁"二字而存在，但其背后却不约而同地流露出了他们面对雪景时的旷达情怀。这种情怀使华蓥雪霁一景不再局限于景观本身的风光，而成为作者情感的载体，正如钟嵘在《诗品序》中所写："气之动物，物之感人，故摇荡性情，形诸舞咏。"大雪初晴的美景已与超然物外的感情交织在一起，为景观增添了风调，恰好与诗中描绘的华蓥山"高寒好风调"和"清芬"的气质相符合。另外，宋煊在《桶井峡猿》诗中所用"桃源"典故，《排花瀑布》诗中提到的书绝壁之典均属于此类，主要着眼于典故背后的意味和情思的化用。

对用典艺术的精妙掌握不仅使渝北十景诗于文辞上更为文雅，还借由典故背后的精神和情意将"诗以言志"的传统发挥得淋漓尽致,使诗作达到文辞纤丽与意蕴丰富的和谐统一。

(三)诗作文学价值对地景发展的影响

渝北十景诗由于继承了山水诗"诗中有画"的传统和掌握了用典艺术的特点,使其不同于那些无病呻吟的作品,它们集写实与理想于一身,具有独特的价值。毕竟"又虽如何虚构之境,其材料必求之于自然,而其构造亦必从自然之法律"[①],渝北十景诗中的文学价值反而为其未来的发展指出了明路。

第一,根据渝北十景诗"诗中有画"的特点,对应到各个地景,便可以效仿诗作中的画境对地景进行整改和复建。譬如犹存于玉峰山镇北面的聚莲毓秀一景,可从对"风飘玉蕊房房丽""却添坠粉湿螺烟"的分析入手,栽种诗中提到具有"玉蕊""坠粉"景象的植物,重现景点繁花盛开的毓秀之景,呈现出画意。

第二,对于具有人文价值的景观,可以将诗中典故与自然资源相结合,形成新的卖点。如桶井峡猿,可结合诗中所用桃花源之典故,仿照武陵仙境将桶井峡进行打造,营造出"芳草鲜美,落英缤纷"的安宁氛围,为游者带来精神上的享受与休憩,增加景观的价值。至于文笔摩霄一景,虽然科举制今已不存,但当今有深受人们重视的高考,可以使该地景成为高考学子寄托成功愿望的景点,"好助缤纷五凤前",增加其现实意义,这也有利于该景观未来的发展。

总之,渝北十景诗通过对山水诗诗中有画特点的继承以及对用典艺术的精妙掌握,形成了较为固定的创作模式。诗中前六句多借由意象的组合来对相应地景特色进行描绘,为读者呈现出画境,后两句则多挖掘典故的深层含义,赋予景观更为丰富的内涵。此二者的结合让渝北十景诗的文学价值有所提升,我们也可借助诗中所留下的自然与人文资源,对相应景观进行复建和加以丰富,增强"渝北十景"的可观赏性。这不仅能对渝北区贯彻"美丽山水"的城市规划政策起到促进作用,还能促进当地旅游业的发展,从而让"渝北十景"成为未来可以代表重庆特色的景观之一。

参考文献:

[1]福珠朗阿.江北厅志[M].宋煊,编辑.道光二十四年刻本.

[2]彭伯通.重庆题咏录[M].重庆:重庆出版社,1997.

[3]薛新力,蒲健夫.巴蜀近代诗词选[M].重庆:重庆出版社,2003.

[4]章创生,范时勇,何洋.重庆掌故[M].重庆:重庆出版社,2013.

[5]俞陛云.诗境浅说[M].北京:北京出版社,2003.

[6]王国维.校注人间词话[M].徐调孚,校注.新1版.北京:中华书局,2003.

[7]欧阳修,司马光.六一诗话 温公续诗话[M].北京:中华书局,2014.

[8]张潮.幽梦影[M].尤君若注.北京:中华书局,2014.

[9]高友谦.中国风水文化[M].北京:团结出版社,2004.

[10]戴林利.明清时期重庆"八景"分布及其文化研究[D].重庆:西南大学,2009.

[11]姚幸福.河北地域八景诗研究[D].石家庄:河北大学,2013.

[12]张廷银.西北方志中的八景诗述论[J].宁夏社会科学,2005(5):146-150.

[13]陈明松.中国风景园林与山水文化论[J].中国园林,2009(3):29-32.

[14]邓颖贤,刘业."八景"文化起源与发展研究[J].广东园林,2012(2):11-19.

---

①王国维:校注人间词话[M].徐调孚,校注.新1版.北京:中华书局,2003:2.

木洞情歌歌词特色探析

戚万凯

(重庆市巴南区文联,重庆巴南区,401320)

木洞山歌是巴南特色文化"五朵金花"之一,由上古时代"巴渝歌舞",经战国时代"下里巴人"、汉代"巴子讴歌"、唐代"竹枝",直至明清演化形成。在木洞山歌的发展过程中,涌现出喻良华、潘中民、秦萩玥等一批优秀山歌手,产生了《乡音》等一大批新木洞山歌。木洞山歌在第15届世界民族电影节获最佳原创音乐奖。在木洞镇,山歌剧场周周演,中央电视台曾两次到木洞河街录制《幸福账单》,并录制大型电视片《记住乡愁》第五季《木洞——铁作脊梁宜自强》,木洞山歌登上央视《小崔说事》《星光大道》等栏目,亮相美国纽约等城市。"我在重庆学非遗"活动吸引了俄罗斯等8国23名年轻人前来拜师学唱木洞山歌,将中华优秀传统文化推向世界。2019年,木洞镇获评2018—2020年度"中国民间文化艺术之乡"。

如今,木洞山歌通过参加各级展演比赛,甚至登上央视舞台展示,形成了较大影响,涌现出一批优秀代表作,如民间小调《木洞榨菜》、盘歌《什么红来红满天》等,为广大听众所喜爱。

木洞山歌品种丰富,包括由竹枝词演化过来的啰儿调,被称为薅秧歌的禾籁,叙说咏唱男女恋情的情歌,用对唱形式演唱的盘歌,在劳动过程中统一节奏、协调动作、鼓舞情绪的劳动号子,在民间礼仪和祭典仪式中演唱的风俗歌和各种小调等。本文专就木洞山歌中的情歌作一探析。

木洞山歌中的情歌(以下简称"木洞情歌")有哪些?其艺术特色如何?创作新木洞情歌应该注意什么问题?

俗话说:男大当婚,女大当嫁。婚姻乃人生大事,爱情是文艺作品的永恒主题,是深藏于民间最古老、最恒久的题材。表现男女爱情的情歌,是人们诉说情爱、表达向往走进婚姻殿堂的特有方式,是人们集体加工锤炼的艺术珍品,也是人们爱情生活的原生写照。情歌丰富多彩,千姿百态,叙述男女互相爱慕之情有之,记载情人之间幽期密约有之,表白爱情忠贞誓言有之,歌咏离愁别恨有之,无不情真意切,无不是发自心灵深处。古往今来,吟咏爱情的歌曲不少,电影《刘三姐》《阿诗玛》《柳堡的故事》中的插曲和《康定情歌》等民间情歌,更是情歌经典。

木洞情歌歌词,同其旋律一样,丰富多彩、生动活泼、妙趣横生,给人以美的艺术享受。

一、木洞情歌的主要内容

纵观木洞情歌,从内容上看,大体可分五类:

(一)迫切想恋类

所谓想恋，即想谈恋爱、希望恋爱。二八少女，十八青年，情窦初开，自然希望追求异性，受到异性的青睐。木洞情歌中，这方面的歌谣数量不多，较为珍贵。如《想郎盼郎》之五这样唱道："年年有个三月三，螃蟹嫁女起串串。唯有幺女命才苦，不知情郎在哪山。"重庆有"三月三，螃蟹嫁女"的农谚。农历三月初三，螃蟹嫁女，这天晚上螃蟹都会出来，不用到石头缝里去翻，直接在河边都可捡到。作品由螃蟹嫁女联想到自己孤单一人，不由得发出了"命才苦"这样的感叹。是啊，春天是万物复苏的季节，连螃蟹都一串串嫁女了，已到谈婚论嫁年龄的"幺女"看在眼里，急在心里，但"不知情郎在哪山"，盼望情哥的心情自然很迫切。

未婚大龄青年最怕的就是别人谈论自己的婚姻大事，哪壶不开提哪壶。在《清早起来》之四中，则有此种心情的反映："清早起来把头梳，斑鸠后园叫咕咕。成双成对你不叫，专叫奴家无丈夫。"本来，"斑鸠后园叫咕咕"是鸟儿的天性，与人的婚姻大事毫无关联。但在未婚大龄青年耳中，似乎鸟儿也在嘲笑自己。可见，没有心上人，是未婚大龄青年的一块心病。消除这块心病，心上人才是良药。

然而，未婚大龄青年也不是饥不择食，见人就爱，择偶也有自己的条件与标准。《山歌不唱不开怀》："山歌不唱不开怀，磨儿不推不转来，酒不劝人人不醉，花不逢春不乱开。"这首情歌，含蓄地表明了未婚大龄青年对爱情的态度："花不逢春不乱开。"如果没有遇到知音、心上人，如果对方没有达到自己的条件，不是自己欣赏的对象，是不会轻易恋爱的。

择偶的条件，有的要求的是美貌，有的要求的是才能。比如《园中瓜菜情》之七："青菜薹来油菜薹，小娇卖菜上街来。菜薹虽嫩我不爱，就爱妹子黔黑脸。"就是喜欢对方的美貌。虽然在一般人的心目中，美貌的少女应该白净柔美，但在这位青年人看来，"妹子黔黑脸"才是最美的，因为这是劳动者的颜色。爱"黔黑脸"妹子，就是爱劳动者，爱心灵美，真可谓"情人眼里出西施"。在《情妹卖酒》之一中，则是另外一种爱："情妹坐在庙垭口，又卖豆花又卖酒。豆花就是下酒菜，情妹就是招牌酒。"情妹开酒店，说明妹子的聪明能干，情哥爱上的是她的才华。其实，从"情妹就是招牌酒"一句来看，情妹长相应该也不俗，否则，就不会用"招牌"二字了。这本身就说明情妹浑身散发着魅力，像酒一样散发出无穷迷人的香味，吸引了路人，当然也吸引了情哥哥。

关于择偶的条件，笔者在歌词中没有发现明显选择对方的家庭、社会地位、经济等条件，说明民间百姓的爱情是纯朴的，从某方面看，基本上也是门当户对的。当然，也有某些歌词含蓄地表现出男女双方条件是有差别的，否则，爹妈咋不同意，儿女要偷偷摸摸约会呢？如《山歌唱情》之五："山歌出在心里头，情妹坐在绣花楼。心想给她搭个白，楼高人矮心发愁。"很明显，情妹家庭好、地位高（楼高），而楼下的情哥条件差、地位低（人矮），才会无可奈何"心发愁"。

情哥情妹均有意，却还要请媒人来牵线搭桥。旧式婚姻都是"父母之命、媒妁之言"的包办婚姻。在封建礼教的束缚下，青年男女根本没有婚姻自由，更不可能自由恋爱。《东山情哥西山妹》就是反映的这一现象："东山情哥西山妹，只怪媒人不动嘴。快来对我说，我俩生来是一对，妹有情哥郎有妹。"爱情之火熊熊燃烧，"只怪""快来"等字眼充分表现了"我"的急迫心情，"我俩生来是一对"说明郎才女貌、你情我愿，十分满意。

其实，"我俩生来是一对"不仅是郎才女貌，还包括其他条件，比如对人品的要求等。《山歌唱情》之八中唱道："你在唱来我在想，情哥想妹妹想郎。哥想娶个好贤妻，妹想嫁个如意郎。"你看，对女人的要求就是"好贤妻"，对男人的要求就是"如意郎"，这是双方的择偶标准和愿望。虽然"如意郎"较为空泛，但给人想象的空间更大，包括人才、人品等。在此基础上，才能进入相恋阶段。

(二)红豆相思类

相思,指男女相悦而无法接近所引起的想念。进入热恋中的恋人,彼此思慕,日夜盼望相见,相见不成,则害疾病。什么病? 相思病。出现烦恼、郁闷,以至憔悴、瘦损等现象。相思病是一种甜蜜的病,它令恋人茶不思、饭不想、觉不安稳、神不守舍。《山歌唱情》之三唱道:"山歌出在心窝窝,情妹爱的情郎哥。一日不见心发慌,三天不见泪成河。"真是一日不见,如隔三秋。热恋中的青年男女,总是渴望时时在一起,他们有说不完的悄悄话,听不够的欢笑声,看不够的好形象。因此,时间对他们来说,一起欢乐则时短,分离相思则时长,正如歌词写的那样。三天不见就泪成河,可见相思多么苦。

相思、想念,是内心的愿望,但会通过情景表现出来。相思的表现形式很多,除了上面所说的"泪成河",还有其他种种表现。如《太阳落坡》之一:"太阳落坡坡背黄,情妹出门收衣裳。衣裳搭在手腕上,踮起脚脚望情郎。"作品为我们描绘了一幅生动形象的"黄昏收衣盼郎图",其中有时间:黄昏太阳落山时;地点:山坡西面一农家;人物:怀春的少女情妹;动作:手腕搭衣踮脚望情郎。一个"搭"字,显示出情妹的闲适、随意,而一个"踮"字和一个"望"字,则将情妹盼望郎君出现在视野的心情淋漓尽致地表现了出来。歌词富有极强的动感,那形象、那场景,历历在目。作者没有点明郎君是否出现,给我们留下了想象的空间。

绣花楼即绣楼,是中国古代女子专门做女红的地方,是一个劳动场所、休闲场所,还是一个学习技能的场所或者艺术创作的场所。绣花或者绣荷包,那是属于女人一生的生活。少女们深藏闺中,不与外人见面。女孩子在绣花楼中玉手纤纤,穿针引线,在闺中等待人生一场戏的开演。在木洞情歌中,就有以绣楼为地点的两首情歌。一是《山歌唱情》之五:"山歌出在心里头,情妹坐在绣花楼。心想给她搭个白,楼高人矮心发愁"。二是《想郎送郎》之七:"郎在外面喊卖针,妹在绣楼走了神。花针扎手手流血,要你情郎陪小心。"两首的共同点在于:故事都发生在绣花楼,都是思念惹的祸。不同点在于:前一首主角是男,后一首主角是女;前一首是人在楼外、楼下,后一首是人在楼里、楼上;前一首是安静的,后一首是热闹的;前一首是忧愁的,后一首是欢快的;前一首是朴实的,后一首是机智的。用"针"来贯穿全文,"卖针"与"花针","外面喊"与"针扎手","手流血"与"陪小心",不但对称,而且紧密联系,"要你情郎陪小心",还机智地借此机会接触好不容易见到的情郎。可见,这是一个聪明伶俐的女孩子,这也是一首非常优秀的情歌。

(三)甜蜜约会类

约会,是人类求偶活动中的一环,通过相处交谈而了解对方,找出配合度,同时培养并巩固爱情。整个木洞情歌中,约会内容占了一半以上篇幅,是木洞情歌的重头戏。

约会是情人们最浪漫的时刻,都要把自己最美的地方展示给对方,其中打扮是必不可少的环节。《清早起来》之二:"清早起来把床下,象牙梳儿手中拿。小娇梳头要分岔,莫学老娘一把抓。脸上不白用粉打,眉毛不弯用墨画。明天赶场去玩耍,走路扯起米筛花。手上拿根落魂帕,要把情哥三魄拿。"这首情歌就表现了约会前细致打扮的这一准备过程,其中"小娇梳头要分岔……脸上不白用粉打,眉毛不弯用墨画",就是对形象的精心装扮。另一首《远看小娇》之五也唱道:"远看小娇身穿黄,手提花伞去赶场。雪白花粉脸上擦,只为去找少年郎"。这两首约会地点都是"赶场"。这位小娇比上一位更细致,除了"雪白花粉脸上擦"之外,还在衣裳(身穿黄)、饰物(手提花伞)方面下了功夫,很动了一番心思。这样搭配起来,岂不是更漂亮? 如此精心梳妆打扮,究竟为哪桩? 答案很简单:"女为悦己者容"。

男女约会,总要讲究方式吧? 从木洞情歌来看,约会方式主要有四种;一是丢信物作暗号,只有恋人才明白其中之意。如《太阳落土》之一:"太阳落土落过河,丢块花帕在屋角。情哥捡到莫声张,今夜有话对你说。"这种方式静悄悄,有从事地下工作对接头暗号的感觉;二是唱山歌,虽然声音大,但只有恋人才听得懂弦外之音。如《太阳出山》之十:"太阳出来暖和和,郎唱山歌应过河。情妹听到歌声响,丢了针线把草割。"一个"丢"字运用得妙,那真是召之即来,像士兵听到冲锋号一样快速反应,可见情妹早已是望眼欲穿、按捺不住了。 三是吹唿唿。如《清早起来》之十二:"清早起来上山岗,扯匹叶子吹唿唿。情妹听到唿唿响,假装出门晒衣裳。"这种情况就不是快速反应了,而是从容不迫,以正常的行动(出门晒衣裳)掩盖内心的极度紧张和兴奋,这是"假装"二字告诉我们的。四是吹哨子,这真是发号令了。如《想郎送郎》之五:"郎吹哨子应过沟,十八女儿灶背后。女儿听到哨子响,锅铲刷把一起丢。娘问女儿发啥气?'湿柴不燃烟子秋。女儿不愿做饭菜,情愿上山去放牛。'"这是一首非常生动幽默有趣的情歌。"锅铲刷把一起丢",将女儿听到哨子响之后想与心上人见面的迫切心情表现得淋漓尽致。女儿对娘的回答,也充满了智慧,机智地掩饰了去约会的秘密。

约会,是要看时间和地点的。现代青年男女谈恋爱最常见的地方,是公园、湖边、舞厅、电影院、餐厅、游乐场等。而在过去,特别是在农村,却不可能是这样。那么,木洞情歌中提到的约会地点,又有哪些呢? 归纳起来,木洞情歌中提到的约会地点大致可分为四处:一是河边,二是山坡,三是庄稼地,四是其他地方。

小河弯弯,流水潺潺,柔情似水,风情万千。在河边约会的情歌,可分为三种情形。一是在河边洗衣服。如《清早起来》之十三:"清早起来去挖土,情妹下河洗衣服。一块石头丢下水,打湿小娇花衣服。"水中丢石头,算是情郎打招呼了。可以想象,情妹不但不怪"打湿小娇花衣服",反而愈加喜欢情郎。另一首《青菜叶子半截黄》:"青菜叶子半截黄,奴家下河洗衣裳。双脚跪在石头上,溅水打湿奴胸膛。郎在高山望一望,妹在河下洗衣裳。捡块石子丢下河,邀约情妹上山岗。"这首是上一首的异文,或者说是扩充版,一样情妹河边洗衣,一样情郎水中丢石,作为约会暗号。这两首说的是白天洗衣,符合常理。有没有晚上洗衣服的呢? 有。如:《太阳落土》之十七:"太阳落土又落湾,情妹洗衣下河滩。天黑洗衣是假事,要与情哥会一面。"为何天黑洗衣服? 情妹毫不掩饰心思,坦诚告之:"天黑洗衣是假事,要与情哥会一面。"原来,洗衣是假,约会是真。二是在河边磨刀。磨啥刀? 割草刀。从前农村喂养猪牛,都需要上坡割青草来喂,不像现在喂猪饲料种类很多,有蛋白质饲料、能量饲料、粗饲料、青绿饲料、矿物质饲料等等。如《清早起来》之十六:"清早起来去割草,假装河边去磨刀。手在磨刀眼在瞟,专等情妹打猪草。"其中"手在磨刀眼在瞟"非常准确传神,这也是磨刀是假,约会是真。三是在河边坐着。河边是谈情说爱的好地方,电影《柳堡的故事》插曲《九九艳阳天》歌词唱道:"九九那个艳阳天来哟,十八岁的哥哥呀坐在河边。"这是情哥坐河边,下面两首木洞情歌则是情妹坐河边。《小小河边》之一:"小小河边一石凳,情妹坐着出了神。问你情妹想啥子? 等郎来摆龙门阵。"还有《情妹当门》之二:"情妹当门一条河,美人就在河边坐。打鱼小伙乘船来,丢下渔网唱情歌。"这两首,都是女等男,只不过结果不一样,一个仍在等待,一个有了结果。其中"丢下渔网唱情歌",说明了美人的魅力和小伙的痴情。

山坡宽阔,草木葱郁。约会在山坡的情歌,也分为三种情形。一是打柴。旧时农家做饭烧火,用的基本上是打来的柴,或捞黄叶,或砍枯树。如《太阳落土》之十五:"太阳落土又落坡,背上背个篾箩箩。一来不是打猪草,二来不是来坝窝。假装捞柴等情哥。扯把叶叶来垫坐,坐倒坐倒等情哥。"这是捞柴。当然,捞柴也是借口,是借打柴之机出门"坐倒坐倒等情哥"。捞柴一般为女性所为,砍柴是力气活,多是男人所为。如《山歌唱情》之四:"山歌出在心窝窝,深山自有砍柴哥。情妹坐在三岔路,不见情哥不回窝。"那一句"深山自有砍柴哥",犹如"白云深处有人家",只知情哥在深山砍柴,却不知在何处,无法寻找。聪明的情妹,便"坐在三岔路",无论情哥从哪条路回来,都会经过这儿。最后一句,表明了情妹"不见黄河心不死"的决心。二是放牛。在旧时农村,犁田耕种全靠水牛犁田,因此,空闲时放放牛,让牛儿到山坡吃吃青草,补充能量,就是重要农事。如《清早起来》之十四:"清早起来把牛放,牛儿拴在山坡上。假装树下晒太阳,专等情妹来望郎。"哦,原来如此,放牛也是假的,是来约会情妹的。三是放羊。山区农村放羊,可增加经济收入。如《太阳出山》之十五:"太阳出山又出岩,朵朵白云飘过来。不是白云从天降,定是情妹放羊来。"这首情歌带有诗意的意境,"朵朵白云飘过来",是真的白云,还是如白云一般的羊群? 在情哥心中,"定是情妹放羊来"。

庄稼地植物茂盛,生机勃勃,给人以希望与活力。约会在庄稼地的情歌,分为三种情形。一是在秧田里劳作,在劳动中顿生爱意。如《大田薅秧》之二:"大田薅秧行对行,两个秧鸡在歇凉。秧鸡盯倒秧鸡路,小娇盯倒少年郎。"一个"盯"字,将小娇目不转睛的痴迷勾勒得栩栩如生,如在眼前。再如《大田薅秧》之五:"大田薅秧起水花,情妹落了花帕帕。若要花帕还给你,要与情哥说句话。"看来,花帕帕并非不小心掉的,而是有意为之,情哥趁此机会接触情妹把话拉。二是在高粱地劳动,为相互接触创造机会。如《高粱秆秆》之一:"高粱秆,叶叶长,高粱地里好歇凉。对门小娇若有意,过来一起细商量。"《高粱秆秆》之二:"高粱秆,节节甜,背个背篼拿把镰。妹打猪草过来打,同到一起好交谈。"当然,第二首的"高粱秆,节节甜"可能并非是实指高粱地,是比兴用法,但不妨看作是高粱地。三是菜地。菜地,是劳动的地方,也是出人意料的约会处。如《清早起来》之八:"清早出门去讨菜,露水渐渐打湿鞋。一步走进菜园地,白脸书生跳出来。"好一个"一步",一个"跳",将情妹的无意与情哥迫不及待的心情活化了出来。而且,白脸书生不怕"露水",早已潜伏在此,可见其心之诚、其情之真,也说明情哥经过观察,早已摸清了情妹的规律:早上必定要来菜园的。《园中瓜菜情》之四:"胡豆花开角对角,情哥唱歌情妹合。唱得牛郎上天去,唱得织女过银河。"这首可看作上一首的姊妹篇。二人唱歌,一唱一和,情真意切。唱的效果呢? 用千古流传的美丽爱情故事、中国四大民间爱情传说之一的牛郎织女作比,真是再好不过了。牛郎织女鹊桥相会,情哥情妹菜地幽会,异曲同工。

约会地点,除上述地方外,还有三种:一是树下。如《高高山尖尖山》之六:"高高山上一树槐,奴家树下来做鞋。锔一针来望一眼,等郎赶场回家来。"做鞋等情郎,没什么。关键是"锔一针来望一眼",把情妹望眼欲穿、度日如年的情形表现得生动形象。二是半山坡。如《高高山尖尖山》之八:"尖尖山,密密林,半山腰上一口井。小娇假装喝凉水,才是专等挑水人。"与上一首相同,都是情妹等情郎,只不过上一首是在树下,这一首是在井边;上一首是锔针,这一首是喝水;上一首是等赶场人,这一首是等挑水人。三是屋门前。如《情妹当门》之六:"情妹当门一树椒,过来过去把手招。手上锔了花椒刺,挨挨擦擦要妹挑。"这一首情歌构思很巧妙,用农村常见的花椒树作道具,至于"手上锔了花椒刺",是无意被刺还是有意刺之,都是一个谜。但目的只有一个,就是"挨挨擦擦要妹挑",用此办法来接近情妹。这既是旧时代的无奈之举,也显示出情哥的聪明才智。

"相见时难别亦难,东风无力百花残。"真是"欢乐恨时短,寂寞嫌时长"。分离送别,是最令情人们伤离别的时刻。在木洞情歌中,送别的不多,主要有这样几首。《想郎送郎》之十六:"送郎送到地坝边,手掌竹竿望青天。只望青天下大雨,留住郎君多耍天。"该首情歌的妙处,在于情妹的心思通过她的动作(手掌竹竿望青天)、她的心理(只望青天下大雨)表现了出来,答案就在末句(留住郎君多耍天)。希望老天下雨,人留不住客,就让老天爷留客吧。《想郎送郎》之十七:"送郎送到石桥头,眼泪汪汪望水流。郎君莫做河中水,流去东海不回头。"此首情歌送别地点选得好,有人物情态(眼泪汪汪望水流),有情妹愿望(郎君莫做河中水,流去东海不回头)。作者并没有说希望情哥莫做负心人,而是巧妙地借流水比喻。情哥听了情妹的表白,一定会挂念心上,再回首的。《想郎送郎》之十八:"送郎送到五里坡,再送十里不算多。一送送到三岔路,情妹忙把手绢摸。"一句"再送十里不算多",将情妹不舍的心情表达得十分充分。最妙的是"情妹忙把手绢摸",诗中不着一个"泪"字,却分明泪水盈盈,出现在读者眼前的是情妹泪花流的伤心模样。另有一首《送郎送到桥当头》:"送郎送到桥当头,手扶栏杆望水流。水流长江归大海,郎去何时才回头。"与《想郎送郎》之十七有异曲同工妙,只不过情人间关系不一,上一首说明二者关系不牢,信任度不够,希望情哥不做陈世美,这一首恰恰相反,只是希望情哥早点回来。

(四)真切关爱类

当青年男女恋人相互爱慕,初步确立恋爱关系时,常互相关心、互相帮助、互相爱护,在真心相爱中体现真情、陶醉柔情、深化爱情。真切关爱,也就成为情歌的重要内容之一。那么,关爱表现在哪些方面呢?大致有五个方面。

一是在劳动中关爱。劳动者是最美的,不但美在行动,也美在心灵。对于情人来说,劳动,更是相互接触、加深感情的机会。如《太阳出山》之十一:"太阳出来辣焦焦,情妹后院晒辣椒。眼看情妹汗扒流,你来歇气我来薅。"情哥心疼情妹,"你来歇气我来薅",就将情哥的心疼与爱意表露无遗。《太阳出山》之十三:"太阳出来像把火,晒得情妹蔫妥妥。草帽摘给情妹戴,我愿太阳来晒我。"这一首与上一首有异曲同工之妙,一顶草帽,遮住的是太阳,留下的是凉爽,传递的是真情。如果说这是恋人间真情的流露,写法简洁流畅,一目了然,那么,《默倒情哥怄了气》则是有人物、有情节、有悬念的情歌:"五月里来麦子黄,情哥约我去赶场。今天我又不得空,割了麦子要栽秧。情哥听了不开腔,捞脚卷袖扎衣裳。默倒情哥怄了气,哪知他是来帮忙。"一句"情哥听了不开腔"用得好,只写情哥的行动,故意使人产生误解,末一句才点出情哥的态度:"哪知他是来帮忙。"情哥善解人意、热心助人的形象跃然纸上。

二是在生活中关爱。有一首《苦乐年华》的歌曲唱道:"生活是一团麻,那也是麻绳拧成的花。"对于恋人来说,生活不是麻,而是一杯甜酒,那是美好心灵散发的芬芳。表现在生活中的关爱,大致有五方面。一是帮忙洗衣。如《太阳落土》之十一:"太阳落土又落西,情哥回屋过河溪。跳磴路上不好走,一跤摔了打湿衣。情妹河边把郎叫,快快脱下妹来洗。"那一句"一跤摔了打湿衣",说明情哥又痛又冷,而一句"快快脱下妹来洗",则让情哥又喜又暖。二是为郎脱衣。如《天上落雨》之七:"天上落雨地下稀,打湿情郎白衬衣。心想脱件给郎穿,男人不穿女人衣。"想办好事办不成,可以想象情妹当时是多么的心疼和无奈。三是为郎送药。如《太阳落土》之十:"太阳落土又落西,碰到情哥在病的。莫是伤风伤了背,莫是害了苦相思。妹有药方交给你,病好托媒把婚提。"情哥生病,什么病?伤风和相思病,情妹都有药方治。末句"病好托媒把婚提",直截了当地提出要求,可见情妹已迫不及待,急于结下百年之好。四是送别相赠。如《送郎送到箱子边》:"送郎送到箱子边,奴打开箱子取出衫,情哥你拿去穿。送郎送到钱柜边,奴打开箱子取洋钱,你拿去做盘缠。"当情哥要离开,情妹又是送衣衫又是送洋钱,生怕情哥冷着、饿着,情妹的好心肠,一定会让情哥感动得涕泪横流。五是别后担忧。如《情哥一去十八年》:"连八句,句八连,情哥一去十八年。衣服烂了哪个补,裤儿烂了无人连。"过去不比现在,交通不便、信息不灵,出门十八年了,毫无音信。情哥或已移情别恋,或已客死他乡,但天各一方的情妹,相信情哥不是负心人,依然守候在老地方,日夜思念,为他衣裤烂了没人补而深深地担忧。上述几首情歌,主角均为情妹,说明在日常生活中,女人比男人细心、多情,更懂得关心对方,符合生活的真实情况。

三是在精神上关爱。在劳动中、生活中关爱固然重要,但更重要的是在精神上相互鼓励并提醒,做一对人品才艺均相互满意的伴侣。当然,由于受时代和作者的限制,这方面内容的情歌凤毛麟角,如《太阳落土》之二十五:"太阳落土落得快,情妹出门望郎来。情哥赶场早回屋,莫在外面打花牌。"花牌又称柳氏花牌,清嘉庆年间始于湖北公安黄金口,为柳氏独创。情妹盼望赶场的情哥早点回来,不为别的,是提醒情哥"莫在外面打花牌",莫去赌博输钱。因为自古以来,赌博不是发财路。相反,输得倾家荡产、妻离子散的并不少见。劝其莫打牌,也是为今后组建幸福美满的家庭着想。

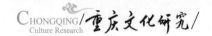

（五）失意失恋类

古语云：一阴一阳之谓道。世间万物就是如此，有阴，就有阳；有欢乐，就有忧愁；有相聚，就有分离；有相恋，就有失意、失恋。原因多样，不一而足。失意、失恋，在青年男女恋爱中经常发生，不如意就黯然神伤，甚至伤伤心心大哭一场。木洞情歌不回避这一现象，反映现实，写进情歌。大致有三种情况。有因对方不理睬而心寒的。如《清早起来》之十一："清早起来把坡上，情妹窗前望情郎。小郎只顾埋头过，奴家心头冰凉凉。"有看不见情郎而哭泣的，如《小小河边》之二："小小河边一块碑，情妹碑前在流泪。问你小娇哭啥子？太阳落土郎不归。"《太阳落坡》之三："太阳落坡坡背黄，郎望情妹妹望郎。望来望去无人影，伤伤心心哭一场。"有对方无意自己而号啕痛哭的。如《太阳落土》之二："太阳落土落过河，有心栽花花不活。妹有情来哥无意，哪怕泪水流成河。"从这几首情歌来看，主角也大多是情妹。看来，古往今来，容易受伤的大都是女人，女人是水做的。虽然泪水换不来情郎的回心转意，但宣泄自己的情感，无疑比强制压抑好得多，无论对于身心健康，还是对于忘记过去轻装上阵，都有积极作用。

二、木洞情歌歌词的特点

由于木洞情歌是从民间传唱的"竹枝"（又称"竹枝曲""竹枝歌""竹歌"）演变发展而来的，所以，木洞情歌歌词就如同民间竹枝词一样，特点鲜明：

（一）从句式结构来看，多数是七言四句

如《园中瓜菜情》之三："胡豆花开角对角，情哥情妹各坐各。想叫情哥挨到坐，别人又爱说啰唆。"之所以多数系四句，是因为四句符合古代诗文惯用的行文方法（起承转合），能完整表达一个内容和情感，而且短小精悍，易记易唱，这对于文化程度不高的百姓来说，是最适合不过的。从书中来看，男女恋情类的歌词，只有《默倒情哥怄了气》等3首是独立的，其余26组都是系列歌，最少的两首，如《黄荆棍儿》；最多的25首，如《太阳落土》。首与首之间没有必然联系，每一首都单独成文。编者之所以将它们归入一类，作为一个系列，如《太阳落土》，大抵是因为首句都是"太阳落土"起，有的是"太阳落土落过河"，有的是"太阳落土落过沟"，有的是"太阳落土又落岩"，有的是"太阳落土又落坡"，有的是"太阳落土又落西"，有的是"太阳落土又落湾"，有的是"太阳落土落过山"，有的是"太阳落土山背阴"，有的是"太阳落土落得快"，有的是"太阳落土去一天"。总之，起句的前面四字相同，后面三字不同，所以归入那一类。除《太阳落土》25首外，还有《太阳出山》16首、《太阳当顶》15首、《太阳落坡》5首等。

整个书中，笔者发现只有一组情歌歌词内容是完整相连的，即《白头到老紧紧拴》，计8组32句，在传统民歌中是少见的。从内容的完整性来看，应该算一首。我省略序号，抄录在此："东方太阳露笑脸，薄雾轻纱罩山川。哥哥妹妹采桑去，邀邀约约上了山。　　哥走前头妹追赶，踩着脚印往上攀。过沟沟，爬坎坎，汗珠湿透妹衣衫。　　妹妹心头莫犯难，哥哥给你小手绢。顺手拉你上坎坎，背起背篼进桑园。　　好桑园，大又宽，你我二人亲手开。哥哥挖土砌堡坎，妹栽桑苗长成材。　　叶儿大，叶儿圆，嫩绿厚实活鲜鲜。背篼装得满又满，背回家去好养蚕。　　蚕姑娘，嘴儿馋，点头张嘴吃得欢。身子长得白又胖，翻了一眠二眠三眠又四眠。　　口吐丝，织白蚕，轻丝悠悠软绵绵。纺成丝，织成锻，给妹缝件绸衫衫。　　你我恩和爱，就好像春蚕，到死才把丝吐尽，白头到老紧紧拴。"

（二）从歌词内容来看，是青年男女相识、相知到相恋的过程

其中相恋、约会是重中之重，占全部情歌的三分之二。从情歌本身的内涵来看，恋爱应该是狭义的恋

爱,是"恋爱、婚姻、家庭"中的恋爱,即青年男女谈情说爱的过程,不包括婚后生活。但从个别情歌歌词来看,不属于狭义的恋爱,而是小夫妻生活。如《太阳当顶》之十三:"太阳当顶又当朝,娇妻抱柴把火烧。再过三刻郎回屋,饭煮熟来菜弄好。"无论是从"娇妻"字眼来看,还是从家庭日常生活来看,都是夫妻而非恋爱之人。再如《太阳落土》之二十三:"太阳落土去一天,洞房花烛去一年。待到正月初三日,同回娘家把母看。"歌谣明白无误地告诉读者:时间是婚后一年,事情是回娘家看母亲。因此,也非恋爱中的青年男女。

(三)从歌词语言来看,直陈其事、直抒胸臆,浅显通俗,俚语本色

尽管时代不同,内容各异,形式多样,但民间情歌有一个共同特点,就是用发自内心的真挚语言,大胆歌颂爱情的纯洁、美好和坚贞,同时生动地展示当时劳动人民丰富多彩的生活层面。这和文人爱情诗词的缠绵悱恻、刻意雕饰大不相同,是直陈其事,直抒胸臆,浅显通俗,俚语本色。直陈其事,如《小小河沟》之一:"小小河沟一拱桥,情妹抱倒柳树摇。问你情妹摇啥子?郎不回家好心焦。"直抒胸臆,如《这山那山》之十:"这山没得那山平,那山有个小美人。心想叫你过来耍,怕你爹妈不放行。"浅显通俗,如《情妹当门》之五:"情妹当门一树槐,情哥天天搬干柴。我搬干柴是假意,把你情妹逗出来。"俚语本色,如"默倒情哥怄了气""左手拿的压发梳""眼看情妹汗扒流""肚儿饿得捞垮松""脚跟脚儿好说话""装水黄桶爆了箍"等。

(四)从歌词风格来看,具有浓郁的乡土气息

青年男女相爱的地点都是农村,如"太阳出岩又出山""娇在门前望河边""太阳当了顶,阴凉树下等""情哥收工过院墙"等。而且描写的都是农村生活,如"清早起来把水担(把磨推、把火烧、把坡上、去挖土、把牛放、去割草)"、"清早出门打猪草(去栽秧、把牛驾、去砍柴)","小娇出门扯把葱"、"盆盆打水喂鸡鹅"、"大田薅秧起水花"等,散发出浓烈的泥土芬芳,农村生活气息十分浓厚,将读者和听众带入纯朴美丽的乡野风光中。

(五)歌词的衬词十分丰富,令人眼花缭乱

衬词是在民歌歌词中,除直接表现歌曲思想内容的正词外,为完整表现歌曲而穿插的一些由语气词、形声词、谐音词或称谓构成的衬托性词语。衬词大都与正词没有直接关联,不在正词的基本句式之内,甚至很多还是无意可解的词语,但一经和正词配曲歌唱,成为一首完整的歌曲时,就表现出鲜明的情感,成为整个歌曲不可分割的有机组成部分。木洞情歌中,除单个语气助词"哟""哦""嘛""罗(啰)""也""呃""那""噢"外,还有多字甚至长句衬词。如二个字:"嘞嗬""嘿嗬""提篼""七哥""罗是""哟是""哟噢""金车""银车""阴火""阳火"。三个字:"提篼篼""那里格""那的个""那也也""么哦么""车了车""奴小脚""弯弯拐""拐弯弯""哥呀哥"。四个字:"干妹妹儿"。五个字:"衣呀呀衣哟""哟喂哟嗬喂""咧柳连柳哇""青杠叶儿开""盯倒不转眼""大模大样甩""咚咚弄咚咚""莫对他们说"。六个字:"嗨呀衣嘿左嘞""哟哟嗬洋嗬嘞""这边弯弯来哟"。七个字:"哟嗬哟嗬划两脚""哟嗬哟嗬嗨呀左""你呀我呀妹娃子""小娇小妹小情哥"。七个字以上:"转来转去嘛没得着""阴火阳火阴阳嘛二火""也洋嗬洋嗬柳连带梭嘞""也喂儿也左也喂儿也左""车车郎郎车车郎郎壮儿喽喂""哟嗬哟嗬哟嗬嘿鄙灯儿那哟嗬哟嗬嗬喂"等。从上述衬词可以看出,这些衬词中,大多数是虚词,是语气助词,但也有具有实际意义的词,如"盯倒不转眼""你呀我呀妹娃子""莫对他们说"等。这些衬词并非完全固定不变,而是经常随演唱需要进行随意的组合搭配或增减,大大增强了歌词的丰富性和多样性。

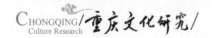

三、木洞情歌歌词的创作手法

(一)赋、比、兴手法

赋、比、兴是诗经的三种主要表现手法,是中国古代对于诗歌表现方法的归纳。木洞情歌歌词,许多采用了赋、比、兴的方法。赋,就是铺陈直叙。这种例子上面很多,不再列举。比,就是比喻,打比方。如《想郎送郎》之二:"郎是天上一条龙,妹是地上花一蓬。龙不抬头不下雨,雨不浇花花不红。"通过哥是龙妹是花的比喻,用雨水作为红线,将二人关系和作用形象地表现了出来。兴,就是托物起兴,先言他物,然后借以联想,引出诗人所要表达的事物、思想、感情。这种方法在木洞情歌中,占了绝大部分。如:《天上落雨》之一:"天上落雨地下炮,干田起水养鱼虾。鱼儿不离清泉水,情妹不离小冤家。"前面三句鱼和水的关系,其实都是为了引出最后一个关系"情妹不离小冤家"。《天上起云》之六:"天上起了坨坨云,遮住太阳地下阴。庄稼盼的及时雨,情妹盼的好郎君。"这一首也是如此,只不过作者用的是一个"盼"字来贯穿。《高高山尖尖山》之四:"高高山上种高粱,高粱叶儿长又长。好吃不过高粱酒,好耍不过少年郎。"通过前面二句的铺垫,第三句"好吃不过高粱酒",自然引出"好耍不过少年郎",非常自然、恰当。

(二)对称手法

对称,是一种表现力较强的修辞手法。它是由两个或几个语法结构完全相同的句子组成,形式整齐,语气贯通,音韵和谐,节奏铿锵。用于说理,理直气壮;用于抒情,情深意长;用于写人叙事,令人感到深刻、细致。如《只需眨眼皱眉毛》:"坡上砍柴要用刀,下水船儿要用艄。田里禾苗要用镰,土地深翻要用镐。情歌情妹要幽会,只需眨眼皱眉毛。"通过前面四个对称的"要用"工具,反衬出幽会不需要像干活那样需要工具,"只需眨眼皱眉毛"的轻松容易。《天上起云》之三:"天上起云云重云,情哥情妹人挨人。眼望眼来脸对脸,手拉手来情连情。"连用四个对称句,很有气势,也有细节、富有动感。《想郎送郎》之四:"郎是高山树一根,妹是青藤河边生。哪年哪月陪伴我,藤缠树来树缠藤。"高山树一根,青藤河边生,用对称手法写出距离遥远相恋的不易。最有趣的一首,当属诙谐幽默的《五更调》:"一更里一炷香,情哥哥进了奴绣房。娘问女儿啥子东西响?啥子东西嗯?哎呀我的妈,哎呀我的娘,没有哪要响,没有哪样嗯,风吹门扣响叮当。 五更里五炷香,情哥哥出了奴绣房。娘问女儿啥子东西响?啥子东西嗯?哎呀我的妈,哎呀我的娘,没有哪样响,没有哪样嗯,隔壁老板赶早场。"这首情歌写的是半夜男女幽会开门关门发出声响被母亲听见,但被女儿巧妙瞒过的故事。作者采用对称手法,将场景、人物、语言表达得十分清楚,将女儿的机智灵巧绘声绘色地表现了出来。一个"嗯"字,音韵响亮,琅琅上口,表现出浓郁的巴渝气息。而且,这首歌词形式上为长短句相结合,且为两段式,与现代歌词创作句式一致,在木洞情歌中是少见的。

(三)描写手法

描写,就是用生动形象的语言,把人物或景物的状态具体地描绘出来。这是文学写作常用的表达方法。描写可分为人物描写、环境描写、细节描写等。木洞情歌中的环境描写,如《高高山尖尖山》之七:"高高山,弯弯路,奴家上山去栽竹。再隔三年长成林,竹竿花轿抬小奴。"这首情歌中的"高高山,弯弯路",应该不是木洞情歌中常用的比兴手法,而是对场景的描写,因为它是正文的有机组成部分。有了前面的描写,"奴家上山去栽竹"就顺理成章。人物描写,有人物细节描写,如《大田薅秧》之七:"大田薅秧水又浑,薅得情哥花了心。稗子缠倒脚杆上,紧箍紧箍脚难伸。"大田男女薅秧,一薅薅出感情,情哥花了心,精神不集中,"稗子缠倒脚杆上,紧箍紧箍脚难伸",就是一个很好的证明。一个"缠"字,既使情哥的状态如现眼前,又暗喻情哥被情妹深深吸引,情妹将情哥"缠"住了。此外,还有人物心理描写,如《高高山尖尖山》之二:"高高山,矮矮河,眼望对岸小情哥。有心脱鞋过河去,又怕水深湿裤脚。"《太阳落坡》之四:"太阳落坡坡背黄,老虎下山咬猪羊。要咬猪羊咬个去,莫咬奴家少年郎。"这两首情歌,均写人物心理,同时,还有其他深意。"又怕水深湿裤脚",既可理解为实写,又可理解为某种人为的原因影响了情妹过河,影响了恋人之间的继续交往。后面一首,更是直接表达了情妹对情哥的关爱:宁舍猪牛羊,不舍少年郎。在心爱的人这无价宝面前,一切都微不足道,都是可以舍弃的。

(四)其他手法

一是幽默戏谑。乡里人喜欢开玩笑,这是乡民们纯朴善良、生性乐观的表现。同时,在那个物质严重匮乏的年代,情歌从精神方面起到对人宽慰的作用,所谓"穷作乐",即是说此。木洞情歌中有一首《麻柳树来麻柳叶》:"麻柳树来麻柳叶,麻子说个麻堂客。你不嫌我麻,我不嫌你麻,两个麻子嘴对嘴。"麻柳叶,麻堂客,一个"麻"字,字同意不同,说明劳动人民是聪明机智的,在人与植物之间找到了有趣的共同点,形成了笑料。有趣的是,"麻子说个麻堂客",二麻在一起,同病相怜,算是门当户对、惺惺相惜吧。他们互相不嫌弃,还"嘴对嘴"相亲相爱,颇具画面感和幽默感。

二是双关语。如《绣荷包》:"哥在坡前坡后坡左坡右打野猫,妹在房前房后房左房右绣荷包。青线蓝线月蓝丝线妹家有,挑挑捡捡挑挑捡捡配得巧。"一句"配得巧",既是对各种颜色丝线的巧妙搭配,也是暗喻打野猫的哥和绣荷包的妹配得巧,一语双关。

三是讲述故事。如《想郎送郎》之六:"郎唱山歌应过沟,十八女儿下绣楼。女儿听到山歌响,丢下花帕懒得绣。娘问女儿哪里走?'绣花针儿断了头。女儿上街买针线,天黑回家莫担忧。'"这首与前面介绍的《想郎送郎》之五"郎吹哨子应过沟,十八女儿灶背后。女儿听到哨子响,锅铲刷把一起丢。娘问女儿发啥气?'湿柴不燃烟子秋。女儿不愿做饭菜,情愿上山去放牛'"有异曲同工之妙,都有场景、有声音、有人物、有动作、有情节、有对话,同样展现了少男女们以各种方式追求自己的爱情和幸福生活的精神状态。

四、木洞情歌歌词的局限

木洞情歌是优秀的民族民间文化遗产,但并不是说木洞情歌就完美无缺,没有瑕疵。由于诸多原因,它还存在一些局限,主要表现在以下五方面:

(一)时代局限

由于木洞情歌产生年代早,基本上在封建社会,因此,歌词内容带有强烈的旧时代烙印。从内容来看,有的早已化为风烟、成为历史。正因如此,这些情歌难以引起现代青年男女的共鸣,与他们似乎隔着一座山、一条河,有长长的一段距离和障碍。如反映"父母之命、媒妁之言"的《东山情哥西山妹》:"东山情哥西山妹,只怪媒人不动嘴。快来对我说,我俩生来是一对,妹有情哥郎有妹。"情人相爱需要媒人牵线搭桥,对于现在自由恋爱的年轻人来说,已十分遥远和陌生,恐怕只有在影视剧中才能看见这样的场景,需要去慢慢体会。再看《秧鸡打架争秋水》:"大田薅秧行对行,两个秧鸡在歇凉。秧鸡打架争秋水,姊妹打架争牙床。"牙床是古时候对床的称呼,指有象牙雕刻装饰的床,也泛指制作精美的床,现在一些戏曲里也称床为牙床。但对于青年人来说,"牙床"一说十分陌生,弄不好还要产生误解,认为"牙床"属于口腔医学领域,指的是牙龈呢。还有"闺房""绣花楼"等,也与现代青年人的生活相去甚远。就拿普通的洗衣来说,木洞情歌也刻下了深深的时代印记。如《太阳出山》之三:"太阳出来照高墙,照见情妹洗衣裳。清水洗来米汤浆,打扮情哥去赶场。"对于"清水洗来米汤浆",现在的青年人恐怕谁也不知是咋回事了。原来,旧时农家妇女有用米汤浆

衣服、被子的习俗，认为用米汤浆的衣服颜色鲜艳，穿着笔挺好看；用米汤浆过的被子、床单保暖（不漏气）、硬挺，睡觉舒服。其实，用米汤浆过的被子和床单并不柔软，睡觉也不怎么保暖和舒服。米汤浆洗衣物的习俗，早已成为历史。木洞情歌中，大量使用了第一人称"奴"字。"奴"，指旧社会受压迫、剥削、役使而没有人身自由的人，如农奴、奴隶。歌词中女子对自己的谦称"奴家"，明显带有旧时代的痕迹。虽然"奴"字在现代社会中并没有销声匿迹，其意义已大不相同，如房奴、车奴等，是指为了支付贷款等而不得不拼命工作的人。称自己为"奴"或"奴家"的，现代社会恐怕再也不会出现了。

（二）地理局限

纵观木洞情歌内容，都吟唱的是农村生活，展现的是农村民俗风情画卷。青年男女在家里，不是烧火做饭就是梳头绣花；在野外，不是薅秧就是割草；在山上，不是砍柴就是放牛；在河边，不是洗衣就是洗澡；地里不是藤藤就是胡豆……这些，农民可能还比较熟悉，城市里长大的青年人，就生疏了。随着现代城市化进程的加快，越来越多的青年农民进城务工经商，他们对农村的认知已经发生了天翻地覆的变化。即使留在农村的青年人，他们的生活也焕然一新，旧时代的习俗有的已经绝迹，有的也成为稀罕之物。就拿薅秧歌来说，由于农民进城务工，农村粮食种植大面积减少，加上传统耕种方法向现代化生产方式转变，薅秧——这一农耕时代的水稻耕作方式在农村已经基本消失，相应的薅秧歌、薅秧情歌，自然就失去了它存在的基础和条件。到哪座山上唱哪个歌，没那个秧田或没那个薅秧，薅秧歌自然就成了无源之水、无本之木，很难回荡在山乡田野了。

（三）方言局限

方言，是一种语言中跟标准语有区别的、只在一个地区使用的话。由于木洞情歌是农村人自己创作吟唱的歌，受地域环境、人文因素的影响，其中自然夹杂了许多四川（重庆）方言，当地大人小孩个个会说，人人能懂。如"清早起来把楼下，阴思倒阳脚杆炮。心想伴郎多睡会，又怕得罪二爸妈。"其中的"阴思倒阳"意思是精神萎靡不振，浑身酸软无力，"脚杆炮"，也指脚软无劲。这些语言，外地人多是不明白的，丈二和尚摸不着头脑。而且许多方言字，电脑字库里根本没有，打字也打不出来，只有自己造字。再如"年幼做事不得力，哪有情哥好力扎"，其中"力扎"二字，也是土话，是力气大的意思，外地人听了恐怕也是云里雾里的。"大田薅秧水又浅，情哥薅秧在偷懒。等到天黑收活路，一针锔你惊叫唤。"其中有三个方言：一是"收活路"，就是收工、下班；二是"锔"，就是用针刺；三是"惊叫唤"，就是惊叫、尖叫。此外，还有"搭白（接话）"、"堂客（媳妇）"、"默倒（以为）"等。笔者认为，将方言写进歌词，是把双刃剑：一方面使当地人或熟悉了解这种方言的人倍感亲切自然，显示出方言独特的幽默诙谐的语言魅力，如有名的四川方言、重庆言子，如果将地方方言换成规范的书面语言，就没有了泥土的味道，失去了特有的魅力；但另一方面，由于理解方面的原因，凡是将方言写进文艺作品且占的比重较大，文艺作品的传播力、影响度就要打上大大的折扣。

（四）思想局限

情歌既然是文艺作品，就要讲究思想性、艺术性和欣赏性的统一。由于农民没有受过多少教育，文化程度不高，思想境界自然也会受到影响，反映到作品来中来，自然就有一些思想局限，包括夹杂有一些不健康甚至消极颓废的思想。如《凉风绕绕天要晴》："凉风绕绕天要晴，老鸦叫唤要死人。要死人死别一个，莫死奴家亲男人"。表面上看是妻子对丈夫的关心爱护，希望丈夫平安健康长寿，但后两句却透露出对其他人的冷漠，对他人生命的不尊重，思想情感有问题。《太阳落土》之二十："太阳落土山背阴，罗汉伸手摸观音。神仙都有风流事，哪有凡人不花心。"还有《太阳落土》之二十一："太阳落土山背阴，尼姑下山进庙门。和尚开门来接倒，阿弥陀佛我的人。"这两首都是写寺庙中和尚尼姑的风流韵事，格调不高，属低级趣味，应该说是对佛教文化的大不敬。或许，当时生活中确有其人其事，但将此作为题材写进情歌来唱，则极不严肃不慎重。再看《新打船儿》之二："新打船儿十八舱，半船萝卜半船姜。萝卜没得姜辣口，家花没得野花香。家花不香年年在，野花香来不久长。"这首歌词宣扬的是"家花没得野花香"，是对爱人的不忠，是对爱情的背叛。虽然末句"野花香来不久长"尚有感叹加规劝的意思，对作品的不良思想有一点挽回，但总体上格调是不健康的，不宜传唱。

(五)水平局限

木洞情歌是劳动人民口头创作、即兴演唱的，不是文人墨客精心创作出来的，因此，不可避免地存在歌词不完整、不明白、太短小、空泛化等问题，这是很正常的。如《远看小娇打把伞》："远看小娇打把伞，连路走来连路喊。问你小娇喊啥子？蜂子蜇了我的脸。"歌到这里戛然而止，没了下文。我们猜测，在这种情形下，情哥绝不会袖手旁观，会赶紧为小娇驱赶蜂子。但是，歌词中却没有反映这一情况，有点遗憾。笔者不揣冒昧，试着续上一段："小娇莫慌莫要喊，我跑拢来把蜂赶。给你脸上抹药水，给你擦泪又擦汗。"再看《小娇笑郎舍得磨》："太阳落土落西河，金盆打水喂鸡鹅。鸡鹅不吃金盆水，小娇笑郎舍得磨。"末句中的"舍得磨"不知是何意？笔者愚笨，联系上下文，也猜不出原意。《初一早起去看郎》歌谱中的歌词，我也没看明白，有的仿佛古文重现，没有标点符号，我怕理解有误，不敢断句，现照录如下："初一早起是去看我的郎哎情郎哥啥哥哥呀我郎就得病哎嗅哎哟牙床上哎我的哥哥。"篇幅太短，也不明白，不知说的啥。是说初一去看情哥，因为情哥生了病，还是说初一因为去看了情哥，情哥就害了相思病倒在床上？有一首《情妹担水扁担长》，我也照歌谱上的词全文录下："情妹担水嘛（金锁），扁担长嘛（银锁），金锁银锁锁连锁，锁喂锁，锁到了长江是一条河嘛啰儿啰啰，啰儿啰啰。"如果去掉衬词，整首歌似乎只有一句歌词"情妹担水扁担长"，如果将衬词中的"锁到了长江是一条河"作为歌词，似乎也不对，前言不搭后语，毫无关联，不知要表达什么内容和主题。

五、创作新木洞情歌要注意的问题

木洞情歌原汁原味，是一个时代爱情观念和爱情生活的缩影。为克服上述时代、地理、方言、思想等局限，使木洞情歌为当代青年人喜爱并传唱，就要认真研究，去粗取精，扬长避短，推陈出新。

近年来，笔者在大家鼓励和支持下，先后借用木洞山歌原歌名，创作了新木洞山歌《凉风绕绕天要晴》《幸福生活蜜蜜甜》，谱曲后飞进千家万户，先后在市以上文艺展演中获奖。为探讨方便，现将两首歌词录下：

《凉风绕绕天要晴》："凉风绕绕天要晴，幺妹清早出了门。出门去找哪一个？去找哥哥学弹琴。　　柳树下面学弹琴，哆来咪发弹不成。太阳落到西山沟，幺妹学得汗淋淋。　　不是幺妹不聪明，是她故意乱弹琴。哥哥脾气好得很，幺妹一下笑出声。　　凉风绕绕天要晴，哥哥幺妹在弹琴，琴声悠悠弹不停。"

《幸福生活蜜蜜甜》："太阳出来红满天，哥哥打工在天边，妹妹划着小船儿，接起哥哥回家园。　　哥哥妹妹开果园，蜜蜂围着花儿转。摘朵花儿妹妹戴，妹妹比花还好看。　　树上果子千千万，只有一个最喜欢。哥哥吃得笑眯眯，甜在妹妹心里面。　　果子甜，果子酸，亲个嘴儿蜜蜜甜。　　太阳出来红满天，照得果园金灿灿。哥哥妹妹把手牵，幸福生活蜜蜜甜。"

下面主要以这两首歌词为例，谈一谈创作体会。

(一)主题要积极健康

创作新编木洞情歌,要坚持思想性、艺术性、欣赏性的原则,歌词主题要符合社会主义核心价值观的要求,积极健康向上,脱离低级趣味。新编《幸福生活蜜蜜甜》,其主题就是讴歌新农村建设中进城务工青年返乡创业开果园之事,符合时代的要求和青年人的实际。《凉风绕绕天要晴》,也是反映青年人追求健康生活方式的主题,拜师学艺弹琴,展现了新时代青年男女追求美好生活的实际行动。

(二)内容要与时俱进

以前,木洞情歌反映的基本上是农耕时代青年男女的生活,创作新的木洞情歌,由于旧的生活环境、旧的生活方式,都已随着时代的发展而改变,除非主题需要,歌词最好少出现农村具体的物化东西,如捞柴割草、放牛放羊等。在新《幸福生活蜜蜜甜》中注意了这一点,没有出现挑粪施肥、修枝打桠、挑担采果等劳动程序。需要注意的是,创作时既要与时俱进,也要防止口号式的宣传,否则,作品生命力不长久。有一首《送郎送到楠竹林》:"送郎送到楠竹林,大家加油干,实现现代化。"这是我从木洞山歌歌谱中录下来的歌词,不知所云。"送郎送到楠竹林",是说送郎去劳动吗?他认真劳动,又怎么会是"大家加油干"呢?"实现现代化"更是空洞的政治语言,标签似的贴上去的。这种歌词,是会倒群众的胃口,败坏情歌的声誉的。

(三)创作手法要具有艺术性

木洞情歌是劳动人民在劳动和生活中吟唱的歌曲,一般都是直抒胸臆,质朴自然,情真意切,直接表达自己的追求和愿望,这些都是值得肯定的。新编木洞山歌,应该继承比、赋、兴等传统创作手法,并将其发扬光大,如《幸福生活蜜蜜甜》中的"哥哥妹妹开果园,蜜蜂围着花儿转。摘朵花儿妹妹戴,妹妹比花还好看","树上果子千千万,只有一个最喜欢。哥哥吃得笑眯眯,甜在妹妹心里面",就用了双关语、比喻、描写等手法。《凉风绕绕天要晴》,巧妙地设置了"妹妹学弹琴"的情节,用故意乱弹琴来考验哥哥是否有好脾气,就使歌词显得十分有趣,生活气息浓郁,刻画了机智聪慧的幺妹和憨厚老实的哥哥形象。用"弹琴"来喻意"谈情",在学弹琴中谈情说爱,十分巧妙。另外,标题与正文内容要吻合,尽量做到无缝衔接,要成为内容的有机组成部分。

(四)篇幅要适当增加

木洞情歌同所有民间情歌一样,篇幅都比较短,一般只有四句。新编木洞山歌也可以创作四句情歌,但若要适合于舞台表演,内容就要适当增加,可采用段落式,由4句到8句、12句甚至更多。既要说清道明、一听就懂,又要含而不露,耐人寻味,给人留下想象的余地。当然,歌词要围绕一个主题进行演绎。创作时,可以借用原有的歌名,如《幸福生活蜜蜜甜》《凉风绕绕天要晴》,以及原歌词的起兴句,如《太阳出来照高楼》《太阳落坡坡背黄》等。不过,如果能够创新包括歌名在内的全部歌词则更好,以示与原歌分开,不然容易混淆。

(五)衬词要适可而止

歌词中的衬词一般是作曲者根据歌曲表达的需要加入的,用什么衬词,用多少衬词,没有规定,全据内容需要而定。笔者认为,木洞情歌中有的衬词太多,太长,淹没了歌词,听不清歌词唱的啥,给人留下深刻印象的不是歌词,而是衬词。试举一例:《小娇笑郎舍得磨》:"太阳落土(嘛)(青杠叶儿开),落西河(也个)(小娇咧),金盆(嘛)打水(嘛)(莫对他们说)喂鸡鹅(也)(哥呀哥) 鸡鹅不吃(嘛)(青杠叶儿开)金盆水(也个)(小娇咧),小娇(那个)笑郎(嘛)(莫对他们说)舍得磨(也)(哥呀哥)。"由于"太阳落土落西河"一句被

"嘛""青杠叶儿开"岔开,"金盆打水喂鸡鹅"一句前后被"嘛""嘛""莫对他们说""也""哥呀哥"等众多衬词岔开,而且"莫对他们说"这一衬词不像一般的语气衬词,有它的意义,因此,听众会产生歧义,简直不知道唱的内容究竟是什么,回荡在耳边的主要是"青杠叶儿开""莫对他们说""小娇咧""哥呀哥"等衬词。《送郎送到楠竹林》也是如此:"送郎送到(嘛)(喜大),楠(罗)竹林(弄,桥桥,喜大,桥桥,一公围公,围公二三),大家加油干,实现现代化(哟喂)。"当然,只有衬词也完全能成为一首歌曲,如德国作曲家老锣创作、中国歌唱家龚琳娜演唱的歌曲《忐忑》十分独特而别致,歌者根据演唱时的心境尽情发挥,传递出一种可以激活人心灵的生命力。歌曲《忐忑》节奏急促,曲调诡异,音符忽上忽下跳跃,歌者演唱大开大合。不过,这首歌和此种唱法是歌曲的个案,不具普遍性。一般的歌曲,情歌也好,民歌也罢,甚至经典红歌,衬词毕竟是衬词,是陪衬主体歌词的词。因此,在创作中,要摆正衬词的位置,不宜喧宾夺主。

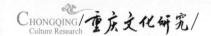

金碧流香乃心香

姜孝德

(重庆市江北区文化馆,重庆江北区,400021)

金碧流香乃巴渝十二景之首,究其原因,可能还不完全是它靠近当时的重庆城,更重要的是,此景最能体现王尔鉴对巴渝十二景选择的审美追求。

金碧,指金碧山的金碧亭。金碧山在哪里? 金碧亭又在哪里? 评书艺人说:"在今市中区人民公园,后祠坡反背,肖家凉亭侧边,山体长满青苔,山面瀑布直泻,阳光反射,山面瀑布漫滚,远看似无数珠宝从山上直倾而下,金碧辉煌,所以曰'金碧山'。"王尔鉴(1703—1766)在《巴渝十二景小记》中说:"巴山之顶名金碧山,即县学后山之祖峰也。府署左岩上有金碧台,明郡守张希召于台上建金碧山堂。俯瞰江城,饮虹览翠,每轻飔徐过,馥馥然袭袂香流,寻之并无花木。岂心清闻妙香耶?乾隆二十四年郡守书敏即台址建亭,颜曰金碧。"金碧山就是渝中区人民公园这一片,金碧流香的核心景点就在金碧亭,大致就在现在望龙门小学所在地。

今天,我们站在渝中区人民公园里,很难相信这里就是巴渝十二景之首的"金碧流香"所在地金碧山。在王尔鉴的时代,重庆城几乎就是指下半城,所以他们会说金碧山是重庆城内最高峰。金碧山脚下是重庆府署,左边(东端)是川东道署,右边是巴县县署,如此弹丸之地,竟集中了当时的道、府、县三级政权,真可谓是名副其实的政治中心。有人说从道门口到储奇门一带,政府的办事机构、府库等一个挨着一个。其实这里也是人文荟萃的地方,打开《重庆府治全图》,往昔一目了然:金碧山东北边岩上是金碧台,后来建了金碧亭,再往前有长安寺、罗汉寺;下边有县学(文庙)、望龙门、禹王庙;西南边有观音堂、文昌宫、东华观,若仔细再搜还能找到不少。许多历史人物都曾经在这里写下了浓墨重彩的一笔。明末,明玉珍领兵抗元,后在重庆建立大夏国。大夏国的皇宫在何处? 应该就在后来的二府衙。也许二府衙就是当年的大夏皇宫,又或许二府衙是在当年大夏国王宫的基础上重建的。辛亥革命时期,二府衙曾是蜀军政府财政部所在地。后来,中共重庆地委在二府衙成立。

时光匆匆走过,今天,我们仍然可以找到当年名宅胜地的大致位置:杨闇公在二府衙的旧居成了"中共重庆地方工作委员会旧址",有一条街的街名叫"二府衙",巴县衙门变成了一个名叫"二府衙"的社区,当时的县学就在今天的重庆第26中学处。

清代乾嘉年间,金碧山下是重庆政治经济文化的中心,重庆的文化精英理所当然地也集中在这里。空闲时,他们喜欢登高望远,饮酒作诗,于是,他们首选了位置特别近的金碧山。重庆文人对金碧山情有独钟,把许多赞美都留给了这里。其实,这里也是眺望重庆繁华地段的最佳处,但是那时的文人似乎心如止水,没人赞美沾上了铜钱味的繁华。

　　"金碧流香"一词不是新作，而是改自旧有的"金碧香风"，这一改，真是化腐朽为神奇。读诗之人都明白，"香风"是记实，"流香"则让"香"有了动感，并且变得非常空灵。香是一种味道，看不见、摸不着，而用"流"来表示，仿佛香是可见的，真是美极了。由此，我们不得不佩服王尔鉴的水平。

　　巴县知县王尔鉴审定巴渝十二景时，为什么要将"金碧流香"排在首位？古人眼中的"金碧流香"到底有多美？我们依稀可以复原：站在这里，居高临下，全城景致尽入眼中，举目远眺，水阔天空，南岸翠绿，赏心悦目；最妙还在清风徐来时，有暗香袭人。巴渝十二景中，我认为"金碧流香"最玄。香从何来？王尔鉴是这样写"金碧流香"的："每轻飔徐过，馥馥然袭袂香流，寻之并无花木。岂心清闻妙香耶？"他的意思是说，每有轻风吹过，总能闻到香气，四处查看，又没有草木花开，这难道是因为心静而闻到异香了吗？他曾兴趣高涨，写了一首诗："巴山耸秀处，金碧有高台。何处天香至，疑从月窟来。江环千嶂合，云度九门开。每一凭栏眺，清芬拂草莱。""金碧微风送馨香"这种说法在清朝是没有人怀疑的。那时，巴渝诗人趋之若鹜，都到这里来"闻香"写诗。然而谁也不怀疑"香"的存在，把一个金碧山捧到天上去了。"风满林亭月映苔，心清自有妙香来。""岚翠泼高阁，天香吹素襟。""好风吹不断，万斛天香深。"这样的诗真是不计其数。应该说，那时不是没人问，而是没人敢问。这"香"很像安徒生笔下《皇帝的新衣》中那件看不见的新衣。人家都能闻到香气，唯独你闻不到，说明什么呢？说得客气点儿是你心不静，说得严重些是你蠢笨！再说，即使是找到了香气的来源，也会有焚琴煮鹤之嫌。正因为玄，大家才想来，一清二楚了又有什么意义呢？不过，我还真发现有一个人找到了香气的来源，好在他的回答也还没蠢到头，他说这香气是县学的书香。这种说法是以玄对玄，读书人读了一辈子书，难道还闻不出书香的味道？传说县学内原藏有元文宗书写的横幅"万里归程"，珍藏墨迹的地方取名叫"御书楼"。所谓"天香"，所谓"来自县学"，是指这个吗？这"香"不仅玄，也满含禅意，如果风景的美到了这个份上，那绝不是一般人所能欣赏的了。不过，登上金碧亭即使闻不到香也不要紧，因为这里毕竟是一个观景的好地方。

　　王尔鉴作为巴县知县，对选定"巴渝十二景"有生杀之权。他对名胜风景的审美要求是"其趣在月露风云之外，其秀孕高深人物之奇，登临俯仰，别有会心……空灵飘缈，在有象无象之间，最称奇妙……别具幽趣，空灵不著色相"，这些选定巴渝十二景的标准，其实就是从古代诗词美学中来的，或者就是用诗词美学的观点来选名胜。因而，他所选取的巴渝十二景，美的地方都难以用语言说清楚，可以用"羚羊挂角、无迹可寻"来形容。今天，细心品金碧之"香"，我们可以这么说：这"香"是文化人禅意思想的再现，也是文化人追求最佳心境的物化表现。

　　20世纪初期，金碧山如蓬头垢妇，无美可言，甚至还脏乱得不成样子，杂草丛生，垃圾成堆，一度还成了刑场，坟茔零散蹲卧其间。也许是因为衰败，人们便管叫这里为"后侍坡"（也有人记作后事坡）。1929年，这里被辟为"中央公园"（意为在城市的中央），不仅栽种有珍奇树木，还养有野兽禽鸟。这是重庆城内的第一所公园，当时着实风光了好一阵子；新中国成立后公园得到很好的整修，改名为"人民公园"。

　　改革开放以来，渝中区发展惊人，变化虽大，人民公园一直都在。站在这里发思古之幽情，仍然可以在脑海里复原一些两百多年前的景况。古人所说的登金碧亭"饮虹览翠"仍然可以回味，南岸的青山基本上还保持着清代的模样，长江水仍然不停地奔流着，只是公园被压缩得太小了，已经没有什么景致可言了。不过，我坚信"金碧流香"的"香"依然存在，不信，你去问一问人民公园里闲坐的游客，他们或许会告诉你，时时都能闻到"香"——金碧流香的"香"真的来自自我的内心。

附：雍正年间金碧山及周边环境地图

出自"雍正十一年《渝城重庆府巴县志图》"

汗水化作甘泉孕育艺术的花朵

——记述歌剧演员吴笑平的"绿叶"精神

侯 路

(重庆市文化研究院,重庆市渝中区,400013)

吴笑平,重庆著名的歌剧表演艺术家,出生在河南的一个普通家庭,后来参军进入西北军大艺术学院学习戏剧表演,1949年跟随贺龙部队进入四川来到重庆,开始了他的歌舞剧表演生涯。他勤学苦练、富于创造,将富有民族特色的民歌、小调、地方戏曲等的风格、表演形式运用到他的歌剧表演中,为重庆新歌剧的发展做出了贡献。戏剧不可避免地有主角和配角之分,人们常把主角和配角的关系,比作红花同绿叶的关系,红花虽好,总要绿叶陪衬。吴笑平就是通过在舞台上对配角的成功塑造,为整台歌剧表演添砖加瓦,在将红花陪衬得更绚丽的基础上,让绿叶的装扮表现得更富有个性色彩。他在所参演的歌剧中,通过不同的艺术表演手法,成功地塑造了不同的、富有个性色彩的配角人物形象。

初次接触歌剧艺术

吴笑平1948年被西北军大艺术学院录取,在校学习戏剧表演,同时又兼任文艺宣传兵。为了丰富自己的宣传方式,吴笑平在戏剧的理论学习与实践过程中接触了多种艺术形式,在他广泛涉猎的舞蹈、歌曲、话剧、京剧等艺术中,让他印象最深刻的还是歌剧。那时我国歌剧还处于较初级的发展阶段,也不像现在的歌剧那样成熟。在他看来,有别于他所接触过的传统戏曲,歌剧是主要以创作音乐为主要艺术手段来讲述故事的舞台艺术,而且歌剧的唱词优美,唱腔动听,同时还要加上表演等技巧。这样一种新的艺术形式深深地吸引了他,从此,他便开始有意识地接触歌剧及其歌剧理论。20世纪三十四十年代,中国歌剧蓬勃发展,以革命题材为主要内容的歌剧创作很多,如1934年,田汉和聂耳所创作的《扬子江暴风雨》,反映了我国人民反侵略、反压迫,争取民族解放英勇斗争的革命精神,虽然该剧不是真正意义上的西洋歌剧,而且在艺术上也不够完整,但它却是我国表现革命题材的第一部歌剧。后来,又相继涌现出了《农村曲》《农民进行曲》《栓不住》《钢铁与泥土》《秋子》《白毛女》《刘胡兰》等优秀剧目。这些歌剧都是宣传革命的重点剧目,吴笑平便因此接触到这样一批优秀的歌剧。歌剧艺术深深地吸引着吴笑平,使得吴笑平的艺术重心渐渐转移,迈向了歌剧艺术。

吴笑平在歌剧《红珊瑚》中饰演的孙富贵

随西北军进川

1949年刘伯承、邓小平同志率领第二野战军与贺龙率领的西北军相继入川,刘、邓、贺组成中共西南局,由邓小平同志任中共西南局第一书记、西南军区政治委员,刘伯承同志任中共西南局第二书记、西南军政委员会主席,贺龙同志任中共西南局第三书记、西南军区司令员。吴笑平也因此跟随西北军大艺术学院实验剧团南下的步伐进入四川,抵达成都后,剧团改建为成都市军管会文工二队,吴笑平便在文工队任戏剧部演员。1950年7月,西南人民艺术学院在渝筹建,成都市军管会文工二队便编入西南人民艺术学院,成立了西南人民艺术学院实验剧团,住址初设在曾家岩求精中学处,由刘莲池任团长,下设戏剧队、乐队、舞美队,吴笑平被编入实验剧团的戏剧队。戏剧队初到重庆时以表演歌剧为主,当时进入戏剧队表演歌剧的演员有高柏功、翟秋芳、王松柏、王晓东、张秀珍、马祥云、李巧玲、吴笑平、王靖寰、孙滨、李佩等。从此,吴笑平与翟秋芳、王松柏、王靖寰等歌剧表演艺术家开启了扎根重庆的艺术表演征程,在该团排练、演出了歌剧《刘胡兰》《白毛女》《好军属》《光荣灯》等。

1953年1月,西南人民艺术剧院建立时,西南人民艺术学院实验剧团与西南人民文工团合并成立了西南人民艺术剧院歌舞团,吴笑平也编入该团。在此期间,他参加排练、演出了歌剧《光荣灯》《果园姐妹》等。1954年西南大区撤销,西南人民艺术剧院移交四川省,改称四川人民艺术剧院,并于1955年3月在四川人民艺术剧院下成立了四川人民艺术剧院实验歌剧团,该团于1958年4月与人民剧场一起下放重庆市,与重庆市歌舞团合并建立了重庆市歌舞剧团,1964年8月,重庆市歌舞剧团调整为重庆市歌剧团和重庆市歌舞团。吴笑平进入了重庆市歌剧团。在该团他经过自己的不断努力学习,积极参加各种歌剧演出,不论在歌剧理论上还是歌剧表演上都取得了很大的成功,成功地塑造了各种人物形象。

吴笑平在歌剧《老杨医牛》中饰演老杨

第一次排练歌剧《刘胡兰》

歌剧《刘胡兰》是根据共产党员刘胡兰的英雄事迹改编的,以山西民歌为基调,并吸取了山西梆子的音乐特点,成功地表现了刘胡兰多方面的思想感情,塑造了英雄对党和人民无限忠诚的艺术形象。该剧由魏风、刘莲池等创作而成,在创作伊始,就得到了贺龙同志的大力支持,并得到了贺龙的重要指示:学习刘胡兰,宣传刘胡兰。贺龙率领西北军进川之后,成都市军管会文工二队排练的第一个剧目就是《刘胡兰》。吴笑平作为文工二队的一名演员,有幸得到了排练的机会,在剧中他扮演的是石头的角色。那是吴笑平第一次排练歌剧,至今吴笑平还在感慨:"啊,那次排演,决定了我的终身命运。"从那时开始,吴笑平才真真正正成了一个歌剧演员。即便是排练,表演的是一个配角角色石头,他也是很认真地对待的。为了熟悉石头这一角色,他深入研究了石头这一角色在《刘胡兰》中所起到的作用,与刘胡兰的关系等问题。

刘胡兰,山西文水人,自幼参加儿童团,1946年加入中国共产党,曾任区妇救会干事。1947年1月在云周西村参加土改时,被阎锡山部队逮捕。同时被抓和牺牲的还有石三槐、石世辉等人。吴笑平查阅了当时各大报纸,经过反复揣摩,认为歌剧《刘胡兰》中的人物"石头",很有可能就是两位队友的融合体。他根据自己的革命斗争经验,结合自己了解的人物情况,对这个配角人物进行表演。不过,非常遗憾的是,后来他并没有参加演出。

虽然没有参加歌剧《刘胡兰》的最后演出,但是他看到了《刘胡兰》这个戏所反映的内容与人民的生活是那么的血肉相连,它所蕴藏和表达的感情与人民的喜怒哀乐是那么的息息相通,它的曲调和唱词充满了乡土气息,为人们所喜闻乐听。他完全为《刘胡兰》的唱腔和唱词所倾倒,他到现在都还记得歌剧《刘胡兰》中最为经典的歌曲和唱词。如剧中刘胡兰演唱的歌曲《一道道水来一道道山》:一道道水来一道道山,队伍出发要上前线。一心一意去打仗,后方的事情别挂在心间,别挂在心间。放心吧,别挂牵。真金不怕火来炼,绳索刀斧摆在眼前,也难、也难动我的心半点。放心吧,别挂牵,句句话儿记在心间,不怕风来不怕浪,不怕、不怕难来不避险。埋头一心多工作,争取胜利早实现。风会停,云会散,敌人总会消灭完。等着吧,到了胜利的那一天,我们再相见。《数九寒天下大雪》这个唱段的场景是刘胡兰在向乡亲们述说刚从前线带回来的胜利消息。曲调多次出现2—5或2—5、5—2的四度、五度音程跳进,突出了山西民歌的旋律特色。第二段结束乐句前,通过"哎咳哟"的衬词过渡,重复前一乐句,结束在宫调式主音上,使整个唱段坚定有力,充分表现了女英雄刘胡兰的革命乐观主义精神,表达了她坚定的必胜信念:数九那个寒天下大雪,天气那个虽冷我心里热。我从那前线转回来,胜利的消息要传开。哎咳哎咳哟,胜利的消息要传开。风吹那个雪花满天飘,咱队伍在前边打得好。狗子军来了整一个团,叫咱们包围他牢又牢。四面八方往里打呀,管叫他插翅难飞、有腿难逃,哎咳哟,管叫他插翅难飞有腿难逃。

后来的演出给他留下的印象更是永生难忘的:数九的寒天,文工队在广场的露天舞台演出,战士们在寒风中席地而坐。他从席棚子边的缝隙往台下看,战士们随着剧情的起伏在欢笑、在流泪,戏演到刘胡兰牺牲的时候,满场观众失声痛哭,哭声甚至压过了台上演员的声音,有的战士竟奋然站起来振臂高呼:"为刘胡兰报仇!"场上顿时爆发出震耳的怒吼:"为刘胡兰报仇!"那时候,吴笑平只觉得满身的热血全往心里涌啊,涌啊……有的战士还要用石头砸台上的"敌人",有的甚至还推上了子弹,要冲上舞台,枪毙"大胡子"。后来,为了保证台上演员的安全,每场演出都由全副武装的一个排在舞台两侧放哨。

贪婪狠毒的狼外婆

20世纪50年代初,吴笑平参演了一部儿童歌剧《果园姐妹》,在剧中他扮演的是狼外婆这一角色,他通过自己的表演生动地刻画出了剧中狼外婆的贪婪和狠毒,在演出之后很长一段时间有很多小孩和同行就直接称呼他为狼外婆,这充分说明他的表演是深入人心的。

吴笑平在50年代初还是一个20多岁的年轻帅小伙,据吴笑平回忆说:"说实在的,当时分到这个角色,心里还是有点犯嘀咕的。"说来也是,当时吴笑平不仅非常帅气,而且心中怀有舞台梦想,他很想在舞台上扮演一个堂堂正正、英俊潇洒、高大威武的角色,其实也是一个简单的明星梦吧。而演狼外婆这样一个人不人、兽不兽的角色,好像有点自毁形象啊,何况狼外婆这个角色演起来是有很大难度的。不论怎样,最后吴笑平还是接受了这个角色。

在吴笑平心中,扮演狼外婆这个角色有两个难点:一是语言的问题,剧本中所有唱词和对白都显得很书面化,如何用简单的语言来表述剧中狼外婆的意思,将狼外婆的贪婪和狠毒表露出来,而且还要让儿童能够听得懂、看得明白;二是狼是很爱动的一种动物,如何表演才能将狼的本性体现出来,如何将狼自身应该有的形体动作表现出来。这两个难点将直接导致这个角色塑造得成功与否。

为了很好地塑造狼外婆的形象,吴笑平可说是费尽了苦心。从整个歌剧表演来说,他的表演是相当到位的,比如说老狼来了,狼是有尾巴的,不能简单处理——直接坐在木凳上,所以吴笑平在表演时,顺其自然地坐在了旁边的一个大瓮中,就很巧妙地将尾巴藏了起来。他塑造狼外婆狡猾的一面也很有独特之处,比如,剧中当三姐妹识破狼外婆的阴谋,想找借口跑出去时,却被狼外婆用绳的一端拴住她们的手,自己拉住了另一端。可以说这些方法看似很简单,实则是很睿智的处理方法,既简单容易看懂,而且还很贴近生活,更容易将观众拉进剧情之中。

在语言的简单处理上,吴笑平在和导演、编剧沟通后,也对一些口语进行简化,让台词更加容易读懂。比如:

笤帚疙瘩　姥姥,你的手这么大!
狼外婆　走路甩的!
笤帚疙瘩　姥姥,你的脚这么大!
狼外婆　泥里踩的!
二门鼻　姥姥,你的脸上怎么这么多麻子呀?

狼外婆　傻丫头,这不是麻子,这是姥姥在绿豆囤里睡觉硌的!

笤帚疙瘩　姥姥,你脸上的那些黑瘢呢?

狼外婆　哪里是黑瘢呀!——东来的风,西来的风,刮来的一把荞麦皮,一贴贴在脸当中!

笤帚疙瘩　姥姥,你说的真好听,再说一个!

狼外婆　大头大,大头大,大头朝下,小孩出来玩玩,提着腿摔死他!

笤帚疙瘩　鼻子——这是鼻子!

狼外婆在和二门鼻、笤帚疙瘩的对白,就像儿歌中的问答调。狼外婆的回答简洁、形象、具体,带有明显的民间口语特点。后面狼外婆说的更是一个有趣的谜语歌。又如二门鼻想寻借口逃出家门时与狼外婆的对白:

二门鼻　姥姥,我的肚子疼!

狼外婆　肚子疼,找老能!

二门鼻　老能没在家!

狼外婆　去找癞蛤蟆!

二门鼻　蛤蟆入了水!

狼外婆　去找飞毛腿!

二门鼻　飞毛腿,满天飞,飞到火里烧成灰。

这分明是一首朗朗上口的连锁调,内容充满幼儿情趣。

塑造和模仿狼的形体动作,吴笑平也有自己的独门秘方。根据剧情设计,要求演狼外婆的演员要四肢着地,蹲着走矮脚步,还要一招一式地模仿狼的跳跃、俯卧、打滚、翻身等动作。幸亏吴笑平小时候练过一些武术,有点武术底子,为练习这一切,在形体基训中他比别人多花了许多时间,直到两个膝盖和两只手掌都擦破了皮,磨起了茧。演出的时候,正逢山城盛夏,他每次上台,除了艰苦的形体动作外,还得紧紧裹上那件狼皮大衣,在舞台强烈的灯光炙烤下表演。每次戏演下来,浑身被汗泡得没有一丝干处。这个反映善与恶、美与丑斗争的儿童歌剧,是那么受孩子们的欢迎,一演就是一百多场。20世纪50年代初期,重庆的小学生和幼儿园的孩子,大都是这个戏的观众。后来,剧团到朝鲜慰问志愿军,也为战士们演出了这个剧,战士们根据他们的生活,自然而然地把狼外婆和"打败美帝野心狼"联系在一起。一个歌剧在抗美援朝前线能产生这样强烈的政治效果,倒是吴笑平始料不及的事。

吴笑平在儿童剧《果园姐妹》中饰演的狼外婆

吴笑平一生参演的歌剧剧目有很多,他用自己精湛的表演技巧成功地塑造了各种歌剧人物形象,如:《光荣灯》里可敬可亲、充满翻身农民欢乐感情的农会主任,《果园姐妹》中伪装慈祥实则贪婪狠毒的狼外婆,《洪湖赤卫队》中的冯团长,《红云崖》中的许敬,《柯山红日》里那个阴险狡诈的罗家,《夺印》里老谋深算、两面三刀的跛二爸陈有利,还有《海岛女民兵》中反动顽固的神秘海盗黑风……其代表性的作品有儿童歌剧《果园姐妹》等,新歌剧《光荣灯》《夺印》《江姐》《海岛女民兵》《白毛女》《刘胡兰》《洪湖赤卫队》《柯山红日》《火把节》《货郎与小姐》《天涯歌女》《香港大亨》《红珊瑚》《草原之歌》等,电影《山城雪》《米》《十月风云》等,电视剧《乱世金梦》《陪读新闻》等,故事片《小孩与熊猫》《熊猫历险记》等。

吴笑平在电影《十月风云》中饰演的唐虎

往事如潮水

雷平

2006年8月我到市新闻出版局任副局长,到2017年11月搬出办公室,约11年时间。其间虽有调动,但没有离开过新闻出版管理的主渠道。下面是一些相关的回忆。

我原是万县市人大常委会的副秘书长,重庆直辖后,调任重庆市人大常委会办公厅新闻处任处长。2006年8月初,市政府任命我为市新闻出版局副局长。当月中旬的某天上午,市人大常委会办公厅一位副主任送我上任。

我们到了市审计局大楼右侧四楼的新闻出版局办公室。据说党组书记、局长汪俊到市委宣传部开会了,办公室主任张许荣接待我们。局办面积很大,用玻璃墙和木柜子做了些隔断,分成四个功能区,进门是接待厅,张主任在里间隔断内,其他三个隔断里还有四张桌子,供四人办公。

那位厅副主任一见张许荣就显得非常熟络,原来他们曾是重庆市委党校中青班的同学。张主任看起来比厅副主任沧桑许多,我当时想,上副厅是很不容易的,我一定要珍惜组织给我的机会,不干则罢,干就要干出点名堂,干出成绩来。他俩寒暄了几句,介绍了一下我之后,厅副主任说还有许多事,就告辞了。局办的其他同志似乎根本不关心我的到来,各自忙着自己的事。

市新闻出版局占据了审计大楼右半侧的三楼、四楼。四层是局领导办公室人事处等,中间是过道,整层楼大约有十二三间房。局办在迎电梯出门的第三间,第一间是局小会议室,第二间是财务室,我的办公室在过道的另一面倒数第二间,最后一间是厕所,第一间是门卫室。业务处、纪检组和大会议室等在三楼。

张许荣带我去办公场地。穿行过道时,他轻声依次介绍开着门的几个局领导:李军亚副巡视员兼人事处处长,陈扬副局长分管办公室、报刊处,吴绍阶副局长分管版权,缪超群副局长分管出版、印刷,还有两个关着门的办公室里的领导分别是市委副秘书长余恢毅、局长汪俊。因为下午开会,要统一见面,我们没有进那些局领导的办公室的门,也没打扰他们。

来到我的办公室内,张主任说:"雷局长,你看差什么,如果是小件给我开个清单,一会儿送来。如果是大件,也开个清单,我去买。"我第一次听人叫"雷局长",有些不习惯,就说:"不要叫雷局长,就叫雷平或老雷就行。"张许荣绷得很紧的脸一下子放松了,他微笑着说:"还是有个上下大小,领导与被领导好些!"我问:"你刚才说小件大件是啥意思?"张说:"小件是纸笔尺针等易耗品,大件是计算机之类的固定资产。你先休息,有事叫我。"转身出门而去。我望着他的背影,内心感慨:是个好主任,能管家!

8月的重庆,阳光充足,虽然四五米外是高级法院的外墙,但房内依然亮堂。我打量着今后的栖居地:长条形,与局办面积差不多,将近60平方米,进门右侧拐角是接待区,靠窗为办公区,中间没隔断。木质横案上有一台传真机,桌上一台台式电脑,两部电话;另一面是两把硬靠单坐木椅。接待区两张单人沙发,一张三人沙发,一张条几。对面三个大书柜,除中间一个柜里有一方未拆封的A4纸外,没别的东西。后来,我把书柜装满了,还买了世界地图、中国地图、重庆市地图来装点墙壁。我从公文包中拿出笔,从笔记本中撕下一页纸,在办公桌前刚写完需要的"小件"和"大件",张主任就来找我说:"汪局长回来啦。"我把清单交给他,随他来到四楼中部的一间办公室。

"汪办"比"雷办"约大一点点儿,设施一样,办公区设在进门右侧中部,书柜里装满了书。汪局从办公桌后走出,紧紧握住我的手,他高大的身材给我一种压力,有力的双手让我倍感力量和信任。他爽朗而快乐地说:"我们俩不是第一次见面。还记得吧,8年前,我在宣传部当秘书长,你写的电视剧本是我组织人审的,后来获飞天奖还是我报的项目。"原来,汪是2006年初从市委宣传部副部长岗位到新闻出版局的。我握住他的大手,一个劲地表示"感谢!"同时心想,这就好,下一步工作肯定舒心。汪把我拉到接待区,他坐单人沙发,我坐三人沙发,张主任退出了办公室。

汪局说,市新闻出版局对外加挂市版权局牌子,内设有专人的正处级单位16个,分别是办公室、法规处、保卫处、财务室、人事处、机关党委办、工会办、发行处、扫黄打非办、读书办、出版处、报刊处、印刷处、版权一处、版权二处、纪检监察室。实际分为8个组团,办公室、法规处、保卫处、财务室为一个组团,人事处、机关党委办、工会办为一个组团,发行处、扫黄打非办、读书办为一个组团,版权一处、二处为版权局机构,报刊处、印刷处、纪检监察室划单。每个组团设处长副处长各一人,其他工作有专人干,全局现有在岗人员55人,其中工勤(司机、门卫、打字员、电脑管理员)10人。

汪局说,今年元月,局里正式启动第十七届全国书市的筹备工作,7月初到明年5月最为关键,全局上下都在忙这事,这是我市直辖后宣传系统单独承办的一项全国性活动,市委很重视,成立了由市委宣传部、市新闻出版局、市文明办等14个相关单位参加的领导小组,由市委常委、宣传部长任组长,分管副市长、新闻出版局长任副组长,其他单位领导为成员,办公室设在新闻出版局,分管发行的领导为主任,市委派副秘书长余恢毅常驻我局进行督导,刚才宣传部开会也为这事儿。为了与全国书市工作相对应,汪局把局里所有处室分为全国书市筹备组的6个工作部门。如"接待财务部"由办公室组团负责,"招商部"由版权一、二处负责,"本地书刊部"由出版、印刷处负责,"活动部"由发行处组团负责,"宣传部"由报刊处负责,"人员组织部"由人事处组团、纪检监察室负责。这样,书市的筹备工作和日常业务就可两不误。汪局说,你目前接手书市活动部,分管发行和扫黄打非。另外,纪检组长罗安才生病住院了,你暂时把人员组织部的工作接过来,代管纪检监察。结果"暂时"了3年多,直到罗组长病愈我才把纪检监察工作交还给他。

10月,我当选为市新闻出版机关党委书记和工会主席,所以,担任书市人员组织部的工作更是责无旁贷。2007年初,陈扬副局长到国家新闻出版总署挂职半年,汪局把书市宣传部和报刊处也交给了我。后来,陈扬承担了一个项目,直到一年多后才从北京回重庆。

当天下午,余恢毅副秘书长参加了我们的局长办公会,听取了我局关于全国书市筹备工作的进展情况,并说深圳市也想在2007年4月23日"世界读书日"搞个全国性活动,如果我们把开幕式放在这天,原来计划邀请总署所有领导参加第十七届书市开幕式的可能性就很小。所以,我市全国书市开幕的具体时间待定,他还传达了市领导对我局做好书市各项工作的要求,讲得火辣辣的,压力不小。

第二天上午,我主持召开了全国书市分管人员会议,结果,来了两人,一个是刚考进局里不久,主要精力放在活动部的大学生蒲阳,另一个是主要精力放在人员组织部的纪检组副组长、监察室主任曹代伟。业务处的人员很忙,无法完全抽出来,并且有些工作在当时来说也有点儿为时过早。

蒲阳介绍说,按照总体方案,本次书市定于2007年4月23日上午9时开幕,4月30日闭幕。在重庆南坪会展中心设主会场,重大、重钢、江津、万州等地设8个分会场。活动期间将对十佳单位和个人进行现场颁奖,还要开展书刊进机关、企业、学校等"六进"活动。总署领导要分别到8个分会场,还要邀请全国新闻出版界的名人开展多场高峰论坛和阅读报告会,"好书伴我行"活动也要现场颁奖,开幕前有十几个文艺团队热场表演,开幕当晚有一场中央文艺团体的表演,等等。目前收集到的活动共有149个,含各省市区申报的,因为没到截止时间,所以还在不断增加和替换。他花了一个多月做出的开幕式方案一直没有通过,其他方案根本没法做。

曹代伟介绍说,人员组织部的主要工作是,开幕前一个月相关单位人员的抽借,开幕式主席台人员的邀请、站位和组织,台下1000人方队的组织,活动期间领奖人员的接待(主城外的管吃住),101人军乐团的组织,100名自愿者的组织培训和分配,书市期间的安保安排和车辆管理,等等,目前只落实了军乐团,其他工作正在联系中,许多单位找不到人。我听到这里,脑壳都大了,看来非赤膊上阵不行了。

接下来的三周,我每天拿着总体方案上门与本市相关部门、区县相关部门和系统内负责某项活动的联络员一一对接,请出他们的分管领导座谈,了解情况,解决问题,敲实项目。每天跑两三个地方,途中的餐食与司机在路边店解决。为了赶路,多数时候是农夫山泉加面包。中午在车内休息一会儿,上班时间一到就去相关部门找人。

一圈下来,我陆续拿出了活动部、人员组织部31个主要活动的操作方案和一揽子方案。2007年初,我接手书市宣传部后,与报刊处的同志一起做了全国书市筹备期间和开幕后的宣传和轰炸式报道。起草各种标语口号,审读各种广告内容,提前一个月在全市400多个书报亭做了墙身宣传海报,在主城100个建筑墙面挂了读书活动广告,在主流媒体设立了书市开幕倒记时标牌,提前一周在主城干道挂出了2000面刀旗。

在大家的努力下,第十七届全国书市于2007年4月23日上午9时整在重庆市南坪国际会展中心准时开幕,活动一共进行了7天,获得了完满成功。全国人大常委会副委员长许嘉璐出席了开幕式,国家新闻出版总署在职和退休的9位部级领导莅临。本次书市还实现了功能转型,由过去单纯展示变为边展边销,且名字也从本届起改为"第×届全国图书交易博览会"。

2007年5月,市委批准了我市建立"读书月"的请示。从2008起,每年8月第一个周六开始,用七天时间举办重庆市图书交易博览会,展示各级各部门全年阅读活动的丰硕成果。其形式与全国图书交易博览会相同,只是规模和范围主要限于重庆。2009年初,汪俊调任市文化广播电视局局长。后来我们增加了一些活动,如大中小学生"中华魂"阅读大赛及颁奖、阅读巡回报告团等。图书交易博览会列入常规项目后,工作凭经验推进,但也有过一些突发事件。如,2008年室内展场没有空调,开幕式前夜刮大风,把布置完毕的图书吹得找不到店主;2009年组织的一批超过版权保护期的名著被诬告为盗版书;2011年,开幕式前夜狂风暴雨,掀翻了露天交易市场的顶棚,图书被雨水浸泡,书商要求索赔;等等。上述问题都得到了及时妥善处理。2012年我的工作有所调整,就再没主动关心过图书交易博览会的事了。

第十七届全国图书交易博览会结束的第二天,我全力投入了分管业务工作。这些工作按部就班,波澜不惊,但有时在解决紧急问题之后也能获得心理上的愉悦。如在发行工作方面,顺利实现民营书刊交易市场搬迁,将原先的5300平方米场地、36户经营者、50多万个书刊品种(年销售量4.1亿元码洋)提升为42500平方米场地、141户经营者、300多万个书刊品种,搬迁后第二年销售收入达36.1亿元码洋,一跃成为辐射西南五省市区,全国同类单体最大市场。协调解决了经营户和消费者的餐食问题,还请求市人大常委会主任陈光国出面开通了两条循环公交线路;以市政府名义发文,带队深入基层为每一个区县增建一个新华书城;巧妙解决了重庆出版集团历年积压的1000多万册拟化纸浆的库存图书和重庆大学出版社开发的180多个品种的农民工技术丛书销路问题;经过3年努力,协调中央、市、区县三级财政经费3亿多元,提前3年完成了全市8967个建制村的农家书屋标准建设全覆盖,加挂新华书店网上售书牌子。农民们称赞说,农家书屋是学习科技的课堂、少年儿童的乐房、扫黄打非的战场、购买图书的市场。2013年2月4日,全国农家书屋工程建设总结大会在重庆举行。在机关党委工会工作方面:创建了市级机关卫生单位、文明单位、优秀职工之家;2008年"5·12"地震组织职工疏散时对全局每个工作间进行了巡察,直到全栋楼其他人员离开几分钟后,我才拉着新闻出版局门卫黄老头撤离出来。地震后带队赴梁平、青川、崇庆送捐款、送救灾物资,克服了多重困难;有效解决了"三下乡"期间新闻出版人不会表演文艺节目的问题;把行业培训变为了常态;文化委成立后,由我牵头,妥善处理了机关和直属单位1000多名退休职工的健康保健费问题。扫黄打非方面:我每年拿着名册不定期临时动议,对系统内服务对象进行突击检查,使我市国有新闻、出版、印刷、发行单位在我分管期间,没出现过一个因黄非行为受到专业执法部门处理的案例。纪检监察方面:在反商业贿赂活动中,设立廉政账户,与被举报人谈话,把因腐败导致的损失降到了最低点;报刊管理方面:放宽内刊办理申报制度,严厉问责管理;解决了区县报的独立办公场地和归属问题;化解了《重庆日报》集团与《重庆时报》的矛盾纠纷;等等。

2013年,新闻出版局与文广局合并成立文化委,我作为副主任分管版权、网络、数字出版等。版权方面:连续三年接受国家软件正版化检查没扣分;创建了重庆市版权交易市场,经国家版权局验收,被誉为全国最规范的版权交易市场。网络方面:连续三年参加全国微电影大赛,获奖总数除北京地区(含中央直属机关)外,两次第一,一次第二;规划建立了重庆网络微电影数据库;全程参与了重庆网络电视与区县电视台的有机整合,与中央网络电视台的利益分成谈判,就上市项目与广电总局相关办、司的汇报衔接等。数字出版方面:连续三年每年协调市财政资金150万元补助《课堂内外》《商界》《少年先锋报》《电脑报》等业内21个单位顺利实现数字化转型;经常务副市长批准,协调市财政资金1350万元对《重庆日报》、重庆图书馆、重庆市文化研究院等11个单位建国以来到2005年12月31日间的文字、影像资料进行了数字化保护性抢救;协调国家新闻出版广电总局资金270万元,解决了《重庆晨报》《上游新闻》快速发展的问题;等等。

新闻出版工作往事,仍历历在目,像海浪一样,一波又一波,有高潮有低潮。我也做过一些糗事。如,有一次严肃地"无端"批评一位处长,让他很委屈;领导向机关调人仍不注重能力时,我在会上公开反对,让人家很没面子;市发行协会书刊市场非公工委几个人说不干了,却不召开换届大会,我让两名办事员抱着票箱去挨家挨户发收选票,结果原班子落选,新人当选。原班人集体到局里围攻主要领导,造成不良影响。这些事情,当时是不应该采用那样的方式处理的,应该忍,让时间去冲刷。

11年来的工作成绩是大家的功劳,不足部分属我水平不济,该自己负责。但不管什么事,都倾注了我作为一名市新闻出版人的心血,也体现了我作为分管领导的思考和努力。

灿若星汉 独树一帜

——重庆川剧70年发展记事

陈朝正

自中华人民共和国成立以来,重庆川剧与祖国一同走过了70年。这70年来,重庆川剧和重庆川剧人一直在坚守、在坚持,在继承传统、繁荣发展的艺术道路上,坚韧不拔,奋勇当先。独树一帜的重庆川剧,70年来在中国戏曲史上留下了一个个闪光夺目的印记,为重庆文化艺术书写了一篇篇浓墨重彩的华章,为人民群众奉献了一出出赏心悦目的好戏。为此我生发感慨,我以虔诚的笔触,记录重庆川剧这些年来所取得的成就。

中华人民共和国成立以来重庆川剧发展概况

1949年底重庆解放后,广大的川剧艺人以饱满的政治热情,投入到党和政府提出的戏曲改革运动中。1950年全市各专业川剧团,如市区的又新大戏院、得胜大舞台、重庆大戏院,郊区的民友、群力、劳动等院团,都相继移植上演了老解放区的新编剧目《白毛女》《九件衣》《血泪仇》《兄妹开荒》《小二黑结婚》等,舞台上呈现出一派新的气象。

1.重庆市、区、县川剧院团

①重庆市川剧院。1951年元旦,以重庆大戏院部分人员为班底,邀请成渝等地著名川剧演员参加,组成重庆市实验川剧院。当年秋划归重庆市文化局领导,是重庆市第一个国营戏曲团体。1955年末,胜利川剧团部分人员并入,重庆市实验川剧院改名为重庆市川剧院。其建制几经改变,1980年元旦剧院恢复建制,设重庆市川剧院一团、二团;1984年永川地区川剧团并入剧院为三团。

②西南川剧院。1953年5月,以1952年参加第一届全国戏曲观摩演出大会的西南区观摩演出团川剧队和重庆又新川剧院为基础,组成西南川剧院。该院为当时西南专业院团中演出阵容最强大的川剧院。1955年7月因西南行政大区撤销,该院移往成都。

③区县川剧团。区县川剧团有1950年组建的民友川剧团、群众川剧团、北碚人民川剧团,1951年建立的群声川剧院,1952年组建的綦江县川剧团,1955年组成的巴县和平川剧团,1959年由群力川剧团和百花川剧团合并成立的沙坪坝区川剧团等。这些剧团虽在经济上基本是自负盈亏,但各团有名演员,有好剧目,有群众基础,活跃在全市各区县及乡镇,受到广大群众欢迎。

1983年前,重庆市有市中区、江北区、北碚区、沙坪坝区、九龙坡区、南桐矿区、巴县、长寿县、綦江县、江北县川剧团10个。其中区川剧团于1960年全部转为国营。1984年新增江津、永川、合川、荣昌、潼南、铜梁、

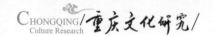
璧山、大足县川剧团共18个(区县设置按当时记录)。1987年重庆直辖前,区县川剧团绝大部分被撤销,直辖后万县地区并入重庆,除万县地区川剧团(现名三峡川剧艺术传承中心)外,其他县川剧团已被撤销。黔江地区并入重庆时已无川剧团。

迄今,重庆市川剧院团有4个:重庆市川剧院、三峡川剧艺术传承中心(三峡川剧团)、永川区文化体育中心、綦江区地方文化促进中心。主城区民营川剧团有群艺川剧团、双碑川剧团、龙群川剧团、白市驿川剧院等。区县坚持开展川剧演出和活动的戏剧家协会、川剧协会约有30个。

2.重大演出活动

①1952年,第一届全国戏曲观摩演出大会。

此届观摩演出是建国后的第一次全国性戏曲会演,10月6日至11月14日在北京举行,由文化部举办。这次会演的目的主要是继承戏曲遗产,交流戏改经验,进一步贯彻毛泽东主席于1950年在全国戏曲工作会议中提出的"百花齐放、推陈出新"的戏曲方针,推动戏曲艺术的革新发展。参加会演的有京剧、川剧、越剧、评剧、豫剧等23个剧种37个剧团82个剧目。西南演出代表团川剧队在重庆组团,演出的《柳荫记》获剧本奖;《秋江》《评雪辨踪》获演出二等奖;陈书舫、周企何获演员一等奖;阳友鹤、刘成基、吴晓雷、周裕祥、曾荣华、袁玉堃、许倩云获演员二等奖;谢文新、戴雪如、陈淡然获演员三等奖。此后,川剧这一大剧种以及川剧《柳荫记》和一大批川剧名演员,在全国戏曲界开始产生重大影响。

②1957年,重庆市川剧院旅行公演。

1957年,由川剧著名表演艺术家周慕莲院长率领的重庆市川剧院,组建了一支人才荟萃、阵营整齐的80多人的队伍,带了大戏80个、小戏400折,经武汉、南京、上海、济南等9个大中城市作旅行公演,历时半年。10月19日起在吉祥剧院、长安剧院作为期一月的公演,受到首都文艺界专家和观众的喜爱。特别是《乔老爷奇遇》一剧,受到广泛好评。

③1959年,中国川剧团赴东欧四国演出。

从1959年8月30日离京,中国川剧团赴波兰、民主德国、捷克斯洛伐克、保加利亚作访问演出,历时4个多月,演出69场,国外观众多达8万,并作了电视直播。演出的剧目有大戏《焚香记》《芙奴传》《谭记儿》;折子戏《柜中缘》《秋江》《拦马》《金山寺》等,受到外国朋友盛赞,为中外文化交流做出了贡献。重庆市川剧院参加中国川剧团的有周裕祥、胡漱芳、袁玉堃、许倩云、蔡如雷、张巧凤、刘世玉、余果冰、赵书勤、肖又和、刘又全、胡明克、黄一良、徐文忠及綦江县川剧团的唐世玉、合川县川剧团的李良明等23人。

④1961年,重庆市川剧院演出团进京汇报演出。

1961年,重庆市川剧院再度进京演出,并赴天津、石家庄、郑州、开封等地巡演。主要剧目有《荷珠配》《绣襦记》《荆钗记》《香罗帕》《梵王宫》《乔老爷奇遇》《碧波红莲》等。

⑤1965年,西南区话剧、地方戏观摩演出大会。

重庆市观摩演出团以川剧现代戏《龙泉洞》《嘉陵怒涛》参加观摩演出,并为大会展演现代川剧《江姐》。此剧由刘世玉、秦淑惠、刘又全等主演,由席明真、刘铭改编,集中概括地描写了江姐光辉却短暂的一生,并增添了成岗的行动线,加写了劫狱和迎接解放的场次。《嘉陵怒涛》由李行与原京剧作者合作,将京剧移植成川剧。此剧由周裕祥导演,许倩云、何青玲、邬骏鹤、袁玉堃、赵书勤、马文锦、车敏主演。一经演出,即受到与会代表团及蓉城观众的热烈欢迎,成渝两地报刊、电台广为评介,影响较大。《龙泉洞》,王燮编剧,导演周裕祥,张巧凤、冯文澄、徐又如、李家政、庞祖荣、赵又愚、秦淑惠主演。

⑥1983年,北碚区川剧团《禹门关》在京演出。

四川省振兴川剧赴京汇报演出团于1983年国庆前夕在京演出,《禹门关》从10月24日起在人民剧场连演3场,这是重庆市第一个赴京演出的区川剧团。当晚观看演出的有以下文化艺术界知名人士:阳翰笙、曹禺、刘厚生、王朝闻、郭汉城、仲秋元、沙汀、严文井、魏传统、刘乃崇、孔罗荪、俞琳、阿甲、凤子、马少波、钟艺兵、黄宗江、朱丹南、李超、袁世海、李万春、李玉茹和卓琳、郝治平同志。黄启璪、李致、郝超陪同观看。演出结束后,阳翰笙、曹禺、卓琳等同志上台祝贺演出成功。

⑦1990年,第二届中国戏剧节在北京举行。

川剧《孔雀胆》参加展演,获优秀剧目奖。编剧席明真,艺术顾问袁玉堃、许倩云、熊正堃,导演宋天伟,沈铁梅、熊平安、马文锦、赵又愚、谢正新、天池主演。该剧根据郭沫若同名话剧改编,自1955年在重庆首演以来,剧院三度复排,演出300余场。改编本在忠实于原著的基础上,在故事情节、人物性格等方面都有新的发展,演出受到好评。

⑧1993年,新编古装推理剧《婚变案》参加全国地方戏曲交流演出。

编剧倪国桢,导演胡明克,刘树德、马文锦、许咏明、胡艳主演。《婚变案》获剧目奖,倪国桢获编剧奖,马文锦获优秀表演奖、刘树德获表演奖。

⑨1999年,《金子》参加文化部主办的"庆祝新中国成立五十周年全国优秀剧目献礼演出"。

《金子》是市川剧院在继承传统艺术,广泛吸收其他门类艺术精华,致力于川剧艺术改革和现代戏创作探索的优秀代表剧目。隆学义编剧,胡明克导演,陈安业作曲,沈铁梅领衔主演。该剧根据曹禺先生话剧《原野》改编,改编本在遵循曹禺先生原著精神的基础上,创造性地从新的视角着眼,以金子的命运轨迹为主线,对原著的人文精神进行了深层次的开掘,在现代化、戏曲化、川剧化、地域化方面进行了卓有成效的尝试。被文化部评选为"国家舞台艺术精品工程"2002—2003年度十大精品剧目之一。

⑩2008年,《李亚仙》在北京首演。

《李亚仙》由罗怀臻编剧,谢平安执导。沈铁梅饰李亚仙,孙勇波饰郑元和。2008年在北京进行首场演出,中央有关领导同志莅临观看并亲切接见沈铁梅和剧组工作人员。

⑪2017年,《鸣凤》参加全国基层院团戏曲会演。

根据巴金名著《家》改编的现代川剧《鸣凤》由重庆三峡川剧团创作排演,编剧隆学义,总导演查明哲,谭继琼饰鸣凤、徐超饰觉慧。《鸣凤》创排于2009年,2012年进京参加全国优秀剧目展演,2017年参加全国基层院团戏曲会演,在北京中国评剧大剧院演出。

⑫2013年,《灰阑记》在重庆首演。

《灰阑记》改编自德国戏剧大师布莱希特著名话剧《高加索灰阑记》,编剧阳晓,导演欧阳明,沈铁梅、吴熙饰杜鹃。演出注重方言幽默洒脱的语言特点,在延续川剧风格的同时加强了语言的现代感,充分发挥了川剧唱腔的风格。

二、重庆川剧代表剧目

1951年起重庆对川剧传统戏进行整理改编,至1964年,挖掘、整理、改编川剧传统戏剧目380个。1955—1959年,由重庆市戏曲工作委员会编辑、重庆人民出版社出版的《川剧》88辑,选刊了发掘整理的川剧传统戏剧目176个。长期以来,全市各川剧院团在日常演出中,根据排演需求,大都对本院团上演的传统戏进行过必要的整理甚或改编,而这些经过整理改编的传统戏,不少都成为各个院团的保留剧目,有的剧目还为别的剧团甚至别的剧种所学习、移植。

①《柳荫记》。1952年初,重庆又新川剧院编导组以川剧表演艺术家周慕莲先生提供的私藏本为基础,

由赵循伯执笔整理《柳荫记》。当年10月，在重庆组成的西南区戏曲观摩演出代表团，以《柳荫记》一剧参加第一届全国戏曲观摩演出大会，在京期间得到了文艺界、戏曲界的领导和专家阳翰笙、梅兰芳、王朝闻等的指导，深化了反封建的主题，使剧本更臻完善。剧目获大会演出奖，川剧表演艺术家陈书舫饰祝英台，获演员一等奖。

政务院总理周恩来观看川剧《柳荫记》后，将《柳荫记》介绍给京剧名家杜近芳，后由杜近芳、叶盛兰移植成京剧上演，现今京剧《柳荫记》演出仍注明"根据川剧《柳荫记》移植"。

②《乔老爷奇遇》。重庆市川剧院建院后在北京演出的第一个剧目是《乔老爷奇遇》。在众多的川剧喜剧中，《乔老爷奇遇》无论是从文学性、艺术性还是思想性来看，都堪称是佳作，也是重庆川剧代表剧目之一。重庆市川剧院首次巡回公演，所带剧目，原无此剧。到南京后，金震雷提供了他的演出本《乔老爷吃酥饼》。剧院决定进行改编，李净白执笔，李文杰导演，李世仁司鼓。到上海后，进行了内部彩排。在去北京公演之前，剧院几经斟酌，决定把《乔老爷吃酥饼》作为首轮重点剧目，并让李文韵专程从重庆乘飞机赴京，扮演剧中主人公乔老爷(乔溪)一角。苹萍、田淑群、李文杰、徐笑侬、王清廉主演。

文化部长田汉在京观看了《乔老爷吃酥饼》的内部彩排后，十分高兴，他建议将剧名改为《乔老爷奇遇》，还兴致勃勃地为乔老爷作诗四首，后郭沫若又作修改，成诗四首。《乔老爷奇遇》在京演出期间，党和国家领导人及在京文艺界知名人士周恩来、朱德、陈毅、贺龙、邓小平、郭沫若、阳翰笙、罗瑞卿、王维舟、曹禺、王朝闻等观看了演出，并给予了很高的评价。《人民日报》《光明日报》《北京日报》《戏剧报》等报刊发表了重庆市川剧院首次旅京公演的消息，并纷纷撰文评介《乔老爷奇遇》的成功演出。剧本很快被众多川剧团排演，一些兄弟剧种相继移植演出，上海电影制片厂根据川剧剧本拍制了由韩非主演的喜剧故事片《乔老爷上轿》。

③《焚香记》。此剧由周慕莲、胡漱芳整理。1956年剧院首演时，由周慕莲导演，高凤莲、陈桂贤、徐文瀚、琼莲芳、李文杰等主演。中国川剧团出访东欧的演出本，是席明真、李明璋参照周慕莲本和其他资料整理的。

④《芙奴传》。这是一出伸张正义、反抗强暴的好戏。1959年，在周恩来总理的亲自指导之下，席明真、李明璋对全剧作了精心的修改加工，将《芙奴传》作为出国演出重点剧目之一。

⑤《荷珠配》。此剧由李文韵、陈桂贤、李净白整理，以原作为基础，着重在思想内容上剔除其封建糟粕，成功地塑造了劳动妇女荷珠的形象。1960年首演时，由薛艳秋、周裕祥导演，许倩云、李文韵、刘又全、赵又愚、五龄童、冯文澄主演。此剧内容和艺术都具有特色，语言生动，地方色彩鲜明，喜剧气氛浓郁，演员的表演诙谐幽默，余韵无穷。在京演出后，老舍先生根据川剧本改编为六场同名话剧，由中国青年艺术剧院公演。

⑥《绣襦记》。此剧由薛艳秋、袁玉堃、李净白整理。剧院1960年首演时，由薛艳秋、周裕祥导演，由袁玉堃饰郑元和、刘卯钊饰李亚仙，夏庭光、李家政、赵又愚亦参演。进京演出后，由田汉主持的川剧座谈会上，与会者肯定该剧剔除了糟粕，保存发扬了传统艺术的精华，集中洗炼，增强了文学性，丰富了表演，熔悲剧、喜剧于一炉，体现了川剧幽默、风趣的特色，雅俗共赏；同时对袁玉堃、刘卯钊的表演给予了高度评价。

⑦《香罗帕》。此剧由李行整理，一系列喜剧场面，妙趣横生。此剧在京排演，由薛艳秋导演，许倩云、秦淑惠、王世泽、刘卯钊主演。在首都及各地巡回演出中，受到文艺界人士和广大群众好评。夏衍在《剧本》月刊发表评论，赞其剧本的结构十分紧凑，编剧的针线很密，没有败笔，没有破绽，连一些看似很不重要的细节也运用得非常巧。

⑧《嘉陵怒涛》。曾又石、张力编剧的《嘉陵怒涛》原为京剧，讲述了重庆解放前夕，工人阶级在中共领导下为求翻身解放，与反动统治者展开政治斗争的故事；同时还重描写了青年女工林玉英在党的教育下，逐

渐觉醒,成长为一名无产阶级先锋战士的过程。李行与原京剧作者合作,将该京剧移植成了川剧。周裕祥导演,许倩云、何青玲、邬骏鹤、袁玉堃、赵书勤、马文锦、车敏主演。此剧参加了1965年西南区话剧、地方戏观摩演出大会演出,受到与会代表团及蓉城观众的热烈欢迎,成渝两地报刊、电台广为评介,影响较大。

⑨《龙泉洞》。王燮编剧。该剧讲述了某人民公社在响应省委号召兴修水利的过程中,党支部副书记李灵芝团结对敌,从而取得了阶级斗争的胜利,掀起了生产斗争新高潮的故事。该剧情节曲折,矛盾复杂,蚂蚁绣字、飞泉断流、哑巴说话等情节富有传奇色彩。此剧参加了1965年西南区话剧、地方戏观摩演出大会演出,群众反响强烈。导演周裕祥,主演为张巧凤、冯文澄、徐又如、李家政、庞祖荣、赵又愚、秦淑惠。

⑩《孔雀胆》。1990年复排时席明真再次对剧本进行修改,使戏更集中精练。沈铁梅扮演阿盖,其表演极为精湛,对英雄的爱慕,对丈夫的温柔,夫死时的绝望,都通过她舒展的身段、传情的眼神,声情并茂的唱腔,分毫不差地传达给了观众。熊平安扮演的段功,重在个性的刚直、忠心的展现,身段、招式、唱腔具有阳刚之气。马文锦成功地运用身段和唱腔,活脱脱地再现了一个凶残的王妃形象。赵又愚扮演的车力特木尔堪称一绝,其表演看不出什么传统程式,却处处将招式融会在程式之中。1960年春节,郭沫若先生在重庆观看了市川剧院演出的《孔雀胆》之后,为扮演阿盖的许倩云欣然命笔,赋诗相赠。

⑪《婚变案》。此剧为编剧倪国桢"三案"之一。该剧以一个"变"字设置悬念:新娘王娇娇在成婚时一变傻姑娘、二变老妪、三变尼姑、四变和尚。少奶奶在多"变"中施计,县令胡图在探"变"中推理,戏在叠"变"中递进,剧中人在窥"变"中糊涂,观众在看"变"中愉悦。该剧构思巧妙,"变"在意料之外,又在情理之中,扣人心弦,令人回味,体现出川剧喜剧的一大艺术特色。

⑫《金子》。编剧为此剧写了一个诗化文本,文采斐然,语言幽默,大俗大雅。导演将川剧传统程式、特技与剧中情节、人物动作、人物心理进行了有机融合,使全剧具有强烈的韵律感,突出了戏曲艺术的独特魅力。在音乐创作上,作者在保持和发扬川剧音乐特色的同时,广泛吸收了四川民歌的音乐素材,对声腔音乐进行了大胆创新,赋予整部作品浓郁的时代气息和川剧艺术特色。沈铁梅以非凡的表演才华及精湛的声腔艺术,使金子这一艺术形象光彩夺目。其他五位演员,陈雪(饰焦母)、刘树德(饰白傻子)、赵勇(饰仇虎)、张建平(饰焦大星)、罗吉龙(饰常五),也都演艺精湛,配合默契。川剧《金子》从1997年首演(当时名为《原野》)以来,先后赴北京、上海、南京、深圳、南宁、成都、苏州、杭州等20多个城市演出150余场,参加了中华人民共和国国庆50周年献礼、上海国际艺术节、第六届中国艺术节、第七届中国戏剧节、中国川剧艺术节等的展演,并赴韩国、法国、瑞士进行文化交流。此剧荣获中国艺术节大奖、中国戏剧节曹禺戏剧奖·优秀剧目奖、中国川剧艺术节金奖等20余项国家级大奖。2002年市政府为表彰剧院,记"集体一等功"。

⑬《李亚仙》。此剧是重庆市川剧院"打全国牌,创重庆戏",继首届国家舞台艺术十大精品剧目《金子》之后倾力打造的一部"传统名剧,现代表达"的古装大戏。该剧情节曲折委婉,讲述了歌伎李亚仙与官宦子弟郑元和之间的传奇爱情故事,塑造了一个至纯、至真、至性的李亚仙形象。

⑭《鸣凤》。此剧由三峡川剧团演出。该剧以鸣凤的悲惨遭遇为主线,刻画了鸣凤从驯服到不屈、从自卑到独立、从畏惧黑暗到为光明而抗争、从憧憬爱情到为自由而献身的生命脉络。该剧入选国家舞台艺术精品工程30强,并荣获第十四届"文华奖"优秀剧目奖。2011年鸣凤的扮演者谭继琼获得中国戏剧梅花奖。

⑮《灰阑记》。川剧《灰阑记》是市川剧院的一部经典之作。该剧改编自德国戏剧大师布莱希特的《高加索灰阑记》,艺术家们对其进行了中国化、戏曲化、川剧化的全新演绎,既有感人的故事情节,又不乏笑点。吴熙曾凭借在《灰阑记》中的出色演绎,获得第12届中国戏剧节优秀表演奖和第27届中国戏剧梅花奖。

⑯《江姐》。2019年6月,继2018年在重庆、成都、丰都、涪陵等地成功公演数十场后,沈铁梅首次率川剧《江姐》剧组赴京于国家大剧院演出。在演出中,沈铁梅和重庆市川剧院的演员们用极大的热情,演绎了革

命女英雄江姐等在重庆解放前夕为了共产主义理想和信念努力奋斗的感人场面,赢得了台下上千位北京观众数十次热烈掌声。

三、重庆川剧代表人物

1.国内知名川剧表演艺术家

旦角:周慕莲、胡裕华、琼莲芳、薛艳秋、胡漱芳、周金钟、王清廉、许倩云、苹萍、高凤莲、张树芳、林琴新、秦淑惠、张巧凤、刘世玉、余果冰、曾又珠、刘卯钊、庄其美等;

生角:张德成、贾培之、陈淡然、杨肇庵、邹西池、李家政、徐又如等;

小生:袁玉堃、陈桂贤、姜尚峰、李文韵、夏庭光、吴辉新、吴拙、刘又全、赵书勤、肖又和、王世泽等;

花脸:唐彬如、吴晓雷、徐文瀚、金震雷、陈玉骏、蔡如雷、胡明克、王德云等;

丑角:周裕祥、李文杰、刘裕能、赵又愚等。

2.区县川剧表演艺术家

旦角:许思惠(江北区)、何小莲(南桐矿区)、周砚非(市中区)、牟芷苓(江北区)、陈鸣凤(市中区)等;

小生:李奎光(市中区)、廖啸风(南桐矿区)、李侠林(北碚区)等;

生角:祝明达(永川地区)、车佩新(市中区)等;

花脸:漆鸣雷(九龙坡区)等;

丑角:徐笑浓(南桐矿区)。

3.川剧作家

重庆川剧作家主要有李明璋、席明真、赵循伯、李净白、李心白、李行、王燮、倪国桢、隆学义、阳晓、张昌达等。

4.川剧理论家

川剧理论家主要有胡度、胡天成等。

5.中国戏剧梅花奖得主

1988年,重庆市川剧院沈铁梅在北京演出专场:传统折子戏《凤仪亭》(饰貂蝉)、《三祭江》(饰孙尚香)、《阖宫欢庆》(饰都氏),1989年获第6届中国戏剧梅花奖;

1990年市川剧院马文锦在北京演出专场:传统折子戏《刁窗》(饰钱玉莲)、《逼嫁》(饰鸨母)、《凤仪亭》(反串吕布),1991年获第8届中国戏剧梅花奖;

1999年沈铁梅在北京演出川剧《金子》(饰金子),2000年获第17届中国戏剧梅花奖;

2005年市川剧院黄荣华在北京演出专场:传统折子戏《评雪辨踪》(饰刘翠屏)、《阖宫欢庆》(饰郗氏),新编历史剧《长乐悲歌》(饰吕后),获第22届中国戏剧梅花奖;

2011年沈铁梅在成都演出《李亚仙》(饰李亚仙),获第25届中国戏剧梅花奖;

2011年三峡川剧团谭继琼在成都演出大型现代青春川剧《鸣凤》(饰鸣凤),获第25届中国戏剧梅花奖;

2015年市川剧院吴熙在广州演出川剧《灰阑记》(饰杜鹃),获第27届中国戏剧梅花奖。

另,2008年加入市川剧院的孙勇波获第20届中国戏剧梅花奖;2017年加入市川剧院的胡瑜斌获第25届中国戏剧梅花奖。

6.重庆川剧新人群像

重庆市川剧院:徐超、周露、周星雨、陈秋锦、赵邦杰、罗晓薇等。

2014级毕业班：白孟迪、曾义、罗洪萍、张兴宇、杨钰、康耀元、余艾倍、万玥含、谢舜杰、彭琦、诸涵卿、陈力力等。

四、川剧领军人物

沈铁梅，当代川剧的领军人物。

中国戏剧梅花奖获得者、中国剧协副主席、重庆市川剧院院长。沈铁梅具有得天独厚的艺术表演天赋，她的演艺生涯始于20世纪80年代初，几十年间在川剧舞台上塑造了几十个鲜活的戏剧人物形象。1981年，16岁的沈铁梅在重庆市川剧青少年会演中代表四川省川剧学校重庆班演出她的处女作《桂英打雁》；1984年，她在重庆市专业剧团川剧青少年调演及1985年重庆首届雾季艺术节青少年川剧专场中演出折子戏《凤仪亭》；1988年，她在北京演出个人川剧专场《凤仪亭》《三祭江》《阖宫欢庆》；1982年后沈铁梅演出了折子戏《贵妃醉酒》《拷红》《思凡》《出北塞》《秋江》《打饼》《乔子口》《三巧挂画》《棒打薄情郎》《刁窗》《逼嫁》《打神》，大戏《孔雀胆》《聂小倩》《白蛇传》《一代风骚》《枭雄夫人》《玉京寒》《潘金莲》《金子》《李亚仙》《灰阑记》等。在川渝戏曲界获得了"川剧唱腔女状元"的美誉。她演的《贵妃醉酒》有醉之美，《别洞观景》有灵之美，《拷红》有巧之美，《思凡》有情之美，《乔子口》有韵之美，《秋江》有柔之美，《打饼》有色之美，《凤仪亭》有慧黠之美，《三祭江》有悲怆之美，《阖宫欢庆》有情趣之美，《孔雀胆》有婉约之美，《灰阑记》有大爱之美……

在《金子》中，沈铁梅饰演金子，她紧紧抓住了对人物形象的塑造和性格的刻画，将金子的野性与善良、爱恋与仇恨表现得入木三分。一方面，她拥有天赋的嗓音，唱腔别具特色，总是恰到好处地传递着金子心中泛起的每一丝波澜；另一方面，她巧妙地运用川剧的传统程式，讲究身段动作的姿态美，注重人物的心理变化过程。

沈铁梅天生一副好嗓子，音域宽，音质美，高亢清脆而又刚柔并济，韵味十足，加之科学的练声方法，合理的保护运用，其嗓音格外甜润清丽，悦耳动听。沈铁梅的唱腔达到了"以唱塑人，以歌抒情"的艺术境界，不仅唱得美、唱得动情，更重要的是她的唱腔与当代人们的审美需求紧密结合，极富时代感。沈铁梅在《金子》一剧中的舞台表演是从美学层面出发的，在运用传统程式的基础上，借鉴现代话剧、电影、影视表演手法，虚实结合，从剧情出发，真正做到了"心与神合，神与貌合，貌与形合"。沈铁梅在继承传统戏曲美学的基础之上，取诸家之长，成一家之艺，形成了风清素韵、高标拔俗的川剧表演艺术的独特风格。

在《李亚仙》一剧中，沈铁梅饰李亚仙。她从传统中寻找灵感，用新的理念、新的诠释和新的表现，探索传统剧目适应现代人审美需求的戏路子。沈铁梅在《李亚仙》中结合当代人的审美，在运用传统程式基础上，从生活中提炼舞台人物的感情节奏、神形、舞蹈动作，做到了创新不离本体，借鉴不失特色，传统与现代、古典与时尚自然融合，在继承中创新发展了川剧经典传统剧目的内容和形式，创造了李亚仙神形兼备的艺术形象。

她还在《枭雄夫人》中饰演人称"枭姬"的孙尚香。孙尚香自幼喜好武艺，姿容甚美，常以与人击剑为乐。沈铁梅在剧中尽显郡主风采，先是一身戎装，后是宫中艳服，祭江时则一身缟素。弹戏声腔，满宫满调，最后祭江的大板——三十四句的【苦皮】，沈铁梅唱得声泪俱下，非常感人……

以上这些折子戏和大幕戏多为考功戏，既考功夫又显精道，有的重唱，有的重演，有的唱做并重，有的载歌载舞，沈铁梅都得以出色地、完美地胜任，塑造了一个个既鲜活又灵动的人物形象，为中国川剧史谱写了华丽的篇章。

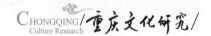

五、重庆川剧享誉国外

70年来,重庆川剧不仅在国内产生了很大影响,同时也享誉国外。除参加中国川剧团赴东欧四国演出外,重庆市川剧院还参加过一系列国外演出活动,在国际上产生了强烈反响。

2002年受文化部和中国文联委派,重庆市川剧院《金子》剧组以中国川剧艺术团的名义,赴韩国参加"汉城艺术节"和水原城堡国际戏剧节演出。

2004年在荷兰阿姆斯特丹皇家音乐厅里,郭文景的歌剧新作《凤仪亭》,由沈铁梅在荷兰新乐团的伴奏下进行了世界首演,把荷兰观众带到了极具中国特色的神秘音乐世界中。当年秋天,沈铁梅重赴欧洲,参加意大利都灵九月艺术节演出,在闻名欧洲的都灵音乐学院的舞台上,再次演出《凤仪亭》。

2006年重庆市川剧院应巴黎姐妹芭蕾舞戏剧艺术公司的邀请,在40天的时间里,在法国22个城市和瑞士的剧院里演出了40余场精品剧目《金子》和传统折子戏,创造了中国戏曲海外演出的奇迹。

2007年夏天,沈铁梅再赴欧洲,在德国科隆,第三度为欧洲观众演出了《凤仪亭》。

2009年,重庆市川剧院再一次登上欧洲舞台,在比利时首都布鲁塞尔美术宫里举行的"欧罗巴利亚中国艺术节"的开幕音乐会上,与广州交响乐团联袂演绎了川剧交响乐《衲袄青红》,让欧洲观众再次领略了中国川剧交响艺术的迷人魅力。

2012年5月19日—25日,重庆市川剧院携川剧《灰阑记》远赴德国威斯巴登,参加每年在此举行的威斯巴登"五月国际艺术节"。当地时间5月22日晚,中德首次合作的文化交流作品——大型古装川剧《灰阑记》在德国威斯巴登黑森州立剧院完美首演。这出改编自德国戏剧大师布莱希特著名话剧《高加索灰阑记》的川剧版《灰阑记》,为德国观众带来了全新感受,得到了他们最热烈的掌声。

2019年2月1日晚,荷兰鹿特丹,沈铁梅将原汁原味的传统川剧带到欧洲主流电影节——鹿特丹国际电影节闭幕式演出中。博大精深的川剧让欧洲观众大开眼界,表演结束后,现场爆发出热烈的掌声。6月,《李亚仙》剧组赴罗马尼亚,参加罗马尼亚锡比乌国际戏剧节演出。

六、对重庆川剧发展的思考

与20世纪五六十年代甚至是80年代相比较,重庆川剧发展不容乐观。1980年重庆市川剧院团为12个(市川剧院团2个,区县10个),1984年永川地区划归重庆,川剧院团增至22个。后来撤销川剧团,重庆川剧院团从22个锐减到4个,这对重庆川剧而言无疑是巨大的损失。

尽管如此,重庆川剧还在,重庆川剧人还在!

重庆市川剧院在沈铁梅院长的带领下,初心不改,艰苦奋斗,创建了国家精品工程优秀剧目,创建了重庆川剧在国内外的极高声誉,将重庆川剧院打造成为中国川剧的领军院团。

万州三峡川剧团,也还一直坚持在演川剧。有的区县川剧团虽已改制更名,但仍为川剧演出保留了舞台一角。永川区川剧团更名为永川区文体中心,团内还留下了一批青年川剧演员,折子戏、大幕戏照演。永川的《清风亭》即将进京参加全国基层院团会演,三度续写区川剧团进京演出的佳话。綦江区川剧团也改成了綦江区地方文化促进中心,但他们一直坚持川剧进校园,为小学生开办川剧艺术培训班。

尽管大多数川剧团和川剧人无可奈何地退出了艺术舞台,但在许多区县,大家仍抱成团,行头自己置,锣鼓照打戏照唱。据统计,合川区有400多人常年进行川剧座唱、彩唱和演出。江北区有个民营的群艺川剧团,一年演出300场以上。綦江区东溪古镇有两座万年台子,每周都有川剧演出。合川区文化馆和区剧协联合为小学生举办川剧艺术讲座,仅一年就开讲25场,效果很好。潼南区多年来坚持川剧进校园演出,并创作、整理适合小学生观看的川剧,受到师生欢迎。

总体来说,笔者以为,发展川剧可以从以下几个方面进行努力。

1. 恢复"川剧团"

现今,已有永川区、合川区提出要恢复"川剧团"。这对重庆川剧的发展,无疑是一个振奋人心的好消息!

重庆川剧现在仅有两个真正的剧院(团):一个是市川剧院、一个是三峡川剧团。两个院团也就两百来号人,到底能支撑重庆川剧多久?这几十年来,假如重庆市川剧院没有排演隆学义的《金子》,假如永川川剧团没有排演张昌达、彭泽明的《风雨女人路》,假如三峡川剧团没有排演隆学义的《鸣凤》,假如綦江川剧团没有排演根据倪国桢原著《加上妈,六朵花》改写的《百花村》,重庆川剧还会在中国戏曲中占有一席之地吗?好在并没有这些假如。但是在《金子》出现之前,重庆川剧不是也沉寂了不短的一段时间吗?

目前,在有条件有基础的区县,可着手制订恢复川剧团的方案,如永川区文旅委领导已多次明确表示,他们正努力将已改为永川区文化体育中心的原永川川剧团恢复,现在团内还有27个于1994年由省川校委培的学生,都是科班出身,有技艺基础,他们都赞同恢复川剧团,再续川剧梦。

2. 举办全市性川剧赛事

举办全市性戏曲赛事,如川剧创作会演、川剧演员大赛、川剧打击乐比赛、川剧座唱等,以各种赛事调动国有和民营剧团的积极性,调动广大川剧爱好者和观众的积极性,在全市逐步形成到处锣鼓响到处有戏看的热闹场面。以川剧活动开展较好的区县为基地,联络、协调和带动周边区县,资源共享,分片营运,共同打造川剧活动中心,有组织地开展片区的川剧活动。

继续办好"舞台之星"、青少年演员大赛等激励青少年演员的赛事。青少年演员要通过赛事这一重要平台,来展示自己,提高技艺,促进成长。

3. 川剧进校园

随着戏曲进校园工作的开展,按照国家制定的大中小学生每年至少看一场戏曲演出的最低标准,全市仅有的几个专业戏曲院团显然是承担不了这一工作的。现今没有专业川剧团的区县,戏曲进校园工作更是难以进行。

重庆的戏曲进校园工作,首先要考虑加大对戏曲艺术人才的培养,壮大师资团队,并尽快完善相关的配套措施。这包括加强理论研究和实践探索,建立专门的师资培养体系与专门的课程体系,尽早把戏曲特别是川剧在内的戏曲教育,纳入中小学课程并立法加以规范。以川剧为例,在人才培养上,作为第一步,可以考虑选送中小学相关老师到戏曲院校如市川剧专业院团、重庆文化艺术学院或更高等的院校接受专业培训;作为人才培养的第二步,可以考虑在戏剧院校或师范类院校开办专门的川剧教育专业,为各级各类学校的戏曲教育培养专门的师资人才。其中,可优先考虑各类学校的音乐老师,对其进行川剧声腔演唱的培训,再在学校开设川剧声腔演唱课程。

4. 本土原创出佳作

按本土原创的范围,中华人民共和国成立以来重庆舞台艺术可说是作品颇丰,仅大型剧目就有川剧现代戏《龙泉洞》《十二个老矿工》《幸福岭》《金银坡》《凌汤元》《加上妈,六朵花》《人与人不同》《小镇风波》《綦河怒潮》等;新编古装剧有《望娘滩》《钓鱼城之战》《貂蝉之死》《阚泽荐陆》《一代风骚》《长乐悲歌》等;新编推理戏有《井尸案》《古琴案》《婚变案》等。这些剧目的编剧、导演、作曲、舞美设计、服装道具和所有演职人员，都是地道的重庆人。

重庆戏剧界要传承和发扬老一辈坚持本土原创出佳作的奋斗精神，发掘重庆题材，鼓励本土原创，重庆的舞台艺术作品一定要打上深深的"重庆烙印"，一定要属于"重庆创作"和"重庆制造"。重庆也曾有一支人数可观的创作队伍，但当下重庆编剧人才严重断代，严重稀缺。没有编剧，何来剧本？没有剧本，何来川剧？发现、培养川剧编剧，更是当下亟待解决的一件大事。

5. 坚持人才培养

重庆川剧能否取得发展，人才是基础、是重点、是关键。特别是对演员的培养，要花大本钱、大精力、大智慧。市川剧院1979年招的学生中，就出了沈铁梅，还有曾帧、钟斌、李秋萍、谭小红等；1980年各区县招的学生中，就出了田蔓莎、何玲、彭欣綦、孙群、张雪梅等；2010年招的学生中又出了白孟迪、曾义和16岁的陈力力一批尖子。现在又到了考虑川剧招生的时候了，趁黄荣华、刘树德、天池、张建平、罗吉龙这一批德艺双馨的老师们还教得了的时候，坚持继续招收川剧学生，扩大生源。只有有了一代又一代川剧接班人，重庆川剧才有更大的希望！

重庆川剧伴随着祖国走过了70年！中华人民共和国的成立，给重庆川剧以新生，给重庆川剧人以新生，祖国的强盛，给了重庆川剧繁荣发展的支撑和底气。在新时代中国特色社会主义思想的指引下，应坚持文化自信，坚持以人民为中心，坚持传播优秀的川剧文化，将中国剧坛独树一帜的重庆川剧，继续发扬光大，努力地传承优秀传统，与时俱进，攻坚克难，为重庆川剧的繁荣发展做出更大的贡献。

70年看戏杂忆

曾祥明

　　我因为生长在重庆市中区（今渝中区），看戏方便，5岁时就跟着家父看戏，算来已有70年的"戏龄"了。回忆，当然绝无可能，只是把想到的一些记录下来，杂七杂八的，就叫看戏杂忆吧。

川剧鼎盛的20世纪50年代

　　重庆是1949年11月29日解放的。不久，就进入了20世纪50年代。1950年，我跟着父亲到又新大戏院看了一场大人们所说的"新戏"。演"新戏"的人穿的衣服跟看戏的人差不多。戏里有一个女子，一脑壳的白头发。后来才知道，那是又新大戏院演的解放区的戏，叫《白毛女》。这一年，我才5岁多。

　　后来有一点印象的，是重庆市第一个国营戏曲剧团——重庆市实验川剧院。有一天，我看到从中华路到青年路实验川剧院的路上，到处插着黑颜色的三角旗，旗中间有一个白圆圈，圆圈里有一个"宋"字。我回家后就问父亲，是不是实验川剧院那里的宋家办丧事。父亲告诉我，是实验川剧院在演大戏《宋景诗》。宋景诗是黑旗军首领，沿街插黑旗，是在搞宣传，宣传宋景诗的黑旗军，也宣传《宋景诗》这个戏。

　　1953年5月，到北京参加了"第一届全国戏曲观摩演出大会"的川剧演员回到重庆后，成立了西南川剧院，汇聚了川渝川剧名角精英，地点就是原来的又新大戏院，后来改建成了重庆地标建筑的重庆剧场，大红柱头，古色古香（可惜20世纪90年代被拆，连照片都没留下一张。《重庆戏曲志》上的照片都不是原来的模样）。大型川剧《彩楼记》就是由西南川剧院整理、演出的。我看的那场是刘世玉、谢文新演的"彩楼""逐婿""惊秋"中的刘翠屏和吕蒙正，蒋俊甫演的刘丞相、戴雪如演的张婆婆。后面的"祭灶""赶斋""评雪""寺会"的刘翠屏和吕蒙正，分别由陈书舫、曾荣华扮演。刘成基饰演和尚唐七，周企何演和尚唐八。那说明书白底红字，折成4页，不仅印有演职员表，还印有"主要唱词选"——"回首家园咫尺天涯里"等唱词，我就是靠着说明书背诵下来的。

　　1955年5月，西南行政区撤销，西南川剧院也撤销建制，改为四川省川剧院，下设两个演出团，省一团驻重庆，省二团驻成都。我看省一团的戏不少，对其中几场戏印象颇深。

　　一场是省一团在重庆人民大礼堂演的，时间是1957年2月2日。那场戏有五折，而且是名家荟萃。

　　第一折是吴晓雷主演的《关门认夫》，是《牧虎关》（又名《黑风帕》）中的一折。内容是辽宋大战之时，杨八姐奉命调宋将高旺回营，途经牧虎关，与守将张豹之妻交战。高见其貌美，声言纳之为妾，事后得知守将张豹之母是自己分别多年的妻子，那个貌美的敌人就是自己儿媳，羞愧不已。由吴晓雷饰高旺，万智君饰张兰英，赵书勤饰张豹，龚俐娟饰公主。

　　川剧花脸大师吴晓雷,人称"唱腔大王"。他对川剧胡琴腔的唱腔进行了创新,创立了独树一帜的"吴派"唱腔。20世纪30年代,成都报纸曾称赞他"唱腔奇特,前无古人"。到40年代,吴晓雷的唱腔艺术就已达到了炉火纯青的境界,居川剧花脸之首,被誉为"唱腔大王"。京剧花脸有"十净九裘"之说,而川剧花脸几乎无一不学吴的唱腔。在吴晓雷几十年的艺术生涯中,他直接教过的学生数以百计,遍及成渝川黔。

　　出生于1894年的吴晓雷,在当时已经63岁了。但他演出唱做并重的《关门认夫》却是举重若轻。吴晓雷把剧中的"浪里钻"板式唱得活泼、轻快,幽默。那"驾东风,驾西风,驾南风,驾北风,东南西北我一齐驾,中间还驾一个旋头风。抓住了风头打风尾,黑老子站在了半虚空。张豹娃娃你来看,我就是你驾黑风的十七八代老祖宗",连唱带比,效果极好。后来,我还看过重庆的刘震新演过此剧,现在重庆市川剧院的王涛也演过,可惜省略了那段驾风的唱段。

　　第二折是张德成、刘裕能主演的《赠绨袍》。演的是战国时代,范雎在魏国被须贾陷害,靠朋友的帮助逃都秦国,化名张禄,成了秦国丞相。须贾奉魏王之命出使秦国,范雎有意不见他。一日范雎微服到馆驿见须贾。须贾见范衣着褴褛单薄,将自己的绨袍赠给范雎。范感其情,遂准许回魏。张德成演范雎,刘裕能演须贾。

　　张德成,是川剧界有名的生角大师,曾历任西南川剧院副院长、四川省川剧院院长、重庆市川剧院院长、四川省川剧学校校长。他当时70岁,已经不能演出太吃重犯功的戏了。《赠绨袍》中的范雎,只有头尾的几句唱,其余都是讲白。但川剧素来有"讲为君,唱为臣"之说,讲白讲究抑扬顿挫、轻重快慢,讲出剧情、人物,没有扎实的功底和丰富的舞台经验,是难以胜任的。不见今天的川剧舞台上,多是表现技巧的须贾《跪门》,少见讲究内涵的须贾《赠袍》了。这是我看张德成演出的唯一一折戏。

　　第三折是许倩云、肖又和主演的《翠香记》。演的是何凤鸾与书生邱山相爱。二人于晚间相会,摸黑前往绣楼,一路闹出不少笑话。到绣楼后,何邱二人情话绵绵,何母突到,邱生力辩,何母最终允许二人结为眷属。许倩云饰翠香,肖又和饰邱山。

　　这是本场戏里最年轻的一组演员。许倩云当年才30岁,演小生的肖又和也才21岁。莫看许倩云年轻,1947年初,成都《海棠》杂志评选出的"川剧皇后",前4名依次是陈书舫、廖静秋、许倩云、苹萍。

　　第四折是陈淡然主演的《卖画劈门》。《卖画劈门》是《日月图》之一折。恶少胡凌志(赵又愚扮演)看中白茂林之女白凤鸾(任庭穆扮演),趁白茂林上街卖画之际,命管家以买画为名将他骗至府中。胡凌志仗父权势,让白将爱女嫁他为妾。白怒斥不从,胡扬言当晚便来抢亲。入夜,白之外甥汤子炎(赵书勤饰演)被奸贼追赶,拍门投宿。白茂林误以为是胡府来人抢亲,便持刀劈门相拼。后,甥舅商议,由汤子炎假扮白凤鸾,李代桃僵,过府相机行事。

　　陈淡然在《卖画劈门》剧中饰演白茂林,把老秀才对恶霸胡凌志的仇恨,以及拿起菜刀与恶霸拼命的气愤,表达得真实感人。那把明晃晃的菜刀,一下子扎在舞台上,铿然有力。后来又错把拍门的外侄儿汤子炎当作抢亲的坏蛋,一阵挥刀猛砍。在认出是汤子炎后,下意识地搂抱外侄,那雪亮的菜刀一下下地在汤子炎颈子前晃来晃去,有着强烈的舞台效果。让观众在紧张后又发出阵阵笑声。这是陈淡然的拿手戏,他的学生唐显和、熊焕文,再传弟子熊宪刚都得益于他。

　　第五折是周裕祥主演的《收烂龙》。东海龙王太子敖光,饱食终日,不务正业,号称"烂龙"。常与钱塘江龟精鼋幺妹兴妖作怪,掀波作浪,危害百姓。西天佛祖遣护法韦驮(冯文澄饰演)收之。

　　主演周裕祥,是川剧表演艺术家、导演艺术家、川剧教育家。他历任西南川剧院、四川省川剧院一团的导演、艺术委员会主任,曾经主持过"又新科社"的教学,赵又愚、张又凤(巧凤)、刘又全、胡又朔(明克)、王又聪(德云)等一大批"又"字辈演员都是他的学生。后来又担任四川省川剧学校教导主任,任庭芳、邱明瑞等等都受教于他,几乎是"川剧名角半学生"。烂龙,在重庆方言里,指的是那种好吃懒做的人。周裕祥饰烂龙敖光。

四川省川剧一团在这年春节演出了四个午场戏。初一是《五台会兄》(吴晓雷、李家敏),《双拜月》(任庭穆、余果彬)、《议剑》(张德成、刘裕能)、《归正楼》(三变化身)(周裕祥、刘忠义);初二是《彩楼记》(许倩云、李家敏、谢文新、周清植、周裕祥、刘裕能);初四是《下竹影》(陈淡然)、《审玉蟹》(张德成、刘裕能)、《拾玉镯》(许倩云、李家敏、陈心田)、《王婆骂鸡》(吴晓雷、陈惠琴)、《西关渡》(周裕祥)。票价是甲票四角、乙票三角、丙票两角。可惜初中一年级学生的我,只攒到两角钱,只能看一场。好在《彩楼记》我看过,就看那场剧名稀奇的、对娃娃我还很有吸引力的《收烂龙》那场戏。

今天来想,这场戏给我们什么启迪呢?

首先,演出单位尊重民俗。过年的时候,人们不但要新衣新帽、大鱼大肉,还要大喜大笑,看戏就是最好的娱乐。过年看大戏,是几百年来的民俗。川剧要尊重民俗,满足人民大众娱乐的需求。最近的端午节,重庆市川剧院应节演出《白蛇传》,观众排起长队卖票。成都的大剧院没有端午节的应节演出,川剧观众抱怨不已。

其次,演出单位尊重观众。演出单位即使在节日期间,也派出了精兵强将。在70岁的院长张德成的带领下,五个折子戏的主演个个了得,都是1952年第一届全国戏曲观摩大会上的获奖者:张德成年高德劭,获荣誉奖状,吴晓雷、许倩云、周裕祥都是二等奖获得者,陈淡然获三等奖。

我还有幸看了一场难得的"丑角专场",是在重庆剧场看的,演出单位还是四川省川剧院一团。这场戏演了六场丑角戏。

第一折是刘成基、戴雪如主演的《陕补缸》。王大娘的水缸被打烂,请咕噜匠来补缸,谁知被咕噜匠打得更烂。本剧再现了补缸的过程,是民风民俗的"活化石"。因以陕调为主演唱,所以又称"陕补缸"。

刘成基饰演锢漏匠(戏里称"咕噜"),戴雪如饰演王大娘。刘成基是原西南川剧院名丑、导演,1952年第一届全国戏曲观摩大会上的二等奖获得者。他的夫人戴雪如,摇旦兼老旦,1952年第一届全国戏曲观摩大会上的三等奖获得者,扮演王大娘。

第二折周裕祥、琼莲芳主演的《扯符吊打》,是《白蛇传》之一折。王道陵给许仙灵官符一张,叫许仙拿回家贴在其妻白娘子头上,即可收伏白蛇,不料被白娘子识破。叫小青将王道陵抓到家中,吊在屋梁上饱打一顿。

周裕祥演王道陵,琼莲芳演白娘子,刘忠义演小青。琼莲芳是重庆市川剧院旦角表演艺术家。

第三折是《迎贤店》。迎贤店店婆深厌落魄书生常诗庸久欠房钱不付,百般凌辱讥笑,并逼其典当衣物,冒风雪卖字。常诗庸得杰士赠银回店后,店婆见了银子,又对常百般奉承。

周企何饰店婆,刘又全饰常诗庸,蔡如雷饰杰士。

周企何是"川剧五大名丑"(刘成基、周裕祥、周企何、李文杰、陈全波)之一,1952年第一届全国戏曲观摩大会上的一等奖获得者。擅长演小人物和丑旦。《迎贤店》中的店婆、《投庄遇美》的梅媪是他所塑造的典型人物。

第四折是吴晓雷、陈惠琴主演的《王婆骂鸡》。王婆的鸡丢了,怀疑是邻家奚二嫂所偷,于是在奚家门口大骂偷鸡贼。奚二嫂不服,出门与王婆对骂。后经邻居劝解,二人和好。

戏的主角是王婆,但王婆的扮演者却是著名的"唱腔大王"、花脸吴晓雷。吴晓雷反串扮演王婆,也给他的弟子们拓开了戏路,他的弟子王德云、再传弟子王涛都擅长演《王婆骂鸡》。丑角演员反而不演此剧了。

第五折是刘裕能、任心田主演的《文武打》。故事取材于《孟子·陈仲子章》和《孟子·齐人章》。春秋时,陈仲子颇通文墨,性情迂腐。一日去看望母亲,其母杀鹅款待。陈仲子归家途中,遵循古训"见其生不忍见其死,问其生不如死其肉",吐之。齐人见而讥笑。陈仲子鄙齐人乞讨行为,二人先讥笑而后斗殴。陈仲子以草节文打齐人,齐人深感耻辱,用拳武打,打翻陈仲子。后经公孙丑相劝,二人乃离去。

刘裕能演陈仲子,任心田演齐人。刘裕能是周裕祥的师兄,都是"裕民科社"的,与刘成基、周裕祥、李文杰都是大师傅三乾门下的弟子。花脸演员任心田则是名丑、名导任庭芳的父亲。

第六折是刘成基、戴雪如主演的《五子告母》。演的是米店马老板之女绰号"马乌嘴",溺死了5个私生子。这5个被溺死的小鬼到阎王处,控告其母。谁知这5个私生子的父亲竟然就是阎王。阎王于是马虎结案了事。

刘成基演阎王,戴雪如演马乌嘴。该剧的声腔虽是灯戏、高腔"两下锅",但表演形式仍是灯戏,以丑角和摇旦应工。阎王用木偶身法表演,演完木立不动,由检场人员用布幔裹着抱下场去。

《五子告母》和《文武打》,已经绝响于重庆川剧舞台半个世纪了!

关于这场丑角专场,还有些场外的话。在第三折《迎贤店》后,剧中休息。我在剧场休息厅里,听那些老观众摆"戏龙门阵"。他们议论说,周裕祥演的《扯符吊打》,丢掉了王道陵挨打以后又去怂恿许仙在端午节给白娘子灌雄黄酒的一段唱。说周裕祥"爱丢戏"(实际上是他对戏的一种精简处理)。有的老观众说,《迎贤店》里演杰士的花脸蔡如雷,嗓音不如金震雷(两人都是吴晓雷的弟子)。

而今,这两个专场里的主演,也多数去世了,成为川剧史上的人物。因而,看过的这两场戏也就愈发弥珍了。

相对而言,那些年我看省一团的戏多些,诸如《贞节牌坊》《十五贯》《炼印》《一只鞋》《三状元》等大戏以及诸多折子戏。至于省二团的戏,因剧团驻成都,我就看得少了。但省二团与省一团半年交换场地,到重庆演出《谭记儿》时我去看过。陈书舫演谭记儿,曾荣华演白仕中,刘成基演杨衙内,戴雪如演白道姑。而今著名的首届梅花奖获得者晓艇(本名文华章),在剧中仅仅扮演了一个送信给白仕中的差人李龙。

1958年12月,重庆胜利川剧团的部分人员(另一部分去了邻水,成立了邻水川剧团),并入重庆市实验川剧院,组建为重庆市川剧院,下设两个演出团(一团、二团),主要在实验剧场演出。因为我所在的重庆40中,与实验剧场联系开展学生参与社会活动,我们因做一些到剧场守门、给观众引路、对座号、戏完后打扫剧场清洁的服务,与剧场工作人员熟悉了,得以免票看戏。我看过《冲霄楼》《明珠记》《董小宛》《庆云宫》《吴越仇》《佛手桔》《九根毛》《包公三勘蝴蝶梦》《双槐树》《关汉卿》《百花公主》,童话川剧《耐冬花》等,大型现代戏《两个女红军》《三里湾》,以及不少折子戏。有一场《闹齐廷》阵容强大,杨肇菴演齐桓公,胡漱芳演长卫姬,苹萍演少卫姬,王清廉演葛嬴,林琴新演密姬,李文杰演公子无亏,李文韵演公子元,陈桂贤演公子昭,罗开新演公子潘,杨忠全演公子商人,金震雷演国懿仲,周继培演高虎,李侠林演雍巫,刘桂藩演竖刁,李文果演崔幺。

当时,重庆剧场、实验剧场、胜利剧场(1957年起,剧场交光明越剧团演出越剧)、大众游艺园都演川剧。一般每天两场,节假日早、午、夜三场。我在大众游艺园看过群众川剧团李奎光主演的《假西天》,北碚川剧团演邹西池主演的《治中山》。

1958年,四川省川剧一团下放给了重庆市川剧院,但我还是在实验剧场看的多。

1959年7月3日,由明朗任团长,朱丹南为副团长,周裕祥任总导演的中国川剧团一行64人,离开北京,在波兰、民主德国、捷克斯洛伐克、保加利亚4国的首都和36个城市,进行了69场演出。演出了《焚香记》《谭记儿》《芙奴传》《玉簪记》《秋江》《拦马《金山寺》等大、中、小剧目14个。我有幸看过出国版的《焚香记》,是胡漱芳、袁玉堃主演的。

1959年7月22日，我到重庆剧场看了一场"临别"的川剧，其中有金震雷、罗开新演的《牛皋扯旨》，刘卯钊、牟正华、陈少池演的《贵妃醉酒》等，当天还有重庆人民广播电台的人在现场录音。

到凉山以后，就难得看到川剧了。但我还是抓紧一切机会看戏。1960年回重庆探亲，我就看了好几场姜尚峰老先生的《别窑投军》《太平仓》，现代戏《节振国》（肖又和主演）《朝霞》（高凤莲、肖又和主演）。1961年，五通桥川剧团到昭觉，我看过他们演的现代戏《丁佑君》（丁佑君烈士就是五通桥人），"新又新"科班出来的演员李书新演的《杀惜》等折子戏。1962年春夏，雅安川剧团到昭觉演出，我还溜出看守颇严的校门，去看了一场彭海清主演的《打红台》——没想到50年后，我把此剧改编成了《白面虎肖方》，由重庆市川剧院演出。这是后话了。

从鼎盛跌入低谷

1965年我再次回重庆，看川剧仍是我探亲的内容之一。但已无传统戏可看了，只记得在重庆剧场演过市川剧院的《龙泉洞》，张巧凤、徐又如、冯文澄、赵又愚、庞祖云等主演。还看过《海港》，张巧凤、熊焕文、徐又如、胡知非等主演。为看戏还出过洋相。一天，我在重庆剧场大门口，看见一张《红灯记》的戏报，就在那阒无一人的售票处外面等着，等了许久不见有人卖票，也不见有其他人来排队。又过了许久，终于见剧场里出来了一个人。满心高兴地一问，才知那是过期的戏报了！

"文革"期间，我还在胜利剧场看过市中区川剧团（原群众川剧团）演出的《智取威虎山》，彭应康演杨子荣。有一个土匪，飞身窜椅子逃走时，被解放军击毙在椅子上。那演土匪的，就是"美猴王"李奎光！

1978年，邓小平来川视察后，开放了传统戏。1981年我回重庆探亲，到实验剧场看了几场折子戏，如同去会老朋友——尽管我认识演员，演员并不认识我。

这是川剧在"文革"后的一时繁荣。1979年，省川剧学校重庆班招生（沈铁梅就是这批学员之一），其他区县剧团也在招收学员。我也将1981年时看戏的感想写了些文章，在编辑黄光新先生的引荐下，加入了四川省川剧理论研究会。

1988年调回重庆，在江北县政协工作时，经成都的川研会会员朋友的介绍，结识了夏庭光、赵又愚等川剧名家，也经常在重庆市川剧院宿舍走动，照说看戏是很方便了。可惜，县区剧团几乎全部撤销，重庆剧场、实验剧场也都隶属于重庆市演出公司。川剧院没有剧场，犹如工厂没有厂房和门市，既没法生产也不能销售。堂堂重庆市川剧院，只能在中国城夜总会、巴渝茶楼里搞清唱和演点只需三两个人的"彩唱"。黄荣华曾经在这里唱川剧选段、唱歌、当节目主持人。我在中国城夜总会看过赵又愚演的《芙奴传·探院》。赵又愚着便装，戴个墨镜演瞎子贾连，手中倒捏着一把折扇当拐棍。说是在演出，不如说是响派。连中国戏剧第六届梅花奖得主沈铁梅，也到广州卖服装去了。十多年来，重庆市川剧院"打不得官司排不得朝"，最多演点"二人转"的"对对戏"。为了看戏，我有时还跟着演员跑，在沙坪坝看过赵又愚的《江油关》；在民盟对省二监狱帮教演出时，去看过夏庭光、徐伶俐演的《断桥》，许咏明、夏庭光演的《做文章》。

从20世纪80年代中期到90年代后期，川剧同全国的戏曲一样，跌入了低谷。

振兴川剧的新时代

有一句老话，叫"人还在，心不死"，恐怕讲的就是川剧人的精神。川剧人为着川剧艺术和川剧事业，在低谷里苦苦挣扎。终于，1995年，重庆市川剧院在有关部门的支持下，要回了川剧人自己出过资的重庆剧场。在当年的春节里演出了有59名演员登台、30名乐员演奏、10多名后台人员参与的大戏《玉祖寿》，为川

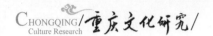

剧走出低谷迈出了第一步。

后来,重庆市川剧院把二团排练场装修为金汤街小剧场,虽然是"每周一歌"(周六演出),但总算是恢复了正常演出。这一时期里,重庆市川剧院相继排演出了《三土地》《三家福》《折桂斧》《萝卜园》《一只鞋》《闹齐廷》《庆云宫》《御河桥》《谭记儿》《荆钗记》《乔老爷奇遇》《濮阳之战》《绛霄楼》《芙奴传》《幽闺记》《八珍汤》《打虎过山》《曲江打子》《达摩飘海》《拾玉镯》《连升店》等大戏小戏。更排演了《孔雀胆》《金子》《长乐悲歌》,推出佼佼者马文锦、沈铁梅、黄荣华,他们相继摘取了"梅花奖"的桂冠。

后来,我为演员们编写、整理了一些小戏和大戏。如《取笋惊丑》、《打柴教弟》、《宝玉哭灵》、《太君辞朝》、《太君巡营》、《包公卖铡》、《柴市节》、《风筝误》(许咏明导演)、《八珍汤》(夏庭光导演)、《长乐悲歌》(宋天伟、曾帧导演)、《五子图》(许咏明导演)、《白蛇传》(曾帧导演)、《白面虎肖方》(夏庭光导演)、《武松》(刘智勇导演)等戏,由市川剧院演出。

沈铁梅主演的《金子》,开启了重庆市川剧院在改革开放后的辉煌篇章。她也于1999年摘取了"梅花奖"(二度梅)。2008年,在中国戏剧第二十五届梅花奖争夺中,沈铁梅荣获了"梅花奖"。她成为新时期川剧的领军人物。

2006年5月20日,国务院正式公布川剧入选第一批国家级非物质文化遗产。

2018年,沈铁梅主演了红色经典《江姐》,完成了她的"三部曲"。

遗产要有人继承。在新时期里,重庆市川剧接班人也接踵而至。

1996年,我参与了四川省川剧学校重庆班的招生。吴熙、石承霜就是在我们江北县政协文史办公室报的名。他们这一批的还有徐超、聂炜炜、张严威、王琦、周江、郑渊之、陈嫣嫣、李万果、廖敬、饶春等等。2008年,四川省川剧学校刘萍班的学员毕业后来到重庆市川剧院。孙勇波、胡瑜斌、孙群、李秋萍、谭小红、王娅、王蓓、熊伟、易传林、张帆、王涛、封四海等中年演员,已成为重庆市川剧院的艺术中坚。他们主演了《玉支玑》《芙奴传》《玉簪记》等传统大戏。吴熙主演的《灰阑记》于2015年夺得了"梅花奖"。2017年,徐超主演的《白面虎肖方》上了央视,在成都、香港演出。2018年底,徐超、吴熙、周露主演了传统大戏《柳荫记》。他们几乎都参与了《江姐》的演出。周星雨、周露还演出过她们的个人专场。

今天,2019年的接班人已经成长起来了。白梦迪演的《昭君出塞》《樵子口》,罗洪萍演的《三娘教子》《杀狗》,曾义演的《南阳关》《马房放奎》,褚涵卿、谢舜杰演的《小放牛》,杨钲、康耀元演的《拦马》,小琴师陈力力的伴奏,都显出了他们的实力,是一畦好苗苗!

重庆川剧,在院长沈铁梅的率领下,多次把川剧唱到了国外。

可以这样断言,川剧,今天已经从低谷里走出来了!我看了70年的川剧,看到川剧走了一个"马鞍",终于从辉煌走向了新的辉煌!

但是,"路漫漫其修远兮",还将"上下而求索"。如何继承川剧这宗非物遗产,是艰巨的任务,有艰难的历程。

川剧要发展,但首先要继承,非继承不能发展。要多挖掘川剧传统剧目,要使"唐三千、宋八百、演不完的三列国""五袍、四柱、江湖十八本""高腔四大本""弹戏四大本"在新时代的川剧舞台上焕发青春,让川剧这份川渝瑰宝世代传承,让川剧这朵川渝奇葩千古流芳。事实证明,演新戏、演传统大戏,观众是很喜欢的。演《白蛇传》《柳荫记》时,观众排队购票,非常踊跃。

还要给年轻人加以重担,要他们多学戏、多演戏。不能把2019年毕业的这批娃娃打散了,要成立一个训练班,让他们在班里互相当主角,也互相配戏,使他们发挥继承功能。梁启超说得好:"少年强,中国强。"在这里借用一下,用诸川剧——少年强,川剧强!

任白戈的川剧情

夏庭光

名符其实"任老板"

任白戈自20世纪50年代到"文化大革命"的20年间,曾任重庆市文化工作委员会主任、中共重庆市委宣传部部长、重庆市委第一书记兼市长之职。他没有"下海"做过生意,新中国成立前在"左联"时也没有经过商,何来"老板"的称号呢?新中国成立前后任白戈亦没有"玩"过戏班,"老板"二字又从何而来呢?

那是1957年10月的一天——

重庆市川剧院一团经武汉、上海、南京、济南等地巡回到首都献艺,演出于北京东安市场内的吉祥戏院。任白戈到京开会之暇,陪同公安部部长罗瑞卿到剧场赏戏。开演之前,任白与罗部长悄悄地步入后台……"七会老少师傅好!"罗瑞卿一拱手,开口说出了川戏班的"行话"。"他乡遇故知",内场化好妆和未化妆以及穿戴整齐和正在着装的诸多同人都齐展展地、十分亲热地一拥而上,把他们围在中间。任白戈知道我们都不认识罗部长,他作了简单介绍,最后说:"'开锣'临近,请罗部长给乡人讲几句话。"

罗瑞卿没等我们欢迎的掌声停息便说:"我是你们'老板'(指着任白戈)请来看'莫合'(不买票)戏的(说得我们都笑了来)。我和你们是'五百年前共一家'——我有个亲戚就是'集贤会'(乐队)的'大锣匠'(打大锣的乐员)。"啊,怪不得他懂川戏班行话。我当时心里说。罗部长接着说:"不耽搁诸位,还是请你们的'任老板'讲话。"

罗部长的两次"老板",逗乐了我们,也代我们给任白戈正了名——任白戈关怀川剧,尊重、爱护川剧艺人。就是这次重庆市实验川剧院与胜利川剧团合并(1955年底)建院,一团先后赴成都到云、贵以及此次出夔门、上北京,他都呕心沥血,付出辛劳。的的确确,名符其实是重庆川剧的"老板",更是重庆市川剧院的"老板"啊!

自那次以后,我们见着任白戈,有的称他任市长,有的喊他任书记,有的老艺人改不了口,还习惯地呼他任部长,但有不少人亲昵地叫他"任老板"。

在"文化大革命"中,罗瑞卿"受审","任老板"三字又为任白戈添了一条"罪状"。"任老板"三字,也更深入吾侪之心。可惜,十分可惜,再没有个"任老板"愿为川剧"犯罪"了。但我坚信,总有一天奇迹会出现!

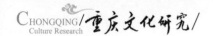

心迷川剧暑不热

1963 年，重庆市川剧院一团加紧排练节目，准备巡回南充、达县两个专区演出，其中主要剧目之一就是根据传统戏整理、任白戈看过多次、一直关怀的喜剧《龙骨扇》。

此戏的老本，剧词较水，场次烦琐，人物性格亦不鲜明，还有龙骨扇、湛卢剑两条线。龙骨扇和湛卢剑二物，又是仙家之宝——龙骨扇"扇三扇诸神回避"，天昏地暗，人晕马倒；湛卢剑"飞出鞘劈鬼诛妖"，百步杀敌，剑到头落……算是一出反映忠奸斗争的故事剧。整理本，即是根据任白戈的意见，解决上述的缺陷，统一为一线到底的喜剧风格。

这次加工提高《龙骨扇》，也是遵照任白戈同志的提示：以"逃"字贯串戏的始终。就是从忠良龙文广之后人龙凤卿，携传家之宝龙骨扇（此扇正是奸相害龙全家、畜意要谋夺之物）只身出逃开始，历经艰险曲折，得丫环李兰贞帮助，逃离虎口而终。

但如何以"逃"开始，又怎样以"逃"收场，得编导想出具体的办法。

重庆是全国闻名的火炉。一天午饭后，我作为此戏的导演，与作者李净白一起继续研究修改剧本。地点就在他家的门口，过道两头窗户通风，稍凉快一点。我们以方凳当桌，矮凳就坐，一边喝花茶，一边摇蒲扇，商量着总体和各场的修改方案。

我们刚开始没有多久，吃过午饭、不顾午休的任白戈突然而至，因是老熟人，也很随便，我们穿的背心、着的短裤，也无拘束感。在方凳的侧旁给他摆了一把凉椅，我想回到二楼家里去取"三花"（三级花茶，这是我家当时最好的茶叶，比李净白的"四花"还要高一级），给任白戈泡茶，谁知，我爱人苹萍已泡好端来了。净白给任白戈一把大蒲扇，我和老李先向任白戈汇报了我们刚才讨论的一些想法。任白戈听后，表示赞成，并补充了他的意见。他最后"慎重声明"：吾之所言，听之也可，不听也可。戏要你们去编、去导。这是他从不将己之见强加于人的一贯作风。

任白戈就在那张简陋的凉椅上，摇着蒲扇，流着热汗，时而闭目养神，偶而在我和老李研究改本时又插上几句。这就算是我们敬爱的老首长工余后的"午睡"了。直到任白戈的警卫员来请他去开会，他才匆匆告辞。我们送他至楼口，他便叫我们快止步，还说："把时间用在'戏'上，胜过送我下楼。"

任白戈去后，不知是气候转凉了呢，还是他给我们带来解热清风，心里似吃了降温的冰粉一样，热燥之感顿减，思路也敏捷多了，工作速度大大加快。

当场拍板"送寒衣"

非洲丛林，漆黑一片。一束"点射"红光下，舞台中央映现出一位戴镣着铐、体壮身健的黑人奴隶。他，慢慢地苏醒，挣扎而起，挥舞镣铐，愤怒砸断，继持鼓猛击。鼓声，由慢至快，自轻转激，丛林震动，群山呼啸，击鼓的奴隶增多，鼓声更猛、更疾："刚果——战斗"的鼓声、呐喊声响彻整个剧场。这就是 1965 年重庆市川剧院一团，根据中国人民解放军政治部文工团同名话剧改编排演的、反映刚果（利）人民反对殖民主义、帝国主义斗争的《赤道战鼓》的序幕。

《赤道战鼓》在人民剧场彩排的当晚，任白戈闻风而至（因是内部彩排，拟在"审查"时请他）。这位戏迷市长到剧场看演出，到排练场看排戏，甚至和编导一起"打堆"倒是"家常便饭"，说他十处有戏九次在，毫不夸张。彩排后，照例来听意见，任白戈既来，自然是请他唱"开锣戏"了。

这个"开锣戏"，把我唱得不寒而栗——任白戈同志的开场白，使第一次导外国"洋"戏的我，吃了一惊，正欲作记录的笔悬空难下——"要挨'老扳'刮胡子！"我心里想着。

"庭光呀！作导演要懂得爱护演员啊！"任白戈接着问："'黑人兄弟'冷不冷哪？"

戏中扮演"黑人奴隶"的十多个群角演员，除着一条短裤外，从头至脚都得涂抹棕色油彩。当时，季节虽已入春，却寒意尚存，不但候场难熬（一身油彩，穿衣着裤皆不便），上台也冷，卸妆就麻烦更大——当时的剧场（包括将正式公演此戏的重庆剧场）没有暖气，也没有浴室，只得在厕所将就将就。这些演员在台上，怎会不令台下观者"不寒而栗"呢。

"办法只有一个，买棕色纱做衣服代'肉体'。"我"诉苦"道，"惜乎欠缺一字……"

"要多少钱？"任书记问。

我是不当家，不理财，回答不上。幸好我们的书记于义说了大致不差的数字。

"买！钱是人找的。人病了，戏演不成，一文钱的收入也没得！"任白戈当场拍板。

临行时，任白戈还一再叮咛："快买快做，首场演出，我要看'穿衣着裤'的'黑人同胞'。"

任白戈的一句话，使"黑人奴隶"有"衣"可穿，有"裤"可着，油彩只涂颈部和两手、两脚了。

4月，在重庆剧场首演此剧后，扮演"黑人奴隶"的群角艺员，一团的老少同人以及闻知此事者，无不由衷地感谢"任老板"。

时刻不忘老朋友

1985年，"重庆市第一届雾季艺术节"闭幕后，应邀返渝参加活动的任白戈，于11月3日在人民剧场与市川剧院一二团和青年集训队的部分人员见面，并就当时川剧面临的形势作了一个多小时的讲话。会后，一定要和我们与会的、家住一团的同志陪他到一团宿舍看看多年不见的朋友，他还风趣地说："认识了新朋友（指青年集训队的学生），也不应忘掉老朋友呀！"

20世纪五六十年代，每逢传统的新春佳节，任白戈都要到剧团宿舍给大家拜年，若是太忙，也要到剧场后台履行此礼仪。由于任白戈自参加"艺术节"以来，一直都很劳累，因此，我们坚决不让他一一登门，请他坐下来休息，由我们到各栋宿舍通知。听说任书记到了一团，一个个演职人员，尤其是老同志都很快到"球场坝"聚拢。任白戈向大家握手问好，还在坝坝头合影留念。为了使合影的场址美观点，不少人主动从家里端来了各式各样、大大小小的花盆。可见，当时气氛之活跃，情绪之热烈。

正要合影时，因事上街的魏云程、宋素华先后赶来，任白戈急忙打招呼。魏说："任书记还认得我不？"

"魏云程！"任白戈又拍拍老魏的肩头说，"外号魏青年！"

"哈哈哈"大家和老魏都笑了。

任白戈指着宋素华："宋……"他稍稍停了一下，又笑着说："宋素华，搞女化妆的，对不对？"

笑声又起。

任白戈在渝任职10年有余，记得我们剧院"坐中场口"的主要演员不足为奇，他还记得"站侧边"的配角演员和幕后的"无名英雄"。他的特好记性，令在场的人无不惊讶、佩服。

现在想来，仅以"特好记性"四字名之，似乎还差点什么。任白戈同志离开山城多年，但他的心里没有忘记渝州的川剧，和在不同岗位上默默为川剧作过奉献的老友啊！

人在蓉城心系"渝"

1986年5月，我和刘昌汉、刘树德、戴彩萍赴成都参加四川省"首届川剧声腔艺术研讨会"，会议闭幕的次日（26日），我们4人到文庙前街92号去探望任白戈。

到达任白戈寓所,任老一见"重庆客"高兴异常,激动不已,起身与我们一一握手。

"苹萍好吗?"任老与我握手时问。

"托任老的福,好。"我谢答。

任老又问彩萍:"'罗猫猫'(罗升和外号)没来?"

彩萍笑答:"没有来。"

任老遂又为我们安座,吩咐小保姆看茶,还特意叮咛一句:"泡好茶叶。"其实他家里也没有孬茶叶。小保姆刚动身,他又叫住说:"泡花茶! 夏院长是吃花茶的。"

"任老板……"我不好意思地脱口而出。

"好久没有人叫'老板'了,听起来特别安逸,你还记得?"任白戈眼眶湿润地笑了。

"老首长还记得我爱吃花茶?"我也按捺不住激动之情,笑了笑说。

我们说是来成都开川剧声腔艺术研讨会的,并各自将复印的与会论文送上了一份,请任老审视斧正。

任白戈如获至宝地双手接住,很快地看了看标题说:"川剧的声腔,提上了'振兴'的议程,好! 重庆还来了哪些朋友?"

"就我们4个。"昌汉回答。

任白戈颇感遗憾地道:"太少了,重庆是下川东的'舵把子',川剧的'大国'之一啊!"当我们说明"会议"是邀请有论文者后,任白戈接着说:"搞编、导、演的都应该研究川剧声腔。唱、念、做、打,唱是首位。尤其是高腔,就是要唱好。我不反对高腔加弦乐伴腔,但伴腔不宜盖腔,盖腔,喧宾夺主。川剧的唱,历来是弱门,与川剧的表演相比,很不匹配。唱得好的像二位的老师(指张德成),还有成都的天籁等等嘛,恐怕不多,继承下来的更少了。京剧这方面比我们强。我不是长他人志气,灭自己威风,知己知彼,方能百战而不殆嘛!"任老端起茶杯道:"喝茶,喝茶!"他也饮了一口,又粗视了一下手中的"论文"说:"川剧武生的唱,更为薄弱,多数的武生艺人嗓子不好,甚至是'哑钢板'(声音嘶哑)。你(指着我)算例外,你的参师彭(天喜)大王也是例外。你这篇'川剧武生练嗓'是写彭大王的练嗓法?(我点了点头)你老师是……(1952年病逝——我插话)我记得,他的嗓子年老未败,死前嗓子仍好?(对! 我回答)这就证明彭大王练嗓有方,保嗓有法,值得研究研究。现在,有的年轻人迷信西洋发声,我不反对借鉴,但不要舍近求远,端起'金饭碗'讨口。"

摆谈转到振兴川剧,任老询问了重庆振兴川剧的情况,问还有哪些老先生健在。在详细问了重庆川剧的演出等情况后,他十分着急地说:"'八字方针'(指振兴川剧的抢救、继承、改革、发展),'抢救'在前哪! 重庆再不抢救,故一个老先生就带走一槽戏,失传一些艺,要成川剧的罪人啊! 重庆是各河道(川剧分资阳河、川北河、川西、川东等)的汇集地,能人荟萃,更应视'抢救'为首任,不抢救或迟抢救,后面'六字'就是唱'空城计'……"任老停了停,稳定了一下激动的情绪,继续说道:"要振兴川剧,就要有一批有志于川剧的'疯子'和喜好川剧的'傻子'! 还要有用武之地——剧场该回'娘家'。重庆的剧场还没有交给剧团吧?"

"没有!"我们齐声答。

"唉!"任白戈生气地说,"演川戏的'窝子'(指重庆剧场)不演戏,只想到"孔方兄'(钱),是对川剧犯罪呀! 有啥子脸面见'江东父老'!"

时间过得真快,从晚上8点已摆谈到10点钟了。鉴于任老的健康状况不佳,为让他早一点休息,我们虽不愿离去也只得违心告辞。任老兴犹未尽,要留我们再耍一下。我不得不扯谎说,11点我们要开个小结会,准备返渝给院里介绍会议情况的材料。

任老"哈哈"一笑,指着我唱道:"说谎话,实出无奈呀!"任老不情愿地送别:"你们怕耽搁我休息!"

　　临行,任老一而再再而三地要我们代他向重庆川剧界,特别是川剧院的老朋友问好。任老将我们送至楼口,要小保姆扶他下楼相送。我们坚决不肯,恳求任老留步,任老坚持要送,我们死活不依,势成僵局……

　　"任老不肯留步,学生跪下了。"我来了一句舞台腔,还做了一个欲下跪的舞台动作。

　　任老笑了,总算答应止步。我们怀着喜、忧、乐、愁的复杂心情,一步三回首,依依不舍地离去。"不演戏,只想到'孔方兄',是对川剧的犯罪呀! 有啥子脸面见江东父老"——任老的声音,在耳畔响;任老的话,在脑际想……

时代农民画 农民画时代

李毅力

1983年1月8日，"重庆綦江农民版画展"在中国美术馆开幕。别开生面的作品在当时的中国美术界刮起了一股艺术旋风，产生了一个綦江农民版画现象。中国版画家协会的年度总结报告在提到綦江农民版画时，甚至用了"奇范"一词。1988年文化部命名的画乡中，綦江是唯一以版画为创作画种的。

一、时代农民画

中国的农民画通常指1949年新中国成立后，以农民、牧民、渔民为作者主体，也包括其他阶层的业余作者创作的绘画。它的形成和发展，与中国社会的进程紧密相关，如"大跃进"时期的"壁画运动"、"文革"时期的"工农兵业余美术"、20世纪80年代的"画乡"等。

綦江农民版画虽然是1983年崛起的，但追根溯源，在20世纪六七十年代便有了版画艺术的基因。那时候，四川省美术家协会的领导和版画家李少言、牛文、李焕民、林军、吴凡、徐匡、吴强年等，长期待在綦江，深入生活、采风写生，进行创作培训等。吴强年那件具有时代意义的版画作品《支部书记》，便是以綦江永新三会公社七大队书记罗开河为原型创作的。至70年代初，綦江版画有了一定规模，作者都是工人、教师、知青和农民，他们形成了一个版画群体，作品参加了全国、省市的专题展览。但这20多年，綦江版画走的是院校专业版画的路子，而作品在艺术品质上又处于专业版画标准的中下水平。因此，在外力作用缺失后，至70年代末，綦江版画作者基本转行，专业版画之路走不下去了。

1980年，国家重点文化项目民间艺术集成开始实施，县文化馆美术组在两年的时间中，走乡串户，收集整理了大量的民间器物、木雕石刻、挑花刺绣、印染织物、年画春帖、面具脸模等。他们被绚丽多彩的民间美术深深打动，认识到将农民在民间美术方面的优势转换和表现到版画中来，走一条与专业版画不一样的艺术之路，才是綦江版画立本之路、发展之路。

于是，1982年11月，文化馆美术组提出了"綦江农民版画"实施方案，于1983年3月在三江公社文化站举办了第一个农民版画创作培训班。与过去完全不同的是，作者清一色都是农民，没有受过任何专业绘画的培训，指导老师摒弃了专业版画的方法，鼓励作者随心所欲，信笔涂鸦，只在版画刻印等技术上给予适当的帮助。创作培训班结束，15位作者创作出16件水印版画。这些版画别开生面，鲜活生动，浪漫夸张，随意风趣，具有传统民间美术特质和强烈的现代美感，在重庆美术界引起了极大的反响。在此基础上，县文化馆马不停蹄地在石角、盖石、东溪、桥河、安稳、永新等村社举办农民版画创作培训班，于1983年10月10日，在县文化馆举办了"綦江农民版画展"。紧接着12月9日，"綦江农民版画展"在重庆夫子池展览厅开幕。

1984年1月8日＂重庆綦江农民版画展＂在北京中国美术馆开幕；1月23日，《人民日报》发表了中国美术家协会副主席蔡若虹的文章《农民画打开了艺术创作的新局面——看綦江农民版画展》。随后，綦江农民版画不断在国内外展览，作品创作也硕果累累，作者多达五百人之众。

二、农民画时代

艺术是时代的镜子，朴实稚拙的綦江农民版画，也表现了时代进程，呈现出社会物质与精神的变化。

欧仲常是农民作者中年纪最大的一位，他的第一件版画是《认表》，画的是他的老伴儿戴上儿子买的手表，小孙女教她怎么看时间。欧仲常干过木工活，刻过门神春帖等，他将其造型方法借鉴过来，淡淡地套了点色，使作品有一种民间木版年画的味道。

"神仙难过二三月"，农村过去二三月青黄不接，生活很困难，包产到户后农业发展很快，农民不仅吃得饱而且吃得好，李杰便以《二三月》为题创作了一件水印版画。画面主体是一张方桌，满满一桌佳肴美食，画面上方横着一枝桃花，点明了二三月的季节，大胆奇美的构图令人叫绝。这件作品是綦江农民版画的代表作之一。

20世纪80年代中期，农村天翻地覆的变化成了农民作者表现的主题，《我家买了拖拉机》《我家养鸡场》《文化站》《建新房》《送肥猪》《看川戏》《粮丰鱼肥》……我们从这些作品中感受到欣欣向荣的农村景象。

20世纪90年代，农民开始南下打工，綦江农民版画作者流失严重，只剩下一些坚持创作的老作者，以桂焕勇、李成芝、李宗顺为代表。他们的作品在技术上全部舍去80年代常用的水印技术，清一色地运用粉印技术，完成了綦江农民版画技艺的突破和转换。粉印技术拓印的作品丰富厚重，具有斑驳肌理，可反复加工拓印，且简便易行。因而，粉印成为綦江农民版画的专用技术，很多专业版画家也采用这种技术进行创作。

进入新世纪，綦江农民版画也进入了新的发展阶段。举办农民版画艺术节，成立版画院，常态举办展览和培训，在学校开设版画课，在乡村建立农民版画合作社，进入非物质文化遗产名录，等。版画创作题材更加广泛，有反映工业的、城市建设的、科技教育的、乡村振兴的……

綦江农民版画一直保持着旺盛的生命力，并伴随着国家经济和社会文化的发展而壮大。

三、綦江农民版画的艺术特色

(一)画面构成方面

1.构图大胆新奇

其主要特点为通天透地，横空突兀。囧形构图也多用，这类构图将主体物象放在一个圆的中心位置，囧形构图给人完整、圆满、和谐和亮堂的感觉。

2.稚拙的变形

农民作者未受过专业绘画造型训练，不具备画得像的能力，所以只要放开胆画，让自己原生性艺术冲动宣泄出来，用心画出来，物象自然变形，与实际景物保持了较远的距离。

3.刻印创新与色彩

粉印技术在拓印前要根据题材和效果先在白纸上制出色底，拓印时从深到浅，自然产生随意肌理，改变了传统版画从浅到深的拓印程序。由于拓印的特色效果，在造型中普遍运用线刻，拓印后＂阴转阳＂，具金石味，区别于专业版画块和面的造型。

(二)审美取向方面

1.精神饱满,情感真诚

蔡若虹评价:"艺术雅拙、天真,离不开情感的执着、奔放。火热的生活理想和高度的艺术概括相结合,现实主义的思想内容和浪漫主义的表现形式相结合,这就是綦江农民版画作品的一大特色。"

2.单纯质朴

不加修饰的本色的率真与淳朴,清水出芙蓉,天然无雕饰,是人们追求的第一大美。綦江农民版画的单纯质朴来源于作者的人格本质,来源于农民朴实和纯真的心灵。唯有诚朴之质,才有质朴之貌,农民版画的单纯质朴显示的是农民自身的内在特征。

3.天真稚拙

艺术中的天真稚拙总引出愉悦、快乐的结果,它是一种很高的艺术之美。很多人在参观农民版画时都有"像儿童画"的感受。这不是贬低农民版画,而是肯定了农民版画"天真稚拙"的审美品质。

4.风趣幽默

綦江农民版画的很多作品天真有趣、生动幽默。这种风趣幽默甚至有点滑稽。

5.原创性、表现性

"原创性"主要指原始的艺术冲动和图像,"表现性"区别于具象描摹。

綦江农民与时俱进,作品图式和审美品位都可以称为"时代之镜"。

艺苑

《沧桑》水彩　张恒中（河南）

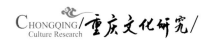

《蕉下》钢笔画　陈焕雄（浙江）

《静静的港湾》油画　黄益平(浙江)

《九黎仙境》界画　牟雪松（重庆）

《李渔故里之二》油画　黄剑武（重庆）

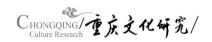

《沐浴阳光》油画　游海明（福建）

《鸟瞰家园》中国画　李民伟（重庆）

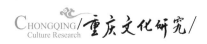

《生气》油画　何林翔（四川）

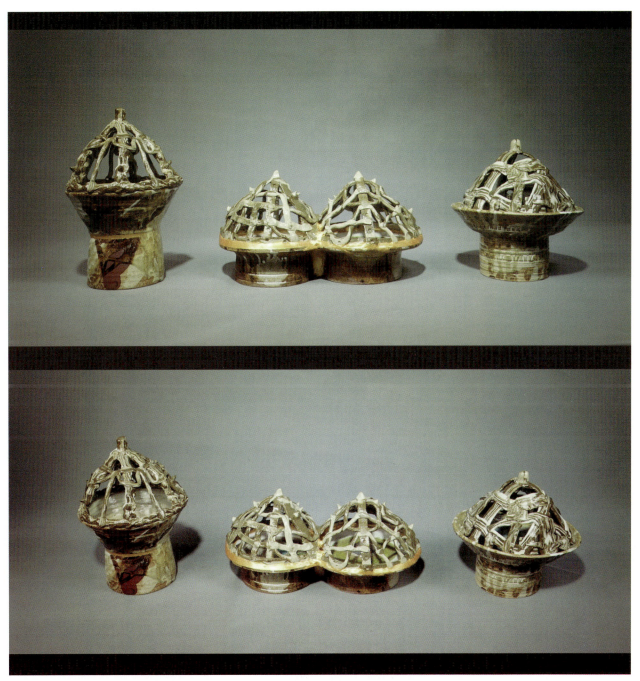

《盛满》雕塑　杨春生（广西）

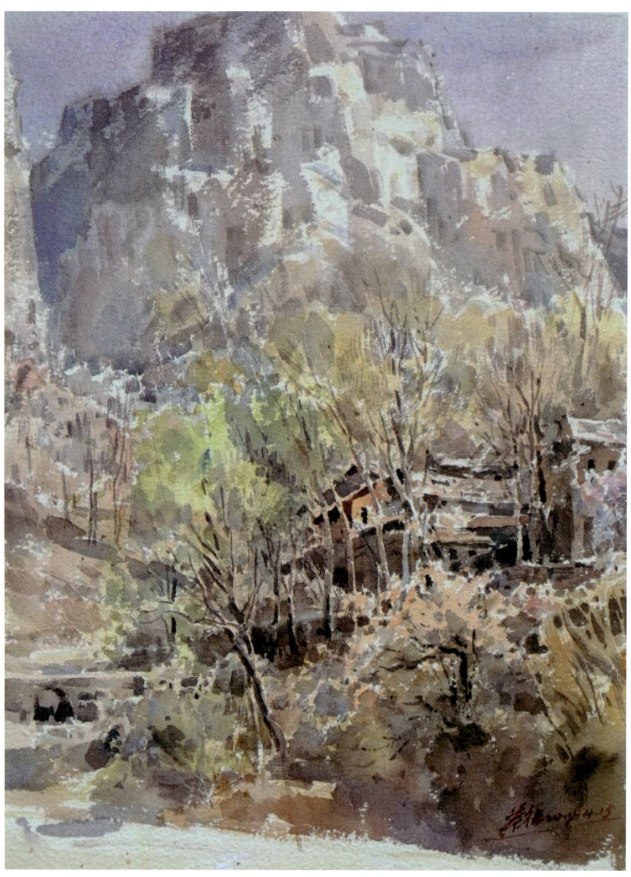

《太行山之二》水彩 叶猛（湖北）

《汤浦老街》油画　宋永进（浙江）

《挖掘计划——石器时代》综合材料　戎科军（浙江）

《小城生活》油画　何贤超（浙江）

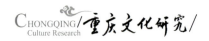

《寻迹·长城》综合材料　田福新（浙江）

《哲蚌寺——梦境》油画　曹梦（西藏）

《快乐的木凳》雕塑　陈浪华（广西）

谭博后,也是人学的探者

——简评《致母亲:一个协和医生的故事》

陈鱼乐

文学,就是人学。文学作品,要么是以群体展示群体社会的人学作品,如《红楼梦》《水浒传》《白鹿原》《平凡的世界》《傲慢与偏见》等中外长篇小说;要么是以个体揭示群体社会的人学作品,如《童年》《我的大学》《简·爱》《李自成》等中外长篇名著。不论是小说、诗歌,还是散文、戏剧;不论是以个体出现,还是以群体现,文学作品都是高于生活的艺术品,都是折射一个时代,甚至一个世纪之镜。谭先杰先生的《致母亲》属于后者。这是一部30来万字的自传体散文,别出心裁地讲了五六十个故事。拜读后发现其字里行间,情真意切,像是人学的探者,一个个故事又荡气回肠,深深地打动人心。

谭先杰,一个渝东石柱土家山寨的放牛娃,一个因患肿瘤谢世之母的儿子;从山间小学走向省级重点中学(石柱中学),从重点中学走向重点医大(华西医大),从省城走向京城(协和医院),从中国走向法国留学、到美国访问,从一般医生到博士再到博士后,攀登一个又一个的人生高峰,就是为兑现给母亲的承诺。

苏联著名文学家高尔基,一生写过《童年》《我的大学》《在人间》等著名长篇小说,它们反映了那个时代,那个社会。同样,医学博士、博导谭先生,以《童年记忆》《少年往事》《华西记忆》《协和记事》《行医感悟》五组文章贯穿起来,反映了他的童年时光,再现了他的大学情结。这既是他筑梦的心路历程的展示,又是他兑现诺言实现心志的证明。

统览《致母亲》,有这几个特色:

行文流畅,叙事简明,同情农民,很接地气。白话自传,语句通俗易懂,没有聱牙戟口,更无生涩之味。《家乡的外乡人》,一个是穆知青,一个是大人们私下称作"二流子"的马爷爷。两个人都不会干农活,所以大人们包括作者的父亲在内,都不愿与之交往,也反对孩子们与其来往,但作者非常愿意同他们交往,因"穆知青是知青中最有文化的,他特别喜欢看书和读报。……后来他成为我们的代课老师。我们很喜欢穆老师上课,他讲得生动有趣,我们听得津津有味。"知青开始不会干农活,这很正常。但马爷爷及老伴儿在农村待的时间长,也不会干农活。马爷爷曾在茶馆跑龙套,很会说书,因"他们都不会干农活,被当作好吃懒做的典型。然而,我们小孩子却很喜欢这两位老人,原因是马爷爷特别会讲故事,讲《三国演义》《水浒传》《西游记》等等。父亲也不愿意让我去两位老人的家里,因为传说于奶奶得过结核病。母亲倒是不太管我。我可能是马爷爷讲故事时最认真的听众,所以马爷爷也喜欢我。有时候我一人去,他也给我讲故事。"农民只爱勤劳的人,不管你有没文化。小孩爱新奇,爱有知识有文化的人,不管你会不会干农活。作者多是三言两语,就把故事讲得清清楚楚。

情真意切,语言质朴。在《山村小学和老师》一文中,作者爱老师,老师爱学生。此篇着笔较多,篇幅稍长。在中学时,班主任对他的生活接济和知识点拨,他都记入文中。在《那个冬天,母亲走了》《和父亲一起当泥瓦匠》《万里找寻》《"非法行动"》《支撑我学业的小姑和小姑父》这些描述亲情的文章中,在《邻家姐姐的怀抱》《堪称典范的室友关系》《来自老区的礼物》《协和面试》《与年轻人争食》《枫叶女孩》等等这些描写友情的文章中,无不饱含作者的真情表达。听说母亲走了,"我""啊"了一声,"没哭出来就向后晕倒了过去,中间醒过来几次,但很快又上不来气晕了过去。最后醒来的时候,我已经躺在自己家里,小时候我和妈妈一直睡的那张床上。我放声大哭,哭喊:'我要妈妈,我要妈妈……'哭到最后,我哭到没有力气,哭哑了音,我说:'我要当医生!'"因为读书没学费和生活费,他打算假期回家,跟大人们一样,去盗伐木材挣钱,他扛上"扬叉",准备随行,却被叔叔坚决制止。他在《"非法行动"》一文中讲述了此事,正是:欲盗木材只因穷,为了生命叔不容。想着攒足书学费,"非法行动"一场空。作者如果不够坦诚,他会把此讲出来吗? 在《点亮我生活的兄弟们》一文中,室友们点亮了作者的华西生活,一起陪他笑过、哭过、醉过,帮他渡过一次又一次难关。"他们中有的家境也不好,但几乎都借过我菜票和钱,而且从来没人催过款。然而,最初的同学关系似乎并不融洽,至少在我看来是如此。"在《一台手术背后的故事》中,有他的博导郎景和老师的打气与支持,有他的大胆决策与成功手术。其中更有他的自责:"我并不是一个优秀的医生,因我不够单纯,想得太多!"但他是一名合格的医生,因他"敬畏生命,尽心尽力"。

言之有理,感悟真切。例如,作者在最后一组文章中,称医生要树立品牌观念,且讲明要怎样建立医生品牌、如何传播医生品牌、怎样维护医生品牌。关于医患双方的关系,作者得出新的认识:病人不是医生的上帝,医生不是病人的救星,医患之间关系平等,需要相互尊重。所以,接触患者时,正如英国医学家威廉·奥斯勒所言,医生要克服"傲慢、冷漠、贪婪"三大敌人。同时,在宣传医学科普知识时,要从态度、语气、图片、平台四方面,尽最大努力、最大程度地保护患者隐私。这不仅是法律的需要,更是人文的关怀。

不足之处,有点流水账,介绍多了点。比如《枫叶女孩》一文,有点像流水账,用了32个页码41节,不像散文,倒像纪实报告。同时作者的感悟文章,甲乙丙丁,现象罗列,似乎更像论文结构。即使谈情说爱,携妻儿旅美,也没这么长的篇幅。

谭先生用《致母亲》的诸篇文章,告诉我们如何逆流而上,攻克一个个难关,化解一个个难题。作为老乡,我感到由衷的高兴,读罢乘兴缀文以贺。按中华新韵得七律一首曰:

> 牛铃叮当地蒿拔,霜场沽联做古瓦。
> 师长点拨亲友济,云层发轫华西跨。
> 协和从业攻博士,妇科医男现异葩。
> 法美深研丰技艺,仁心报国济千家。

那个字没有力量大喊出来
——读张儒学长篇小说《北漂爱情》

陈 与

　　人间四月天的重庆,没有林徽因笔下江南的诗情画意,只有川剧变脸的多种套路,一会儿热得反常,一会儿又持续降温。我在北岳文艺出版社最新推出的张儒学长篇小说《北漂爱情》中,憋住咳嗽带来的胸口震动,让视线在油墨味里爬行,随着第一行文字进入眼睛,我进入了20世纪80年代的后期。

　　20世纪80年代末期,从北京圆明园到宋庄,聚集了一批艺术家,这一带简称圆明园画家村,有798艺术区、草场地、宋庄……后来在北京密云水库旁边,以上苑村和下苑村为中心,涵盖东新城村、秦家屯村的艺术家群落,被称为北漂族。张儒学长篇小说《北漂爱情》里的主角于大为,虽不属于宋庄或上苑村的艺术家群落,但他被北京《农民文学报》聘用,踏上了北漂之旅。

　　在重庆山村读高中的于大为与女同学彩霞同班,于大为青春萌动,情窦初开。女同学彩霞在于大为单恋的眼里,像摇曳生姿的山百合。然而,由于家庭不匹配,彩霞的父亲是副镇长,有权有势,而于大为的父亲是地地道道的庄稼汉,于大为只能把单恋当成一杯苦酒,当成月下竹影。

　　于大为被北京《农民文学报》聘为记者,山村娃从乡间泥泞路踏进了繁华的重庆,他从这里坐火车到达北京。于大为在旅馆登记住宿时,旅馆老板对他的身份产生质疑。那个时代的记者是无冕之王,于大为的聘书使旅馆老板的态度从冬天转成春天。旅馆老板的女儿欧霞写了不少诗歌作品。于大为和欧霞碰撞出爱情的火花。

　　热恋中的于大为离开欧霞,来到北京,迎接他的《农民文学报》是内部报纸,无刊号,无资金,无主管。这和于大为梦境里,在高楼大厦办公,推开窗子是一幢幢鳞次栉比的建筑群落,窗下车水马龙的景象相去甚远。当他把行李放在潮湿阴暗的宿舍时,他才恍然发觉,自己其实是借记者之名,跑广告,拉赞助,套近乎,扯关系的打工者。

　　《农民文学报》招聘了一批来自全国各地的青年人才。其中的女记者石梅,父亲是河南某市宣传部部长,石梅在老家要风得风,要雨得雨,但她怀揣向往北京的心脏,辞掉公职,从零做起。朴实的于大为把自己的位置摆得很低,谦和得像世界文化遗产大足石刻中的笑罗汉,赢得了石梅的好感。而石梅处于尴尬的纠葛之中,两个男同事自作多情地展开了狂追石梅的行动。男同事何谓来自四川达州,负责报纸副刊。另一位是记者部负责人,权力在何谓之上,两人因为感情而斗殴,当领导处理何谓时,何谓辞职走人,到了《中国城市报》工作。

　　在工作中,于大为写的诗被石梅偶然发现,石梅也喜欢创作诗歌。难能可贵的是,石梅帮助于大为的恋人欧霞,在有影响力的刊物上发表了诗歌作品。当刊物和稿费寄给了欧霞之后,让于大为想不到的是,欧霞辞掉公职，来到北京。由于找不到工作，欧霞只好在餐厅洗碗，原先所有的未来美景，在她眼里都变成了大大的肥皂泡沫，生活给光明的心里，布上了厚厚雾霾。

这时，在北京读书的高中同学彩霞找上门来，一来看看于大为的工作环境，二来她想来报社实习。于大为哪里有这么大的本事，心有余而力不足是他的现实处境，只能找借口支走彩霞了。虽然他喜欢彩霞，但在自己的力量达不到时，放弃是最好的选择。

当于大为为拉不到广告犯愁时，《农民文学报》因为全国报刊整顿而停刊了。于大为茫然了，更让他伤心的是，欧霞已倒在富商的怀里。他是一个在北京无住房、无工资、无工作的三无人员。在漂泊的日子里，幸好有何谓帮他发表了几篇散文，有了微薄收入，但交不起房租。这时石梅亦出手相助，帮他在一家建筑公司找到一份守库存的工作。

张儒学的长篇小说《北漂爱情》，写的是自己的生命历程和人生感动，一个个故事与一个个场景，都与他的身世经历密切相关。他的每一个字、每一段话、每一个章节，都在重复讲述自身。他的文字里没有虚构，只有事实，它们有着惊人的重量。他叙述的环境和事件，是对事件的加强，是对记忆的加深。灯红酒绿的北京王府井大街，享有盛名的北京天坛公园，这些著名的建筑和美景不属于他，他只是一个过客，只是一个陷入困境的雄狮。

真实得让人窒息，长篇小说允许的虚构情节在他这里似乎不需要。他就像一只春蚕，吐丝般把在北京漂泊的点点滴滴吐出来，一圈圈包围自己，第一圈出现彩霞，第二圈出现欧霞，第三圈出现石梅。

那个字在他的嘴边反复咀嚼，刚想吐出来又迅速地吞回去，萌动的青春初恋因为没有条件而迫不得已，权利、地位、金钱这三大构件，他一样都没有，只有一颗真诚的心。所以，他没有力量把那个字大喊出来，就像心房的烈焰，烧得房屋里通红但不能向外泄露，在憋气里生出一抹凄婉，在憋闷中伴着怅惘，有风雨飘摇的瑟缩，有伫立久远的平淡，面对人生旅途，面对朴素至真的爱，他在寻找，在心灵的旷野里突出重围。

这是一本写给自己的长篇小说。一个北漂青年以为依靠自身的努力，就可以完成由农村青年到京城人士的蜕变。结果证明，一个毫无家庭背景的高中生，要想在京城立足，无异于痴人说梦。

读完《北漂爱情》，我掩卷长思。因为感动得一塌糊涂，以致于忽略了瑕疵，但瑕疵始终存在。我认为，张儒学的长篇小说《北漂爱情》，主人公于大为受了那么多的生活苦难，但他的心理活动很少，他没有心灵独白。我记得英国作家莎士比亚创作的《哈姆雷特》中，月光下的哈姆雷特有一段自白，这成为《哈姆雷特》的灵魂。如果长篇小说《北漂爱情》里，有于大为的心灵独白，可以为这部长篇小说增添无穷魅力。

雨水浇不散的乡愁

余炤

门外无人问落花,绿阴冉冉遍天涯。林莺啼到无声处,青草池塘独听蛙。——曹豳《春暮·门外无人问落花》

昨夜的一场大雨,适逢春夏之交,暂不说是春雨还是夏雨,总之下雨了。雨很大,稀里哗啦,一阵阵扑向田野、丛林,扑向我这个从乡村出去的人心里。此次应邀回到乡村,很想有蛙声月影伴我入睡,但不巧的是一片雨声,不稀罕。

没有得到想要的,即使入睡也是惶惶然,不知何时入睡,也不知何时醒来,只见窗外光线尚好,雨一直下。

早餐很简单,但有馒头、鸡蛋和稀饭,一碟咸菜,乡间生活也算奢侈了。这就是一天生活的开始。

前往采风点,车在弯弯的路面上行走。我的视线只能是前方,昨夜的一场大雨,将路面冲洗得干干净净,只是偶有少许枯枝。乡间就是这样,空气清新,环境清新,连跌落到地面上的树枝,沾着雨水,也是清新的。

目的地梯子村,梯子村无梯子。据说这个村原本叫八斗邱,一说村前有一大田,可产粮八斗;一说邱家祖上有才,才高八斗。邱家祖上饱读诗书,也曾朝中做官,又耕读兼修,富甲一方。择此有山有水的台地安家,后告老还乡,颐养天年。又很重视子孙教育,请来先生教管。富家子弟读书,还有陪读的,不过陪读也是打工,在古代常见的。在邱家当陪读的就是长年给邱家打工的叶姓子弟。那个时候,穷人家子子孙孙给富贵人家打工,很普遍。不过,真是有心栽花花不开,无心插柳柳成荫。邱家子孙书没读出来,陪读的叶姓孩子却有所建树。富不过三代,这是老百姓总结出来的道理。邱家后继无人才,自然就衰败了下去。邱家衰败后,还直接丢掉了好名望。后来,"八斗邱"的名称虽流传数代人,但邱家房舍庭院已大半住了叶姓子弟。直到本世纪初合乡并村,才将相距不远的另一处村子名号作了主体,那村子曰:梯子村。不过这名号是根据地形而命名的。这个村子在一个台地上,三面是悬崖,只有一面靠一座小山包。要想走向集镇,必须从一道近千米长的石梯上下。这一特别的地理位置,村民很形象地取了一个地名:梯子坎。

这个地方,南北向,背靠官帽山(形似古代当官的戴的帽子),面向御临河,显山不露水。传说建文帝来过,沿着这条河,还把皇印玉玺弄丢在附近,于是就有了御临河和皇印等名称。这条河流,流传的建文帝落难故事,多如河中卵石。我问询过,此村早已不存邱家后人,连一点皮毛的信息都没有。但古人择地而居,大致不忘风水之说,这是一个美好的愿望,希望子子孙孙能飞黄腾达、功成名就,可惜的是,后人不争气,读书不用心,把祖宗的家底都败光了。如今只留在村边几座坍塌的古墓老坟,其墓石雕刻的精美图案,见证了邱家曾经的家财殷实和文化意识。

　　身在梯子村,感觉似曾相识。一溜民居,夯土墙,灰色泥瓦,房屋背靠官帽山,门前便是一片土地,推开门便是满目田园。无论社会怎么发展,但人们对土地,对老家的眷恋是永恒的,梯子村就能给人以回到老家的慰藉。外出的人回来了,他乡的人也来了,在他们的心中,各自都有一幅美丽乡村的蓝图。在他们的绘就下,一幅崭新的田园山水画卷一年年展开。层层田野春播秋收,台地土地平整,适宜本土生长的果树也渐渐成林。除了保留传统的木瓦房,夯土墙,还有掩映在竹木林间的白墙青瓦小楼房,在乡间矗立。回乡的来乡的人们恬淡而闲适,漫不经心又怡然自得地安居于此。这就是乡村田野之貌,清净的情绪占据了我的世界。视线往前走,便是一棵有些年成的黄葛树,像一把巨伞的庞大树冠,却没有一片绿叶,感觉不到一丝生机。有人说,这是一棵雄树,雄树会在这个季节掉叶。但又有人说,当初黄葛树栽下去是几月,树叶就会在那个时候掉光。说法不一,都有一些道理,反正落叶归根吧。只要树还活着,它知道自己的家,就在脚下。

　　高峰寨是梯子村的至高点,面向御临河。站在寨子边沿的悬崖上俯瞰,御临河像一根银色带子铺在绿野,向两方延伸。寨墙边一条石梯小路可以走向御临河。在半山腰,石梯小路经过一座小庙,在悬崖上显得有些孤零。如果没有现在的公路进梯子村,穿越到从前,这条石梯小路,可能就是进出原来的八斗邱,现在的梯子村的大路。试想,邱家从遥远的地方来了,在御临河边下了船,沿着青石板路攀爬,到了他们的安身之地,直到衰败。叶姓后人从这条青石路走了出去,有了自己的未来。于是,叶姓就在高峰寨修建了祠堂,作为宗族活动的场所。后来,叶家祠堂改为学校,培育了更多乡里子弟。再后来,镇上寄宿学校设施完备,学童皆在镇里上学。到现在,祠堂、学校的使命已结束,耕读的因子却远播。该去的去,该来的来。而今只剩高峰寨的残墙荒草,极少有人到此。多少旧事,一条青石小路还有这座小庙,成了最后的记忆。

　　从悬崖石梯下来,脚在青石梯上打滑,眼下是布满苔藓的故道。突然想起了我的老家,一间濒临倒闭的穿斗房,曾经住过的盐茶道小吏,两棵老态龙钟的桂花树,还有我离开的那条砂石路,牵着我的童年和而今的怀想。

　　拾级而上,有何感想?

　　从邱家到叶姓,从官帽山到高峰寨,从土墙老屋到那棵掉了叶的黄葛树,从八斗邱到梯子村,从御临河到我的老家……我笃信不与名利浮躁争宠的乡间,依旧是每个人向往的桃源,几千年的"大同"理想,会在这青山绿水间实现。

　　该回城了! 我眺望山那边,那儿有我的童年溪流、少年足迹。还有多少人和我一样,回不去的,梦里老家。

　　我们匆匆地来,又匆匆地去,留在心里的,是大雨浇不散的浓浓乡愁。

　　大雨之下,乡愁延伸到每个游子的梦境。

　　乡间与都市,来往的,都是过客。

亭台楼阁的诗文意境

李正权

读古文古诗词,每每都会看到亭台楼阁的意象,例如"山亭秋色满,岩牖凉风度"(李世民《山阁晚秋》),例如"万里悲秋常作客,百年多病独登台"(杜甫《登高》),例如"故人西辞黄鹤楼,烟花三月下扬州"(李白《黄鹤楼送孟浩然之广陵》),例如"长风自远来,层阁有余清"(苏颋《小园纳凉即事》),等等。有的干脆就以亭台楼阁为题,例如欧阳修的《醉翁亭记》、陈子昂的《登幽州台歌》、范仲淹的《岳阳楼记》、王勃的《滕王阁序》等等。亭台楼阁形成的意境,甚至成为文化人心目中一道固定的风景。亭台楼阁当然是建筑了,其本身是"死"的,没有生命的,由于墨客骚人将自己的情感赋予其中,使之成为人们寄托相应情感的载体,于是亭台楼阁就有了生命,就有了情感。从建筑心理学角度来看,亭台楼阁也就从"他者"变成了"我者"。

一、亭与离别

亭可能是借鉴了廊而修建的。廊是中国特有的建筑形式,历史悠久。廊本指连接正堂两侧的低屋。《韩非子》:"平公恐惧,伏于廊室之间。"说的就是这种低屋。后来引申为室外有顶的过道,大多有顶无壁。杜牧《阿房宫赋》:"廊腰缦回,檐牙高啄。"以后又引申为独立有顶的通道。阿房宫乃秦始皇所建,即已"廊腰缦回"。可知那时廊已广泛应用于建筑之中,至今已2000多年。河北有廊坊市,北京有廊坊头条、二条等地名,可见廊很早就普及民间了。

亭也是一种有顶无壁的建筑,是供休息、眺望和观赏用的。但廊往往较长,主要供行走用。亭则有某种独立性,主要供休息用。亭本是停的意思。古代为便于行人"停"(休息),在道旁修建一种公共屋舍,这样的屋舍就被称为亭。秦汉时,县大道每十里便有一亭,可见其密。正因有此建筑,亭又成了秦汉时的基层行政单位,十里一亭,十亭一乡。汉高祖刘邦就曾当过亭长。

中国是以农业为主的古国。粮食成熟之时,为防野兽糟蹋或外人偷窃,农民往往在田土中搭一草棚,有顶无壁,以便眺望照看。估计那可能就是最早的亭。建于道旁的亭,大约与农民照看粮食的草棚相差无几,大多简陋,无非是几根木棒支撑的草亭而已。当年,从海棠溪或龙门浩上黄桷垭,曾是南去綦江的大路。每到春日,重庆城的富绅仕女去南山赏花踏青,都要走这条路。那半山腰就有一亭名茶亭(而今有其名而无其亭了)。顾名思义,那亭就是供行人休息、喝茶的地方。

后来,亭失去了"停"的作用,大量用于园林、寺庙及风景名胜之中。与其说无廊不成园,还不如说无亭不成园。不管是皇家园林还是私人园林,不管大如颐和园还是小如新都桂湖,都有亭。在园林中,亭往往起着分隔景点或将不同景点统一起来的作用,或建于坡顶,或建于水边,或建于山凹。园林一旦有亭点缀其

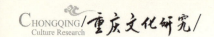

间，便立即生趣盎然。试想，如果枇杷山公园没有红星亭，该黯然失色多少！亭一旦进入园林，便脱去那简陋的外装。园林之亭，形态万千，或圆或方或六角，飞檐流丹，红柱彩绘，不一而足。在园林里，亭又往往与廊结为一体。颐和园长廊，几米之间便有一亭，廊与亭相连，廊稍窄，亭略宽，呈六边形。当你在长廊里漫步，走几步便有一亭，犹如欣赏音乐，几个音符便成一个小节。廊和亭都有变化，统一协调而又不觉单调，堪称杰作。

虽然如此，亭的"停"之意境却并没有消失。古人送客，往往就要送到亭才止步。《西厢记·长亭送别》，夫人长老一上来就说明："今日送张生赴京，十里长亭，安排下筵席。"莺莺一出场就感叹："今日送张生上朝取应，早是离人伤感，况值那暮秋天气，好烦恼人也呵！悲欢聚散一杯酒，南北东西万里程。"然后就是那著名的唱段："碧云天，黄花地，西风紧。北雁南飞。晓来谁染霜林醉？总是离人泪。"

古时候的主要驿道上，可能都有亭。有人要出远门了，家人友人要相送，往往就要送到驿道上的亭里，在亭里喝酒话别，然后才各自东西。如果没有亭，为了表示亲情友情，甚至可能要临时搭建一个亭来履行送别的仪式。不过临时搭建的亭，可能只是一个类似于帐篷的东西。当然，只有对重要的客人或者在本地住了很久的客人才会这样做。

正因为亭往往是送别的场所，也就有了送别的意味。古文古诗词中，亭往往与离别相关。李白《谢公亭》："谢亭离别处，风景每生愁。客散青天月，山空碧水流。池花春映日，窗竹夜鸣秋。今古一相接，长歌怀旧游。"把亭的离别意境表现无遗。就连《十送红军》里，也有"十送（里格）红军（介支个）望月亭，望月（里格）亭上（介支个）搭高台"句。这说明，即使民间送客，往往也要送到亭才离别。

即使如《醉翁亭记》之类的诗文，好像没有送别的意思，但仔细推敲，也有着离别的意味。"已而夕阳在山，人影散乱，太守归而宾客从也。树林阴翳，鸣声上下，游人去而禽鸟乐也。然而禽鸟知山林之乐，而不知人之乐；人知从太守游而乐，而不知太守之乐其乐也。"那种乐后而伤感的情绪，虽然隐隐约约，却也可以让我们能够多少感受一些。

二、台与怀古

台是个会意字。繁体的台字（臺），从至，从高省，与室屋同意。台本指土筑的高台，供观察瞭望用的。《老子·道德经》："九层之台，起于累土。"后来，台成了奴隶主贵族祭祀饮宴之所。《左传·僖公五年》："公既望朔，遂登观台以望。"《竹书纪年》："魏觳诸侯于范台。"均为其例。1956年成都羊子山清理了一座春秋时代的土台遗址。该台为四方形三级台阶式建筑，周围用土砖砌成高10米厚6米的土墙共三层，每层间隔12米，中间用土夯实。全部土墙体积达3万多立方米，用土砖137万多块，全台土方7万立方米以上。其规模之大，令人吃惊。那时，台的高低大小往往取决于使用者的身份，身份越高，台就越高越大。后来，台便演变为官署名，如汉代设尚书台、御史台。

坛与台相似，也是土筑的高台，用于朝会、盟誓和祭祀等。

例如中国人几乎都知道的幽州台，就是专门筑来招贤纳士的。战国时期，诸侯争雄，谁拥有人才，谁就有了称霸的本钱。公元前311年，燕昭王即位，有感于千金买骨的故事，专门修建一高台，将黄金置于台上，招纳贤才。果然，名将乐毅、剧辛先后投奔燕国，为燕国立下汗马功劳。公元前284年，乐毅联合各国率军攻齐，占领了70余城，为燕国立下了大功。后来，南朝刘宋诗人鲍照有《放歌行》诗说起此事，诗曰"岂伊白璧赐，将起黄金台"，于是幽州台又名黄金台。

韩信投奔刘邦，受到刘邦慢待，一气之下跑了。萧何得知后连夜去追，让刘邦震动。韩信被追回后，刘邦决定任命他为大将。萧何说："王素慢无礼,今拜大将如呼小儿耳,此乃信所以去也。王必欲拜之,择良日,斋戒,设坛场,具礼,乃可耳。"刘邦从善如流,硬是筑一高台,在那台上拜将,授予韩信大权。韩信也未辜负这样的礼仪,为刘邦争夺天下立下第一大功。如今,汉中都还有拜将台(坛)遗址。

在台上祭祀饮宴,显示高居于众人之上。但万一有雨,岂不败兴?于是便在台上建房。高台上建的房子叫榭。《楚辞·招魂》就有"层台累榭临高山兮"的描写。后来,凡是在台上建的房子都叫榭。《红楼梦》大观园中有藕香榭,乃建在水上的一长方形亭子也。与西方古代的石材建筑相比较,中国古代建筑的一个显著特色是土木结构。土木结构难以向天上发展。统治者为了显示身份,又总想把建筑物升高,于是才有了台、坛、榭这类建筑。后来,有了楼、阁、榭之类的建筑,台的作用也就逐渐降低,秦汉以后就很少专门筑台了。即使筑台,往往还要在台上修建楼、阁、榭之类,与古时的台已经大有不同,往往称为楼台,与楼就混为一体了。

此外,还有自然形成的台,例如金陵凤凰台、赣州郁孤台、桐庐严子陵钓台之类。但是,正因为古时所筑之台或者已经破败,或者已经成了古董,台就逐渐成为人们寄托怀古之思的对象。想想也是,登上那已经颓败甚至已经荒废的古台,面对满目疮痍,回望古时盛景,谁都会"独怆然而涕下",陈子昂的《登幽州台歌》也就成为千古绝唱。即使是那些自然形成的台,往往也会引起人们的怀古之思。李白《登金陵凤凰台》:"凤凰台上凤凰游,凤去台空江自流。吴宫花草埋幽径,晋代衣冠成古丘。三山半落青天外,二水中分白鹭洲。总为浮云能蔽日,长安不见使人愁。"其意境和意味让人感叹。辛弃疾的"郁孤台下清江水,中间多少行人泪。西北望长安,可怜无数山。"可谓"慷慨纵横,有不可一世之慨"。如果时处乱世,这样的怀古之思就会更浓。

文人墨客去登台,即使不是直接怀古,但依然壮怀激烈。"风急天高猿啸哀,渚清沙白鸟飞回。无边落木萧萧下,不尽长江滚滚来。万里悲秋常作客,百年多病独登台。艰难苦恨繁霜鬓,潦倒新停浊酒杯。"杜甫所登之台可能是自然形成的台,也可能是白帝城里的一处高台。那满目秋色,激发了杜甫长年漂泊、老病孤愁的复杂感情,诗句慷慨激越,动人心弦,与怀古的情感自有共通之处。

不过,当台进入了园林,与楼合成一体,成了"楼台"之后,其意境也就与怀古之思、激昂之情拜拜了。白居易的"笙歌归院落,灯火下楼台",就没有怀古之意了,更没有"将军坛上冷云低,丞相祠前春日暮"的悲壮,其意境也就差了许多。不知这是好事还是坏事。如果从人们更喜爱"前不见古人,后不见来者"(陈子昂《登幽州台歌》)的诗句来看,可能并不是好事。

三、楼阁与悲愁

按词典解释,楼是指两层和两层以上的房屋。如果把河姆渡人的干栏式建筑也称为楼,那么楼已有7000多年历史。不过,严格说来,干栏式建筑不能称为楼。楼是重屋,上下都可以住人的。这种重屋之楼在中国出现较晚。中国人崇拜天,在天与人之间,不能有其他人夹于其中。如果住在楼下,就有被他人所隔之虑。如果住在楼上,则有压于他人头上之嫌。40年前,单位分房子,有一邻居老汉千方百计都要住到顶楼去。他说,他不愿在别人胯下过日子。这就是这种文化传统的反映。故宫里除了城墙上的角楼、藏书的文渊阁以及少数几处供游玩的楼外,用于行典、办公、寝卧的,都无楼。故宫如此,颐和园、避暑山庄以及其他官衙寺庙也如此。

阁本是架空的栈道。《水经注》:"连山绝险,飞阁通衢。"就是指的栈道。后来,阁引申为楼与楼之间的架空复道。《史记·秦始皇本纪》:"殿屋复道周阁相属(属,连接之义)。"就是指的这种架空复道。后来才引申为楼。不过阁不是一般的楼,是架空的楼,是四周设有隔扇或栏杆回廊的楼,供远眺、供佛或藏书之用。其实,

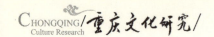

岳阳楼、黄鹤楼、鹳雀楼之类，严格说来也是阁。成语有仙山琼阁，可见阁是很高档的建筑，非一般人可建的。

楼阁连用，楼也成了阁，阁也成了楼。

人都有登高望远的需要。楼阁往往高于平地，也就成为人们登高望远的地方。古时候，楼当然不可能修得很高。"危楼高百尺，手可摘星辰。不敢高声语，恐惊天上人。"李白很夸张，即使那楼真的有百尺之高，按唐代1尺等于30.7厘米计算，也不过30.7米，最多也只有如今的11层住房楼高而已。如今的岳阳楼、黄鹤楼之类，都是后来修建的，才有那样的体形，才会那样的高大，古代生产力低下，是修不起来的。

虽然如此，楼总能为人们提供一个登高望远的地方。中国大部分地区都是季风性气候，春日雨多，夏日炎热，冬日风大，只有秋高气爽才适合登高望远。于是，在古人诗文中，楼阁与悲秋往往联姻结缘，成为一种特有的意象。王勃应邀赴滕王之宴，正是"时维九月，序属三秋"，因而才有"落霞与孤鹜齐飞，秋水共长天一色"。"昨夜西风凋碧树，独上高楼，望尽天涯路。"（晏殊《蝶恋花》）"长风万里送秋雁，对此可以酣高楼。"（李白《宣州谢朓楼饯别校书叔云》）"楼头客子杪秋后，日落君山元气中。"（陈与义《登岳阳楼》）"人烟寒橘柚，秋色老梧桐。谁念北楼上，临风怀谢公。"（李白《秋登宣城谢朓北楼》）"无言独上西楼，月如钩。寂寞梧桐深院锁清秋。"（李煜《相见欢》）都是秋天，都含有悲秋的意味。虽然我们不知道王之涣是在什么季节登的鹳雀楼，但从其"白日依山尽，黄河入海流。欲穷千里目，更上一层楼"的诗句中，我们也可以推测那是秋天。"楚天千里清秋，水随天去秋无际。遥岑远目，献愁供恨，玉簪螺髻。落日楼头，断鸿声里，江南游子。把吴钩看了，栏杆拍遍，无人会，登临意。"辛弃疾的《永遇乐》更是写尽了秋日登高望远的意境。虽然激昂，虽然英雄气不减，但那悲伤哀怨的意味却力透纸背。

当然，也有很多以楼阁为背景的诗文并不是秋日所作或写秋日情景的，但依然免不了一个"悲"字，依然让人生出无限的伤感。"故人西辞黄鹤楼，烟花三月下扬州。孤帆远影碧空尽，唯见长江天际流。"（李白《送孟浩然之广陵》）眼中虽是春日之景，心底却有分离之悲。"昔人已乘黄鹤去，此地空余黄鹤楼。黄鹤一去不复返，白云千载空悠悠。晴川历历汉阳树，芳草萋萋鹦鹉洲。日暮乡关何处是？烟波江上使人愁。"（崔颢《黄鹤楼》）写的是夏日，但所表达的也依然是一个"愁"字。虽然我们不知杜甫是在什么季节登的岳阳楼，但那诗句"亲朋无一字，老病有孤舟。戎马关山北，凭轩涕泗流"，也能让我们体会到悲和愁的滋味。甚至"楼头残梦五更钟，花底离情三月雨"（晏殊《玉楼春》），连梦中也是愁。

当然，也有"至若春和景明，波澜不惊，上下天光，一碧万顷；沙鸥翔集，锦鳞游泳；岸芷汀兰，郁郁青青。而或长烟一空，皓月千里，浮光跃金，静影沉璧，渔歌互答，此乐何极！登斯楼也，则有心旷神怡，宠辱偕忘，把酒临风，其喜洋洋者矣"。（范仲淹《岳阳楼记》）不过，这样的情景还要配这样的心情，毕竟可遇而不可求。事实上，在古诗文中真还找不到多少这样的文字。

为什么楼阁会与悲愁相通呢？长时间待在房屋里，墙和屋顶往往隔绝了人们的视线，人的心胸就可能狭隘。特别是住在城市里的人，天天看到的都是市井景象，时时遇到的都是人间杂事。偶尔登上高楼，开阔了视野，丢弃了琐碎，情绪很可能就大起大落。"宠辱偕忘"当然好，但往往又忘不了，反而引起前思后想，于是就悲从心来，或者愁绪满肠，或者情绪激荡。一般来说，古时的高楼大多位于城市之外，面向的不是荒野就是大山大海大河之类。大自然的无限，与人生的有限一对比，悲愁就可能会袭来。"城上高楼接大荒，海天愁思正茫茫。"（柳宗元《登柳州城楼寄漳汀封连四州刺史》）"溪云初起日沉阁，山雨欲来风满楼。"（许浑《咸阳城东楼》）"登兹楼以四望兮，聊暇日以销忧。"（王粲《登楼赋》）这就像我们现代人仰望星空一样，星空的无限深邃，总会引起我们的哲学思考，总会感觉人生的短暂和渺小，情绪变得低落，也就很自然了。

楼阁进入园林之后，往往成为园林的中心，虽然依然有登高望远的作用，但所望之"远"已经大打折扣，意境也就不再那样寥廓,悲愁也就没有那样激烈。最多也就是"红楼别夜堪惆怅,香灯半卷流苏帐。"(韦庄《菩萨蛮》)"十里楼台倚翠微,百花深处杜鹃啼。"(晏几道《鹧鸪天》)"十二楼前生碧草。珠箔当门,团扇迎风小。"(邵瑞彭《蝶恋花》)虽然如此,只要是在城外,只要楼阁高峻,文人们一旦登楼远望,往往就会生出一股悲壮或愁闷的情绪来。即使壮怀激烈,像岳飞的《满江红》那样,也还是让我们能够体会到他们那种因报国无望或人生无常所引起的负面心理。

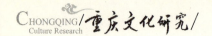

渝雨夜访李商隐

周孝文、周睿

锦瑟无端五十弦，一弦一柱思华年。

——《锦瑟》

有唐一代，诗才辈出，而为我所独钟的，唯有李长吉和李义山两人。粗略看来，两李之诗都不免晦涩之病（果真是病吗？），但同样是晦涩，却判然有别，一言以蔽之：长吉之涩坚而冷，义山之涩柔而寒——长吉的诗如奇门暗器，积郁之气如有机锋，触之可伤人，就如《苦昼短》所示："惟见月寒日暖，来煎人寿""吾将斩龙足，嚼龙肉，使之朝不得回，夜不得伏"；义山的诗则如怨妇绣鸳，流光溢彩，眉目含悲若有情："神女生涯原是梦，小姑居处本无郎"（《无题》）"嫦娥应悔偷灵药，碧海青天夜夜心"（《嫦娥》）——前者乃扭曲的侠客，后者似憔悴的文书，故而义山万万作不出"男儿何不带吴钩"之语。

言归正传，毕竟夜访的是义山的主场。秋寒料峭，夜雨淅沥，我信步于渝中半岛西海拔三百七十尺山脊之上的佛图关，想要造访夜雨寺旧址。佛图关壁立万仞，磴曲千层，自古以来作为古重庆陆路咽喉要隘，乃兵家必争之地；因有摩崖佛像，故取名"佛图关"，一称"浮图关"，当年想必是有佛塔镇邪、梵呗传经。《陪都要览》载："巴渝十二景之一的浮图夜雨，以关内有夜雨寺。"据传当年李商隐曾于此借宿，并写下《夜雨寄北》。然而，夜雨如故，夜雨寺却在十年前荡然无存。众人皆爱"留得枯荷听雨声"（《宿骆氏亭寄怀崔雍崔衮》），就连最不喜欢李义山诗的林黛玉也忍不住对这一句假以青眼，而我，独觉"西亭翠被余香薄，一夜将愁向败荷"（《夜冷》）更像彼时此地的李商隐的刹时心境。

于此翻读《玉溪生诗集笺注》，最合心意。今人论及清人治学，每每乐道其用功之深，冯浩这本笺注就可见一斑，几乎可以说是用治小学的功夫来做注，故其辑录、注释、考据、年谱，皆颇为可观；虽未脱吴乔索隐穿凿的窠臼，不过以清代朴学风气而论，也不让人意外，反倒是他论诗竟有"令人知其意而不敢指其事以实之"之语，颇出人意表，可惜未能以行践此言。尽管生平考证是冯笺的重头亦是功绩，但我实在无心赘述，一是今世学者颇多争议，二是于李商隐这样的诗人，生平考证得再清楚，照到诗里仍是一片迷蒙混沌，毕竟"一自高唐赋成后，楚天云雨尽堪疑"（《有感》）。在传统的文学史书写中，凡是古时的诗人出场亮相，总要配上一个高冷生僻的四字词语来一言以蔽之，每每言及杜甫则"沉郁顿挫"，言及王维则"诗中有画"，言及白居易则"明白晓畅"，言及韩愈则"奇崛险怪"，仿佛这些四字词语真有如此本事，能把一个诗人连同其作品全给打包涵及了。其实，每个人都是复杂多面的，"秾丽绮靡"的李商隐也有《行次西郊作一百韵》这样讽时叙事的鸿篇巨制，不过于我而言，倒异常钟爱那些符合李商隐刻板印象的作品，不如就从符合眼前情景的文本走近李商隐：

君问归期未有期,巴山夜雨涨秋池。

何当共剪西窗烛,却话巴山夜雨时。

——《夜雨寄北》

《玉溪生诗集笺注》

多年以后,当我面对那场将我困在城市的钢筋水泥冷漠森林中的滂沱大雨时,一准会想起我读到李义山诗的那个夜晚所思考的关于穿梭流动的时间哲学,也算是我对《百年孤独》野狐禅式的戏仿吧:"君问归期",回忆过去,"未有期",重陷刻下;"巴山夜雨涨秋池",进行之时;"何当共剪西窗烛",未来之想,"却话巴山夜雨时",期待中的高潮如约而至——这场"巴山夜雨"同时发生在未来、过去与现在。在短短二十八个字里,义山通过不停的时态转换,在穿梭流动的时间里将一场磅礴且绵延的夜雨挥洒自如,与《百年孤独》的经典开头颇有异曲同工之处,这足见义山诗心的敏锐与天赋的不凡。那么,诗中的现在、过去与未来到底有多长呢? 还是要看看"君"是谁。在这本诗集笺注里,冯浩注"语浅情深,是寄内也。然集中寄内诗皆不明标题,当仍作'寄北'",后人多附和此说,亦有人认为是友人或情人。要读这首诗,似乎免不了陷入对李义山入蜀和王氏逝世时间的考据之中。不过我既非学究,姑且取诸家中最浪漫的那一说,还是把"君"看作义山妻王氏吧,毕竟中国传统文学史上,对正妻少有如此深情厚意的告白,仿佛她们一旦嫁作人妇,便被物化成模糊的家族符号,在父权/夫权支配性社会文化中完全隐形,甚至不配为文人士大夫所公开提及,否则就是有辱家门乃至伤风败俗。李义山生平两次入蜀,第一次在大中二年(公元848年),其时王氏留守长安,似乎符合"寄北"题意;第二次是大中五年(公元851年),是年春夏间王氏病故,义山未及见其最后一面。但据陈寅恪的考证,大中二年的"巴蜀游踪,实无其事",故此诗当作于大中五年王氏殁后。"君"若是李义山的亡妻,"归期"则是遥遥无期。被远方的绵绵纷纷茫茫潇潇之夜雨所笼罩的李义山,思乡悼亡之心无可遏制,几乎溺死于时间的洪流中。但,他还是提起羊毫,在与虚无和绝望的搏斗中,赢得一次惨烈的胜利——"君问归期未有期"!

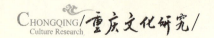

向晚意不适，驱车登古原。

夕阳无限好，只是近黄昏。

——《乐游原》

"夕阳无限好，只是近黄昏。"李商隐，他的人生，他的唐朝，他的诗，都沐浴在夕阳残照下，都挤在落日与地平线之间。李贺身上还残留了几缕不肯认命的少年气，而义山这样的人仿佛一出生便老了。同样写夕阳，王维"大漠孤烟直，长河落日圆"（《使至塞上》）的意境就迥然不同，一句"大漠孤烟直"直把人的眼睛拽到天边，顿生豪迈之气，"长河落日圆"，落日更在孤烟之上，极高极远，只剩一个"圆"字，苍莽雄浑，跃然纸上。义山写法大相径庭，"夕阳无限好"，五个字扑面而来，无垠的乐游原上只剩"他"面对着偌大的夕阳，四下茫然。两诗状落日，一远一近，一小一大，构建出唐诗地平线上的一道奇观。至于诗人为何"意不适"，纪昀评曰："百感茫茫，一时交集，谓之悲身世可，谓之忧时事亦可。"而三四两句的关系也值得深究，按一般解法，"只是近黄昏"是惋惜夕阳将逝，甚至是对晚唐末世的预言，其实中古汉语中的"只是"当是"止是"之意，如此看来，此句并无惋惜之意。就义山来说，他也不是那种可惜夕阳将逝之人，在他看来，正是"近黄昏"使得"夕阳"美学提炼出更为高妙的意味。身处末世之中，李义山以其对衰季末世中美与幻、生与灭的二律背反的独有敏感性，在这生灭无常的张力中用自己的生命完成了自我的诗作。闭上眼驰骋遐想的我，从夜雨寺跨越到乐游原来，在古原之上，我望着孑然一身的义山目送夕阳下坠，从存在堕入虚空，他只是在记录下这一刻之际，千愁万绪涌上心头，于是"向晚意不适"，前后两句因果的刻意倒置，"意"与"美"在这倾覆之中交融互通，化入诗意的莫比乌斯回环之中。夕阳时空的回环，人世苦乐的回环，诗与美的回环，循环往复之中，无端显现陈子昂《登幽州台歌》的旷古永恒之境。

一笑相倾国便亡，何劳荆棘始堪伤。

小怜玉体横陈夜，已报周师入晋阳。

——《北齐二首（其一）》

中西学者在李商隐是个很现代的诗人这一点上多能达成共识，"现代"指的是他的诗歌创作风格。义山存诗中，绝大多数是抒情诗，但他的叙事诗也自成一家，尤其咏史诗，历来为人所称道，似乎并不输给常与之并称的杜牧。若论这首诗的意旨，不过讽喻君王、红颜祸水之类，无甚新意，但诗的后两句在技法上倒很值得玩味——冯浩注曰："诗言淑妃进御之夕，齐之亡征已定，不待事至始知也。"道出了诗人刻意隐去小怜进御和晋阳城破二事时间间隔的拼接法。许多一流诗作都被赋予一种画面感，或者不妨说是电影感，倚重意象以营构意境的唐诗尤是如此，义山在三四句里所用的手法便神似电影里的蒙太奇。上一幕画面还定焦在奢靡华丽的宫廷与妖冶美艳的妃子，下一幕就把镜头切到了短兵相接的边地与顶盔掼甲的武士，中间的时空片甲不留，而将两幕对比强烈的画面拼贴为一体，制造出阴柔与刚武、华美与破败碰撞之张力，足见义山之匠心独运。刘学锴先生将李商隐的文风源流上溯至宋玉，发掘出两人"微辞托讽"和"抒写艳情"的共性，此共性看似关联不大，但内质上却有着贯鱼之序的深层交集。李、宋这样的文人，不单自己困顿失意，又恰逢家国衰颓，所以他们的世界，仿佛累屋重架的俄罗斯套娃，大绝望里套着小绝望，既沉沦下僚，不能上达天听，又兼朝纲败坏，无处建功立业。虽则成就正统的客观条件不再，但他们所受的教育和身处的社会又让他们绝不能对政治置若罔闻，故而一方面被现实流放，他们在绮靡风流的俗世人间锤炼诗材；另一方面，割舍不了的理想主义情怀仍要驱使他们书写讽喻劝世之作，尽管不免掺杂自己的愤懑与牢骚。诗人既是完整的个体，两种情感便不免临军对垒，这首诗里便让我辈读者既看到有"玉体横陈"这样香艳的画面，也能深刻感到义山深陷泥潭而伸手向天的挣扎，直叫人心疼不已。

> 八岁偷照镜，长眉已能画。
> 十岁去踏青，芙蓉作裙衩。
> 十二学弹筝，银甲不曾卸。
> 十四藏六亲，悬知犹未嫁。
> 十五泣春风，背面秋千下。

——《无题二首（其一）》

冯浩在此诗后注："《上崔华州书》'五年读经书，七年弄笔砚'，《甲集序》'十六著《才论》、《圣论》，以古文出诸公间'。此章寓意相类，初应举时作也。"按冯说，此篇当是义山少作。诗中少女，貌美怀春而深锁闺中，诗外少年，意气风发而踟蹰前程，仿佛一语成谶般，十六岁的少年遂将自己锁进了香草美人的赋比兴当中，一生做楚囚。在中国传统社会的正统价值取向中，正如少女唯求一夫婿一样，少年则唯搏一功名，从她们/他们出生的那一刻起，正是这一婚一宦，使世界变得无比逼仄。自义山身死后至明末八百年间，他的诗有意无意地被选择性忽视了，以至于竟无一部校刊别集传世，反倒是针对他诗品人品之谤议频出：晚唐李涪《刊误·释怪》中说其诗文"无一言经国，无纤意奖善，惟逞章句……至于君臣长幼之义，举四隅莫返其一也"；《旧唐书·文苑传》数处征引时人对他"背恩""无行""无持操""恃才诡激"的负面评价；南宋张戒《岁寒堂诗话》从传统诗教出发，竟将他列入"邪思之尤者"之列……李义山和他的艳绝诗风成了众矢之的。而或有二三隔代知音，如王安石、叶梦得，要么将他置于老杜的门户体系中装点门面，要么说他本不忘君臣之义，好心地把他往"政治正确"之路上引。在仁义道德面前，一切都不足以成尺度，而这"道德"并非出自内心的纯良兼善，而是规定自圣人的格言警句。在圣意笼罩下不再需要思考与相信功名以外的东西，失意文人亦无从在宗教或哲学中寻求慰藉与解脱，便只能将心血融入诗文创作，字字泣血，句句诛心，回过头来，还要说服自己再来一盘功业游戏，一朝入局，至死不悟。这种自我规训，好似悬在中国文人头上的达摩克里斯之剑，山雨一来，皆如覆巢之卵。八岁偷照镜，一顾终身误；十五泣春风，到底意难平。

诗卷读罢，夜雨未息，眼前渝城这番"万家灯射一江连，巴字光流不夜天"的情景，义山，当年你在这里可曾得见？

地址：重庆市渝中区枇杷山正街93号

邮编：400013

编辑部电话：（023）63880156　63880157

电子邮箱：cqwhysyj@126.com

微信公众号：cqwhysyjy

网站：www.cqwhysyj.cn

重庆文化艺术研究QQ群号：294222082